OEUVRES COMPLÈTES

DE M. LE VICOMTE

DE CHATEAUBRIAND.

TOME XIII.

DE L'IMPRIMERIE DE CRAPELET,
RUE DE VAUGIRARD, N° 9.

ŒUVRES COMPLÈTES
DE M. LE VICOMTE
DE CHATEAUBRIAND,
MEMBRE DE L'ACADÉMIE FRANÇOISE.

TOME TREIZIÈME.

VOYAGE EN SUISSE,

EN ITALIE, ETC.

PARIS.
POURRAT FRÈRES, ÉDITEURS.
M. DCCC. XXXVI.

VOYAGE EN ITALIE.

VOYAGE EN ITALIE.

A M. JOUBERT.[1]

PREMIÈRE LETTRE.

Turin, ce 17 juin 1803.

Je n'ai pu vous écrire de Lyon, mon cher ami, comme je vous l'avois promis. Vous savez combien j'aime cette excellente ville, où j'ai été si bien accueilli l'année dernière, et encore mieux cette année. J'ai revu les vieilles murailles des Romains, défendues par les braves Lyonnois de nos jours, lorsque les bombes des conventionnels obligeoient notre ami Fontanes à changer de place le berceau de sa fille; j'ai revu l'abbaye des Deux-Amants et la fontaine de J. J. Rousseau. Les coteaux

---

[1] M. Joubert (frère aîné de l'avocat général à la Cour de cassation), homme d'un esprit rare, d'une âme supérieure et bienveillante, d'un commerce sûr et charmant, d'un talent qui lui auroit donné une réputation méritée, s'il n'avoit voulu cacher sa vie; homme ravi trop tôt à sa famille, à la société choisie dont il étoit le lien; homme de qui la mort a laissé dans mon existence un de ces vides que font les années et qu'elles ne réparent point.

Voyez, au reste, sur ce *Voyage en Italie*, l'Avertissement en tête du tome XII.

de la Saône sont plus riants et plus pittoresques que jamais; les barques qui traversent cette douce rivière, *mitis Arar,* couvertes d'une toile, éclairées d'une lumière pendant la nuit, et conduites par de jeunes femmes, amusent agréablement les yeux. Vous aimez les cloches : venez à Lyon; tous ces couvents épars sur les collines semblent avoir retrouvé leurs solitaires.

Vous savez déjà que l'Académie de Lyon m'a fait l'honneur de m'admettre au nombre de ses membres. Voici un aveu : si le malin esprit y est pour quelque chose, ne cherchez dans mon orgueil que ce qu'il y a de bon, vous savez que vous voulez voir l'enfer du beau côté. Le plaisir le plus vif que j'aie éprouvé dans ma vie, c'est d'avoir été honoré, en France et chez l'étranger, des marques d'un intérêt inattendu. Il m'est arrivé quelquefois, tandis que je me reposois dans une méchante auberge de village, de voir entrer un père et une mère avec leur fils : ils m'amenoient, me disoient-ils, leur enfant pour me remercier. Étoit-ce l'amour-propre qui me donnoit alors ce plaisir vif dont je parle? Qu'importoit à ma vanité que ces obscurs et honnêtes gens me témoignassent leur satisfaction sur un grand chemin, dans un lieu où personne ne les entendoit? Ce qui me touchoit, c'étoit, du moins j'ose le croire, c'étoit d'avoir produit un peu de bien, d'avoir consolé quelques cœurs affligés, d'avoir fait renaître au fond des entrailles d'une mère l'espérance d'élever un fils chrétien, c'est-à-dire un fils soumis, respectueux, attaché à ses parents. Je ne sais ce que vaut mon ouvrage [1]; mais aurois-je goûté cette joie pure, si j'eusse écrit avec tout le talent imaginable un livre qui auroit blessé les mœurs et la religion?

Dites à notre petite société, mon cher ami, combien je la regrette : elle a un charme inexprimable, parce qu'on sent que ces personnes qui causent si naturellement de matière commune peuvent traiter les plus hauts sujets, et que cette simplicité de discours ne vient pas d'indigence, mais de choix.

Je quittai Lyon le... à cinq heures du matin. Je ne vous ferai pas l'éloge de cette ville; ses ruines sont là; elles parleront à la postérité : tandis que le courage, la loyauté et la religion seront en honneur parmi les hommes, Lyon ne sera pas oublié [2].

Nos amis m'ont fait promettre de leur écrire de la route. J'ai marché trop vite et le temps m'a manqué pour tenir parole. J'ai seulement barbouillé au crayon, sur un portefeuille, le petit journal que je vous envoie. Vous pourriez trouver dans le livre de postes les noms des pays *inconnus* que j'ai découverts, comme, par exemple, Pont-de-Beauvoisin et Chambéry; mais vous m'avez tant répété qu'il falloit des notes, et toujours des notes, que nos amis ne pourront se plaindre si je vous prends au mot.

[1] Le *Génie du Christianisme*.
[2] Il m'est très doux de retrouver, à vingt-quatre ans de distance, dans un manuscrit inconnu, l'expression des sentiments que je professe plus que jamais pour les habitants de Lyon; il m'est encore plus doux d'avoir reçu dernièrement de ces habitants les mêmes marques d'estime dont ils m'honorèrent il y a bientôt un quart de siècle.

JOURNAL.

La route est assez triste en sortant de Lyon. Depuis la Tour-du-Pin jusqu'à Pont-de-Beauvoisin, le pays est frais et bocager. On découvre, en approchant de la Savoie, trois rangs de montagnes, à peu près parallèles, et s'élevant les unes au-dessus des autres. La plaine, au pied de ces montagnes, est arrosée par la petite rivière le Gué. Cette plaine, vue de loin, paroît unie; quand on y entre on s'aperçoit qu'elle est semée de collines irrégulières: on y trouve quelques futaies, des champs de blé et des vignes. Les montagnes qui forment le fond du paysage sont ou verdoyantes et moussues, ou terminées par des roches en forme de cristaux. Le Gué coule dans un encaissement si profond, qu'on peut appeler son lit une vallée. En effet, les bords intérieurs en sont ombragés d'arbres. Je n'avois remarqué cela que dans certaines rivières de l'Amérique, particulièrement à Niagara.

Dans un endroit on côtoie le Gué d'assez près: le rivage opposé du torrent est formé de pierres qui ressemblent à de hautes murailles romaines, d'une architecture pareille à celle des arènes de Nîmes [1].

Quand vous êtes arrivé aux Échelles, le pays devient plus sauvage. Vous suivez, pour trouver une issue, des gorges tortueuses dans des rochers

---

[1] Je n'avois pas encore vu le Colisée.

plus ou moins horizontaux, inclinés ou perpendiculaires. Sur ces rochers fumoient des nuages blancs, comme les brouillards du matin qui sortent de la terre dans les lieux bas. Ces nuages s'élevoient au-dessus ou s'abaissoient au-dessous des masses de granit, de manière à laisser voir la cime des monts ou à remplir l'intervalle qui se trouvoit entre cette cime et le ciel. Le tout formoit un chaos dont les limites indéfinies sembloient n'appartenir à aucun élément déterminé.

Le plus haut sommet de ces montagnes est occupé par la Grande-Chartreuse, et au pied de ces montagnes se trouve le chemin d'Emmanuel : la religion a placé ses bienfaits près de celui *qui est dans les cieux;* le prince a rapproché les siens de la demeure des hommes.

Il y avoit autrefois dans ce lieu une inscription annonçant qu'Emmanuel, pour le bien public, avoit fait percer la montagne. Sous le règne révolutionnaire, l'inscription fut effacée; Buonaparte l'a fait rétablir: on y doit seulement ajouter son nom : que n'agit-on toujours avec autant de noblesse!

On passoit anciennement dans l'intérieur même du rocher par une galerie souterraine. Cette galerie est abandonnée. Je n'ai vu dans ce lieu que de petits oiseaux de montagne qui voltigeoient en silence à l'ouverture de la caverne, comme ces songes placés à l'entrée de l'enfer de Virgile :

Foliisque sub omnibus hærent.

Chambéry est situé dans un bassin dont les bords

rehaussés sont assez nus; mais on y arrive par un défilé charmant, et on en sort par une belle vallée. Les montagnes qui resserrent cette vallée étoient en partie revêtues de neige; elles se cachoient et se découvroient sans cesse sous un ciel mobile, formé de vapeurs et de nuages.

C'est à Chambéry qu'un homme fut accueilli par une femme, et que, pour prix de l'hospitalité qu'il en reçut, de l'amitié qu'elle lui porta, il se crut philosophiquement obligé de la déshonorer. Ou Jean-Jacques Rousseau a pensé que la conduite de madame de Warens étoit une chose ordinaire, et alors que deviennent les prétentions du citoyen de Genève à la vertu? ou il a été d'opinion que cette conduite étoit répréhensible, et alors il a sacrifié la mémoire de sa bienfaitrice à la vanité d'écrire quelques pages éloquentes; ou, enfin, Rousseau s'est persuadé que ses éloges et le charme de son style feroient passer par-dessus les torts qu'il impute à madame de Warens, et alors c'est le plus odieux des amours-propres. Tel est le danger des lettres : le désir de faire du bruit l'emporte quelquefois sur des sentimens nobles et généreux. Si Rousseau ne fût jamais devenu un homme célèbre, il auroit enseveli dans les vallées de la Savoie les foiblesses de la femme qui l'avoit nourri; il se seroit sacrifié aux défauts mêmes de son amie; il l'auroit soulagée dans ses vieux ans, au lieu de se contenter de lui donner une tabatière d'or et de s'enfuir. Maintenant que tout est fini pour Rousseau, qu'importe à l'auteur des *Confessions* que sa poussière soit ignorée ou fameuse? Ah! que la voix de l'amitié trahie ne s'élève jamais contre mon tombeau!

Les souvenirs historiques entrent pour beaucoup dans le plaisir ou dans le déplaisir du voyageur. Les princes de la maison de Savoie, aventureux et chevaleresques, marient bien leur mémoire aux montagnes qui couvrent leur petit empire.

Après avoir passé Chambéry, le cours de l'Isère mérite d'être remarqué au pont de Montmélian. Les Savoyards sont agiles, assez bien faits, d'une complexion pâle, d'une figure régulière; ils tiennent de l'Italien et du François : ils ont l'air pauvre sans indigence, comme leurs vallées. On rencontre partout dans leur pays des croix sur les chemins et des madones dans le tronc des pins et des noyers; annonce du caractère religieux de ces peuples. Leurs petites églises, environnées d'arbres, font un contraste touchant avec leurs grandes montagnes. Quand les tourbillons de l'hiver descendent de ces sommets chargés de glaces éternelles, le Savoyard vient se mettre à l'abri dans son temple champêtre, et prier sous un toit de chaume celui qui commande aux éléments.

Les vallées où l'on entre au-dessus de Montmélian sont bordées par des monts de diverses formes, tantôt demi-nus, tantôt revêtus de forêts. Le fond de ces vallées représente assez pour la culture les mouvements du terrain et les anfractuosités de Marly, en y mêlant de plus des eaux abondantes et un fleuve. Le chemin a moins l'air d'une route publique que de l'allée d'un parc. Les noyers dont cette allée est ombragée, m'ont rappelé ceux que nous admirions dans nos promenades de Savigny. Ces arbres nous rassembleront-ils encore sous leur ombre[1]? Le poëte s'est écrié dans un mouvement de mélancolie :

> Beaux arbres qui m'avez vu naître,
> Bientôt vous me verrez mourir!

Ceux qui meurent à l'ombre des arbres qui les ont vus naître sont-ils donc si à plaindre!

Les vallées dont je vous parle se terminent au village qui porte le joli nom d'Aigue-Belle. Lorsque je passai dans ce village, la hauteur qui le domine étoit couronnée de neige : cette neige, fondant au soleil, avoit descendu en longs rayons tortueux dans les concavités noires et vertes du rocher : vous eussiez dit d'une gerbe de fusées, ou d'un essaim de beaux serpents blancs qui s'élançoient de la cime des monts dans la vallée.

Aigue-Belle semble clore les Alpes; mais bientôt en tournant un gros rocher isolé, tombé dans le chemin, vous apercevez de nouvelles vallées qui s'enfoncent dans la chaîne des monts attachés au cours de l'Arche. Ces vallées prennent un caractère plus sévère et plus sauvage.

Les monts des deux côtés se dressent; leurs flancs deviennent perpendiculaires; leurs sommets stériles commencent à présenter quelques glaciers : des torrents, se précipitant de toute part, vont grossir

---

[1] Ils ne nous ont point rassemblés.

l'Arche qui court follement. Au milieu de ce tumulte des eaux j'ai remarqué une cascade légère et silencieuse, qui tombe avec une grâce infinie sous un rideau de saules. Cette draperie humide, agitée par le vent, auroit pu représenter aux poëtes la robe ondoyante de la Naïade, assise sur une roche élevée. Les anciens n'auroient pas manqué de consacrer un autel aux Nymphes dans ce lieu.

Bientôt le paysage atteint toute sa grandeur : les forêts de pins, jusqu'alors assez jeunes, vieillissent; le chemin s'escarpe, se plie et se replie sur des abîmes; des ponts de bois servent à traverser des gouffres où vous voyez bouillonner l'onde, où vous l'entendez mugir.

Ayant passé Saint-Jean de Maurienne, et étant arrivé vers le coucher du soleil à Saint-André, je ne trouvai pas de chevaux, et fus obligé de m'arrêter. J'allai me promener hors du village. L'air devint transparent à la crête des monts; leurs dentelures se traçoient avec une pureté extraordinaire sur le ciel, tandis qu'une grande nuit sortoit peu à peu du pied de ces monts, et s'élevoit vers leur cime.

J'entendois la voix du rossignol et le cri de l'aigle; je voyois les aliziers fleuris dans la vallée et les neiges sur la montagne : un château, ouvrage des Carthaginois, selon la tradition populaire, montroit ses débris sur la pointe d'un roc. Tout ce qui vient de l'homme dans ces lieux est chétif et fragile; des parcs de brebis formés de joncs entrelacés, des maisons de terre bâties en deux jours : comme si le chevrier de la Savoie, à l'aspect des masses éternelles qui l'environnent, n'avoit pas cru devoir se fatiguer pour les besoins passagers de sa courte vie! comme si la tour d'*Annibal* en ruine l'eût averti du peu de durée et de la vanité des monuments!

Je ne pouvois cependant m'empêcher, en considérant ce désert, d'admirer avec effroi la haine d'un homme, plus puissante que tous les obstacles, d'un homme qui, du détroit de Cadix, s'étoit frayé une route à travers les Pyrénées et les Alpes, pour venir chercher les Romains. Que les récits de l'antiquité ne nous indiquent pas l'endroit précis du passage d'Annibal, peu importe; il est certain que ce grand capitaine a franchi ces monts alors sans chemins, plus sauvages encore par leurs habitants que par leurs torrents, leurs rochers et leurs forêts. On dit que je comprendrai mieux à Rome cette haine terrible que ne purent assouvir les batailles de la Trébie, de Trasimènes et de Cannes : on m'assure qu'aux bains de Caracalla, les murs, jusqu'à hauteur d'homme, sont percés de coups de pique. Est-ce le Germain, le Gaulois, le Cantabre, le Goth, le Vandale, le Lombard, qui s'est acharné contre ces murs? La vengeance de l'espèce humaine devoit peser sur ce peuple libre qui ne pouvoit bâtir sa grandeur qu'avec l'esclavage et le sang du reste du monde.

Je partis à la pointe du jour de Saint-André, et j'arrivai vers les deux heures après midi à Lans-le-Bourg, au pied du mont Cénis. En entrant dans le village, je vis un paysan qui tenoit un aiglon par les pieds, tandis qu'une troupe impitoyable frappoit le jeune roi, insultoit à la foiblesse de l'âge et à la majesté tombée : le père et la mère du noble orphelin avoient été tués. On me proposa de me le vendre, mais il mourut des mauvais traitements qu'on lui avoit fait subir avant que je le pusse délivrer. N'est-ce pas là le petit Louis XVII, son père et sa mère ?

Ici on commence à gravir le mont Cénis [1], et l'on quitte la petite rivière d'Arche qui vous a conduit au pied de la montagne : de l'autre côté du mont Cénis, la Doria vous ouvre l'entrée de l'Italie. J'ai eu souvent occasion d'observer cette utilité des fleuves dans mes voyages. Non-seulement ils sont eux-mêmes des *grands chemins qui marchent,* comme les appelle Pascal, mais ils tracent encore le chemin aux hommes et leur facilitent le passage des montagnes. C'est en côtoyant leurs rives que les nations se sont trouvées ; les premiers habitants de la terre pénétrèrent, à l'aide de leur cours, dans les solitudes du monde. Les Grecs et les Romains offroient des sacrifices aux fleuves ; la Fable faisoit les fleuves enfants de Neptune, parce qu'ils sont formés des vapeurs de l'Océan, et qu'ils mènent à la découverte des lacs et des mers ; fils voyageurs, ils retournent au sein et au tombeau paternels.

Le mont Cénis, du côté de la France, n'a rien de remarquable. Le lac du plateau ne m'a paru qu'un petit étang. Je fus désagréablement frappé au commencement de la descente vers la Novalaise ; je

---

[1] On travailloit à la route ; elle n'étoit pas achevée, et l'on se faisoit encore *ramasser.*

m'attendois, je ne sais pourquoi, à découvrir les plaines de l'Italie : je ne vis qu'un gouffre noir et profond, qu'un chaos de torrents et de précipices.

En général, les Alpes, quoique plus élevées que les montagnes de l'Amérique septentrionale, ne m'ont pas paru avoir ce caractère original, cette virginité de site que l'on remarque dans les Apalaches, ou même dans les hautes terres du Canada : la hutte d'un Siminole sous un magnolia, ou d'un Chipowais sous un pin, a tout un autre caractère que la cabane d'un Savoyard sous un noyer.

A M. JOUBERT.

LETTRE DEUXIÈME.

Milan, lundi matin, 21 juin 1803.

Je vais toujours commencer ma lettre, mon cher ami, sans savoir quand j'aurai le temps de la finir.

Réparation complète à l'Italie. Vous aurez vu par mon petit journal daté de Turin, que je n'avois pas été très frappé de la *première vue*. L'effet des environs de Turin est beau, mais ils sentent encore la Gaule; on peut se croire en Normandie, aux montagnes près. Turin est une ville nouvelle, propre, régulière, fort ornée de palais, mais d'un aspect un peu triste.

Mes jugements se sont rectifiés en traversant la Lombardie : l'effet ne se produit pourtant sur le voyageur qu'à la longue. Vous voyez d'abord un pays fort riche dans l'ensemble, et vous dites : « C'est bien; » mais quand vous venez à détailler les objets, l'enchantement arrive. Des prairies, dont la verdure surpasse la fraîcheur et la finesse des gazons anglois, se mêlent à des champs de maïs, de riz et de froment; ceux-ci sont surmontés de vignes qui passent d'un échalas à l'autre, formant des guirlandes au-dessus des moissons : le tout est semé de mûriers, de noyers, d'ormeaux, de saules, de peupliers, et arrosé de rivières et de canaux. Dispersés sur ces terrains, des paysans et des paysannes, les pieds nus, un grand chapeau de paille sur la tête, fauchent les prairies, coupent les céréales, chantent, conduisent des attelages de bœufs, ou font remonter et descendre des barques sur les courants d'eau. Cette scène se prolonge pendant quarante lieues, en augmentant toujours de richesses jusqu'à Milan, centre du tableau. A droite on aperçoit l'Apennin, à gauche les Alpes.

On voyage très vite : les chemins sont excellents : les auberges, supérieures à celles de France, valent presque celles de l'Angleterre. Je commence à croire que cette France si policée est un peu barbare [1].

---

[1] Il faut se reporter à l'époque où cette lettre a été écrite (1803). S'il étoit si commode de voyager alors dans l'Italie, qui n'étoit qu'un camp de la France, combien aujourd'hui, dans la plus profonde paix, lorsqu'une multitude de nouveaux chemins ont été ouverts, n'est-il pas plus facile encore de parcourir ce beau pays! Nous y sommes appelés par tous les vœux. Le François est un

Je ne m'étonne plus du dédain que les Italiens ont conservé pour nous autres Transalpins, Visigoths, Gaulois, Germains, Scandinaves, Slaves, Anglo-Normands : notre ciel de plomb, nos villes enfumées, nos villages boueux, doivent leur faire horreur. Les villes et villages ont ici une tout autre apparence : les maisons sont grandes et d'une blancheur éclatante au dehors; les rues sont larges et souvent traversées de ruisseaux d'eau vive où les femmes lavent leur linge et baignent leurs enfants. Turin et Milan ont la régularité, la propreté, les trottoirs de Londres et l'architecture des plus beaux quartiers de Paris : il y a même des raffinements particuliers; au milieu des rues, afin que le mouvement de la voiture soit plus doux, on a placé deux rangs de pierres plates sur lesquelles roulent les deux roues : on évite ainsi les inégalités du pavé.

La température est charmante; encore me dit-on que je ne trouverai le ciel de l'Italie qu'au-delà de l'Apennin : la grandeur et l'élévation des appartements empêchent de souffrir de la chaleur.

---

singulier ennemi : on le trouve d'abord un peu insolent, un peu trop gai, un peu trop actif, trop remuant; il n'est pas plus tôt parti qu'on le regrette. Le soldat françois se mêle aux travaux de l'hôte chez lequel il est logé; sa bonne humeur donne la vie et le mouvement à tout; on s'accoutume à le regarder comme un conscrit de la famille. Quant aux chemins et aux auberges de France, c'est bien pis aujourd'hui qu'en 1803. Nous sommes sous ce rapport, l'Espagne exceptée, au-dessous de tous les peuples de l'Europe.

23 juin.

J'ai vu le général Murat; il m'a reçu avec empressement et obligeance; je lui ai remis la lettre de l'excellente madame Bacciochi [1]. J'ai passé ma journée avec des aides de camp et de jeunes militaires; on ne peut être plus courtois : l'armée françoise est toujours la même; l'honneur est là tout entier.

J'ai dîné en grand gala chez M. de Melzi : il s'agissoit d'une fête donnée à l'occasion du baptême de l'enfant du général Murat. M. de Melzi a connu mon malheureux frère : nous en avons parlé longtemps. Le vice-président a des manières fort nobles; sa maison est celle d'un prince, et d'un prince qui l'auroit toujours été. Il m'a traité poliment et froidement, et m'a tout juste trouvé dans des dispositions pareilles aux siennes.

Je ne vous parle point, mon cher ami, des monuments de Milan, et surtout de la cathédrale qu'on achève; le gothique, même de marbre, me semble jurer avec le soleil et les mœurs de l'Italie. Je pars à l'instant; je vous écrirai de Florence [2] et de Rome.

[1] Depuis princesse de Lucques, sœur ainée de Buonaparte, qui, à cette époque, n'étoit encore que premier consul.
[2] Les lettres écrites de Florence ne se sont pas retrouvées.

A M. JOUBERT.

LETTRE TROISIÈME.

Rome, 27 juin au soir, en arrivant, 1803.

M'y voilà enfin! toute ma froideur s'est évanouie. Je suis accablé, persécuté par ce que j'ai vu; j'ai vu, je crois, ce que personne n'a vu, ce qu'aucun voyageur n'a peint : les sots! les âmes glacées! les barbares! Quand ils viennent ici, n'ont-ils pas traversé la Toscane, jardin anglois au milieu duquel il y a un temple, c'est-à-dire Florence? n'ont-ils pas passé en caravane avec les aigles et les sangliers, les solitudes de cette seconde Italie appelée l'*État Romain?* Pourquoi ces créatures voyagent-elles? Arrivé comme le soleil se couchoit, j'ai trouvé toute la population allant se promener dans l'Arabie déserte à la porte de Rome : quelle ville! quels souvenirs!

28 juin, onze heures du soir.

J'ai couru tout ce jour, veille de la fête de saint Pierre. J'ai déjà vu le Colisée, le Panthéon, la colonne Trajane, le château Saint-Ange, Saint-Pierre; que sais-je! j'ai vu l'illumination et le feu d'artifice qui annoncent pour demain la grande cérémonie consacrée au prince des apôtres : tandis qu'on prétendoit me faire admirer un feu placé au haut du

Vatican, je regardois l'effet de la lune sur le Tibre; sur ces maisons romaines, sur ces ruines qui pendent ici de toute part.

29 juin.

Je sors de l'office à Saint-Pierre. Le pape a une figure admirable : pâle, triste, religieux, toutes les tribulations de l'Église sont sur son front. La cérémonie étoit superbe ; dans quelques moments surtout elle étoit étonnante ; mais chant médiocre, église déserte ; point de peuple.

3 juillet 1803.

Je ne sais si tous ces bouts de ligne finiront par faire une lettre. Je serois honteux, mon cher ami, de vous dire si peu de chose, si je ne voulois, avant d'essayer de peindre les objets, y voir un peu plus clair. Malheureusement j'entrevois déjà que la seconde Rome tombe à son tour : tout finit.

Sa Sainteté m'a reçu hier ; elle m'a fait asseoir auprès d'elle de la manière la plus affectueuse. Elle m'a montré obligeamment qu'elle lisoit le *Génie du Christianisme,* dont elle avoit un volume ouvert sur sa table. On ne peut voir un meilleur homme, un plus digne prélat, et un prince plus simple : ne me prenez pas pour madame de Sévigné. Le secrétaire d'État, le cardinal Gonsalvi, est un homme d'un esprit fin et d'un caractère modéré. Adieu. Il faut pourtant mettre tous ces petits papiers à la poste.

TIVOLI ET LA VILLA ADRIANA.

10 décembre 1803.

Je suis peut-être le premier étranger qui ait fait la course de Tivoli dans une disposition d'âme qu'on ne porte guère en voyage. Me voilà seul arrivé à sept heures du soir, le 10 décembre, à l'auberge du *Temple de la Sibylle*. J'occupe une petite chambre à l'extrémité de l'auberge, en face de la cascade, que j'entends mugir. J'ai essayé d'y jeter un regard; je n'ai découvert dans la profondeur de l'obscurité que quelques lueurs blanches produites par le mouvement des eaux. Il m'a semblé apercevoir au loin une enceinte formée d'arbres et de maisons, et autour de cette enceinte, un cercle de montagnes. Je ne sais ce que le jour changera demain à ce paysage de nuit.

Le lieu est propre à la réflexion et à la rêverie: je remonte dans ma vie passée; je sens le poids du présent, et je cherche à pénétrer mon avenir. Où serai-je, que ferai-je, et que serai-je dans vingt ans d'ici? Toutes les fois que l'on descend en soi-même, à tous les vagues projets que l'on forme, on trouve un obstacle invincible, une incertitude causée par une certitude: cet obstacle, cette certitude, est la mort, cette terrible mort qui arrête tout, qui vous frappe vous ou les autres.

Est-ce un ami que vous avez perdu? en vain avez-vous mille choses à lui dire : malheureux, isolé, errant sur la terre, ne pouvant confier vos peines ou vos plaisirs à personne, vous appelez votre ami, et il ne viendra plus soulager vos maux, partager vos joies; il ne vous dira plus : « Vous avez eu tort, vous avez eu raison d'agir ainsi. » Maintenant il vous faut marcher seul. Devenez riche, puissant, célèbre, que ferez-vous de ces prospérités sans votre ami? Une chose a tout détruit, la mort. Flots qui vous précipitez dans cette nuit profonde où je vous entends gronder, disparoissez-vous plus vite que les jours de l'homme, ou pouvez-vous me dire ce que c'est que l'homme, vous qui avez vu passer tant de générations sur ces bords?

Ce 11 décembre.

Aussitôt que le jour a paru, j'ai ouvert mes fenêtres. Ma première vue de Tivoli dans les ténèbres étoit assez exacte; mais la cascade m'a paru petite, et les arbres que j'avois cru apercevoir n'existoient point. Un amas de vilaines maisons s'élevoit de l'autre côté de la rivière; le tout étoit enclos de montagnes dépouillées. Une vive aurore derrière ces montagnes, le temple de Vesta, à quatre pas de moi, dominant la grotte de Neptune, m'ont consolé. Immédiatement au-dessus de la chute, un troupeau de bœufs, d'ânes et de chevaux, s'est rangé le long d'un banc de sable : toutes ces bêtes se sont avancées d'un pas dans le Teverone, ont baissé le cou et ont bu lentement au courant de l'eau qui passoit comme un éclair devant elles, pour se précipiter. Un paysan Sabin, vêtu d'une peau de chèvre, et portant une espèce de chlamyde roulée au bras gauche, s'est appuyé sur un bâton et a regardé boire son troupeau, scène qui contrastoit par son immobilité et son silence avec le mouvement et le bruit des flots.

Mon déjeuné fini, on m'a amené un guide, et je suis allé me placer avec lui sur le pont de la cascade: j'avois vu la cataracte du Niagara. Du pont de la cascade nous sommes descendus à la grotte de Neptune, ainsi nommée, je crois, par Vernet. L'Anio, après sa première chute sous le pont, s'engouffre parmi des roches, et reparoît dans cette grotte de Neptune, pour aller faire une seconde chute à la grotte des Sirènes.

Le bassin de la grotte de Neptune a la forme d'une coupe : j'y ai vu boire des colombes. Un colombier creusé dans le roc, et ressemblant à l'aire d'un aigle plutôt qu'à l'abri d'un pigeon, présente à ces pauvres oiseaux une hospitalité trompeuse; ils se croient en sûreté dans ce lieu en apparence inaccessible; ils y font leur nid; mais une route secrète y mène: pendant les ténèbres, un ravisseur enlève les petits qui dormoient sans crainte au bruit des eaux sous l'aile de leur mère: *Observans nido, implumes detraxit.*

De la grotte de Neptune remontant à Tivoli, et sortant par la porte Angelo ou de l'Abruzze, mon cicérone m'a conduit dans le pays des Sabins, *pubemque sabellum*. J'ai marché à l'aval de l'Anio jusqu'à un champ d'oliviers, où s'ouvre une vue pittoresque sur cette célèbre solitude. On aperçoit à la fois le temple de Vesta, les grottes de Neptune et des Sirènes, et les cascatelles qui sortent d'un des portiques de la *villa* de Mécène. Une vapeur bleuâtre répandue à travers le paysage en adoucissoit les plans.

On a une grande idée de l'architecture romaine, lorsqu'on songe que ces masses bâties depuis tant de siècles ont passé du service des hommes à celui des éléments, qu'elles soutiennent aujourd'hui le poids et le mouvement des eaux, et sont devenues les inébranlables rochers de ces tumultueuses cascades.

Ma promenade a duré six heures. Je suis entré, en revenant à mon auberge, dans une cour délabrée, aux murs de laquelle sont appliquées des pierres sépulcrales chargées d'inscriptions mutilées. J'ai copié quelques-unes de ces inscriptions :

DIS. MAN.
ULLÆ PAULIN.
VIXIT ANN. X
MENSIBUS DIEB. 3

SEI. DEUS.
SEI. DEA.

D. M.
VICTORIÆ.
FILIÆ QUÆ.
VIXIT. AN. XV
PEREGRINA,
MATER. B. M. F.

D. M.
LICINIA
ASELERIO
TENIS.

Que peut-il y avoir de plus vain que tout ceci ? Je lis sur une pierre les regrets qu'un vivant donnoit à un mort ; ce vivant est mort à son tour, et, après deux mille ans, je viens, moi, barbare des Gaules, parmi les ruines de Rome, étudier ces épitaphes dans une retraite abandonnée, moi, indifférent à celui qui pleura comme à celui qui fut pleuré, moi qui demain m'éloignerai pour jamais de ces lieux, et qui disparoîtrai bientôt de la terre.

Tous ces poëtes de Rome qui passèrent à Tibur se plurent à retracer la rapidité de nos jours : *Carpe diem*, disoit Horace ; *Te spectem suprema mihi cum venerit hora*, disoit Tibulle ; Virgile peignoit cette dernière heure : *Invalidasque tibi tendens, heu ! non tua palmas*. Qui n'a perdu quelque objet de son affection ? Qui n'a vu se lever vers lui des bras défaillants ? Un ami mourant a souvent voulu que son ami lui prît la main pour le retenir dans la vie, tandis qu'il se sentoit entraîné par la mort. *Heu ! non tua !* Ce vers de Virgile est admirable de tendresse et de douleur. Malheur à qui n'aime pas les poëtes ! je dirois presque d'eux ce que dit Shakspeare des hommes insensibles à l'harmonie.

Je retrouvai en rentrant chez moi la solitude que j'avois laissée au dehors. La petite terrasse de l'auberge conduit au temple de Vesta. Les peintres connoissent cette couleur de siècles que le temps applique aux vieux monuments, et qui varie selon les climats : elle se retrouve au temple de Vesta. On fait le tour du petit édifice entre le péristyle et la *cella* en une soixantaine de pas. Le véritable temple de la Sibylle contraste avec celui-ci par la forme carrée et le style sévère de son ordre d'architecture. Lorsque la chute de l'Anio étoit placée un peu plus à droite, comme on le suppose, le temple devoit être immédiatement suspendu sur la cascade : le lieu étoit propre à l'inspiration de la prêtresse et à l'émotion religieuse de la foule.

J'ai jeté un dernier regard sur les montagnes du nord que les brouillards du soir couvroient d'un rideau blanc, sur la vallée du midi, sur l'ensemble du paysage, et je suis retourné à ma chambre solitaire. A une heure du matin, le vent soufflant avec violence, je me suis levé, et j'ai passé le reste de la nuit sur la terrasse. Le ciel étoit chargé de nuages, la tempête mêloit ses gémissements, dans les colonnes du temple, au bruit de la cascade : on eût cru entendre des voix tristes sortir des soupiraux de l'antre de la Sibylle. La vapeur de la chute de l'eau remontoit vers moi du fond du gouffre comme une ombre blanche : c'étoit une véritable apparition. Je me croyois transporté au bord des grèves ou dans les bruyères de mon Armorique, au milieu d'une nuit d'automne ; les souvenirs du toit paternel effaçoient pour moi ceux des foyers de César : chaque homme porte en lui un monde composé de tout ce qu'il a vu et aimé, et où il rentre sans cesse, alors même qu'il parcourt et semble habiter un monde étranger.

Dans quelques heures je vais aller visiter la *villa Adriana*.

12 décembre.

La grande entrée de la *villa Adriana* étoit à l'Hippodrome, sur l'ancienne voie Tiburtine, à très peu de distance du tombeau des Plautius. Il ne reste aucun vestige d'antiquités dans l'Hippodrome, converti en champs de vignes.

En sortant d'un chemin de traverse fort étroit, une allée de cyprès, coupée par la cime, m'a conduit à une méchante ferme, dont l'escalier croulant étoit rempli de morceaux de porphyre, de vert antique, de granit, de rosaces de marbre blanc et de divers ornements d'architecture. Derrière cette ferme se trouve le théâtre romain, assez bien conservé : c'est un demi-cercle composé de trois rangs de siéges. Ce demi-cercle est fermé par un mur en ligne droite qui lui sert comme de diamètre; l'orchestre et le théâtre faisoient face à la loge de l'empereur.

Le fils de la fermière, petit garçon presque tout nu, âgé d'environ douze ans, m'a montré sa loge et les chambres des acteurs. Sous les gradins destinés aux spectateurs, dans un endroit où l'on dépose les instruments de labourage, j'ai vu le torse d'un Hercule colossal, parmi des socs, des herses et des râteaux : les empires naissent de la charrue et disparoissent sous la charrue.

L'intérieur du théâtre sert de basse-cour et de jardin à la ferme : il est planté de pruniers et de poiriers. Le puits que l'on a creusé au milieu est accompagné de deux piliers qui portent les seaux : un de ces piliers est composé de boue séchée et de pierres entassées au hasard, l'autre est fait d'un beau tronçon de colonne cannelée ; mais pour dérober la magnificence de ce second pilier, et le rapprocher de la rusticité du premier, la nature a jeté dessus un manteau de lierre. Un troupeau de porcs noirs fouilloit et bouleversoit le gazon qui recouvre les gradins du théâtre : pour ébranler les siéges des maîtres de la terre, la Providence n'avoit eu besoin que de faire croître quelques racines de fenouil entre les jointures de ces siéges et de livrer l'ancienne enceinte de l'élégance romaine aux immondes animaux du fidèle Eumée.

Du théâtre, en montant par l'escalier de la ferme, je suis arrivé à la *Palestrine*, semée de plusieurs débris. La voûte d'une salle conserve des ornements d'un dessin exquis.

Là commence le vallon appelé par Adrien *la Vallée de Tempé* :

> Est nemus Æmoniæ, prærupta quod undique claudit
> Sylva.

J'ai vu à Stowe, en Angleterre, la répétition de cette fantaisie impériale ; mais Adrien avoit taillé son jardin *anglois* en homme qui possédoit le monde.

Au bout d'un petit bois d'ormes et de chênes-verts, on aperçoit des ruines qui se prolongent le long de la *vallée de Tempé*; doubles et triples portiques, qui servoient à soutenir les terrasses des *fabriques* d'Adrien. La vallée continue à s'étendre à perte de vue vers le midi ; le fond en est planté de roseaux, d'oliviers et de cyprès. La colline occidentale du vallon, figurant la chaîne de l'Olympe, est décorée par la masse du Palais, de la Bibliothèque, des Hospices, des temples d'Hercule et de Jupiter, et par les longues arcades festonnées de lierre, qui portoient ces édifices. Une colline parallèle, mais moins haute, borde la vallée à l'orient ; derrière cette colline s'élèvent en amphithéâtre les montagnes de Tivoli, qui devoient représenter l'*Ossa*.

Dans un champ d'oliviers, un coin du mur de la *villa* de Brutus fait le pendant des débris de la *villa* de César. La liberté dort en paix avec le despotisme : le poignard de l'une et la hache de l'autre ne sont plus que des fers rouillés ensevelis sous les mêmes décombres.

De l'immense bâtiment qui, selon la tradition, étoit consacré à recevoir les étrangers, on parvient, en traversant des salles ouvertes de toute part, à l'emplacement de la Bibliothèque. Là commence un dédale de ruines entrecoupées de jeunes taillis, de bouquets de pins, de champs d'oliviers, de plantations diverses, qui charment les yeux et attristent le cœur.

Un fragment, détaché tout à coup de la voûte de la Bibliothèque, a roulé à mes pieds, comme je passois : un peu de poussière s'est élevé ; quelques plantes ont été déchirées et entraînées dans sa chute. Les plantes renaîtront demain ; le bruit et la poussière se sont dissipés à l'instant : voilà ce nouveau débris couché pour des siècles auprès de ceux qui paroissoient l'attendre. Les empires se plongent de la sorte dans l'éternité, où ils gisent silencieux. Les hommes ne ressemblent pas mal aussi à ces ruines qui viennent tour à tour joncher la terre : la seule différence qu'il y ait entre eux, comme entre ces ruines, c'est que les uns se précipitent devant quelques spectateurs, et que les autres tombent sans témoins.

J'ai passé de la Bibliothèque au cirque du Lycée : on venoit d'y couper des broussailles pour faire du feu. Ce cirque est appuyé contre le temple des Stoïciens. Dans le passage qui mène à ce temple, en jetant les yeux derrière moi, j'ai aperçu les hauts murs lézardés de la Bibliothèque, lesquels dominoient les murs moins élevés du Cirque. Les premiers, à demi cachés dans des cimes d'oliviers sauvages, étoient eux-mêmes dominés d'un énorme pin à parasol, et au-dessus de ce pin s'élevoit le dernier pic du mont Calva, coiffé d'un nuage. Jamais le ciel et la terre, les ouvrages de la nature et ceux des hommes ne se sont mieux mariés dans un tableau.

Le temple des Stoïciens est peu éloigné de la place d'Armes. Par l'ouverture d'un portique, on découvre, comme dans un optique, au bout d'une avenue d'oliviers et de cyprès, la montagne de Palomba, couronnée du premier village de la Sabine. A gauche du Pœcile, et sous le Pœcile même, on descend dans les *Cento-Cellæ* des gardes prétoriennes : ce sont des loges voûtées de huit pieds à peu près en carré, à deux, trois et quatre étages, n'ayant aucune communication entre elles, et re-

cevant le jour par la porte. Un fossé règne le long
de ces cellules militaires, où il est probable qu'on
entroit au moyen d'un pont mobile. Lorsque les
cent ponts étoient abaissés, que les prétoriens passoient et repassoient sur ces ponts, cela devoit
offrir un spectacle singulier, au milieu des jardins
de l'empereur philosophe qui mit un dieu de plus
dans l'Olympe. Le laboureur du patrimoine de
saint Pierre fait aujourd'hui sécher sa moisson
dans la caserne du légionnaire romain. Quand le
peuple-roi et ses maîtres élevoient tant de monuments fastueux, ils ne se doutoient guère qu'ils
bâtissoient les caves et les greniers d'un chevrier
de la Sabine et d'un fermier d'Albano.

Après avoir parcouru une partie des *Cento-Cellæ*,
j'ai mis un assez long temps à me rendre dans la
partie du jardin dépendante des Thermes des
femmes : là, j'ai été surpris par la pluie[1].

Je me suis souvent fait deux questions au milieu
des ruines romaines : les maisons des particuliers
étoient composées d'une multitude de portiques, de
chambres voûtées, de chapelles, de salles, de galeries souterraines, de passages obscurs et secrets :
à quoi pouvoit servir tant de logement pour un seul
maître ? Les offices des esclaves, des hôtes, des
clients, étoient presque toujours construites à part.

Pour résoudre cette première question, je me
figure le citoyen romain dans sa maison comme une
espèce de religieux qui s'étoit bâti des cloîtres. Cette

---

[1] Voyez ci-après la Lettre sur Rome à M. de Fontanes.

vie intérieure, indiquée par la seule forme des habitations, ne seroit-elle point une des causes de ce calme qu'on remarque dans les écrits des anciens? Cicéron retrouvoit dans les longues galeries de ses habitations, dans les temples domestiques qui y étoient cachés, la paix qu'il avoit perdue au commerce des hommes. Le jour même que l'on recevoit dans ces demeures sembloit porter à la quiétude. Il descendoit presque toujours de la voûte ou des fenêtres percées très haut; cette lumière perpendiculaire, si égale et si tranquille, avec laquelle nous éclairons nos salons de peinture, servoit, si j'ose m'exprimer ainsi, servoit au Romain à contempler le tableau de sa vie. Nous, il nous faut des fenêtres sur des rues, sur des marchés et des carrefours. Tout ce qui s'agite et fait du bruit nous plaît; le recueillement, la gravité, le silence, nous ennuient.

La seconde question que je me fais est celle-ci: Pourquoi tant de monuments consacrés aux mêmes usages? on voit incessamment des salles pour des bibliothèques, et il y avoit peu de livres chez les anciens. On rencontre à chaque pas des Thermes: les Thermes de Néron, de Titus, de Caracalla, de Dioclétien, etc. Quand Rome eût été trois fois plus peuplée qu'elle ne l'a jamais été, la dixième partie de ces bains auroit suffi aux besoins publics.

Je me réponds qu'il est probable que ces monuments furent, dès l'époque de leur érection, de véritables ruines et des lieux délaissés. Un empereur renversoit ou dépouilloit les ouvrages de son devancier, afin d'entreprendre lui-même d'autres édifices, que son successeur se hâtoit à son tour d'abandonner. Le sang et les sueurs des peuples furent employés aux inutiles travaux de la vanité d'un homme, jusqu'au jour où les vengeurs du monde, sortis du fond de leurs forêts, vinrent planter l'humble étendard de la Croix sur ces monuments de l'orgueil.

La pluie passée, j'ai visité le Stade, pris connoissance du temple de Diane, en face duquel s'élevoit celui de Vénus, et j'ai pénétré dans les décombres du palais de l'Empereur. Ce qu'il y a de mieux conservé dans cette destruction informe, est une espèce de souterrain ou de citerne formant un carré, sous la cour même du palais. Les murs de ce souterrain étoient doubles : chacun des deux murs a deux pieds et demi d'épaisseur, et l'intervalle qui les sépare est de deux pouces.

Sorti du palais, je l'ai laissé sur la gauche derrière moi, en m'avançant à droite vers la campagne romaine. A travers un champ de blé, semé sur des caveaux, j'ai abordé les Thermes, connus encore sous le nom de *Chambres des philosophes* ou de *Salles prétoriennes :* c'est une des ruines les plus imposantes de toute la *villa*. La beauté, la hauteur, la hardiesse et la légèreté des voûtes, les divers enlacements des portiques qui se croisent, se coupent ou se suivent parallèlement, le paysage qui joue derrière ce grand morceau d'architecture, produisent un effet surprenant. La *villa Adriana* a fourni quelques restes précieux de peinture. Le peu d'arabesques que j'y ai vues est d'une grande sagesse de composition, et d'un dessin aussi délicat que pur.

La Naumachie se trouve derrière les Thermes, bassin creusé de main d'homme, où d'énormes tuyaux, qu'on voit encore, amenoient des fleuves. Ce bassin, maintenant à sec, étoit rempli d'eau, et l'on y figuroit des batailles navales. On sait que, dans ces fêtes, un ou deux milliers d'hommes s'égorgeoient quelquefois pour divertir la populace romaine.

Autour de la Naumachie s'élevoient des terrasses destinées aux spectateurs : ces terrasses étoient appuyées par des portiques qui servoient de chantiers ou d'abris aux galères.

Un temple imité de celui de Sérapis en Égypte ornoit cette scène. La moitié du grand dôme de ce temple est tombée. A la vue de ces piliers sombres, de ces cintres concentriques, de ces espèces d'entonnoirs où mugissoit l'oracle, on sent qu'on n'habite plus l'Italie et la Grèce, que le génie d'un autre peuple a présidé à ce monument. Un vieux sanctuaire offre, sur ses murs verdâtres et humides, quelques traces du pinceau. Je ne sais quelle plainte erroit dans l'édifice abandonné.

J'ai gagné de là le temple de Pluton et de Proserpine, vulgairement appelé *l'Entrée de l'Enfer*. Ce temple est maintenant la demeure d'un vigneron ; je n'ai pu y pénétrer ; le maître comme le dieu n'y étoit pas. Au-dessous de l'Entrée de l'Enfer s'étend un vallon appelé *le Vallon du Palais :* on pourroit le prendre pour l'Élysée. En avançant vers le midi, et suivant un mur qui soutenoit les terrasses attenantes au temple de Pluton, j'ai aperçu les dernières ruines de la *villa*, situées à plus d'une lieue de distance.

Revenu sur mes pas, j'ai voulu voir l'Académie, formée d'un jardin, d'un temple d'Apollon et de divers bâtiments destinés aux philosophes. Un paysan m'a ouvert une porte pour passer dans le champ d'un autre propriétaire, et je me suis trouvé à l'Odéon et au théâtre grec : celui-ci est assez bien conservé quant à la forme. Quelque génie mélodieux étoit sans doute resté dans ce lieu consacré à l'harmonie, car j'y ai entendu siffler le merle le 12 décembre : une troupe d'enfants occupés à cueillir les olives faisoit retentir de ses chants des échos qui peut-être avoient répété les vers de Sophocle et la musique de Timothée.

Là s'est achevée ma course, beaucoup plus longue qu'on ne la fait ordinairement : je devois cet hommage à un prince voyageur. On trouve plus loin le grand portique, dont il reste peu de chose; plus loin encore les débris de quelques bâtiments inconnus; enfin, les *Colle di San Stephano*, où se termine la *villa*, portent les ruines du Prytanée.

Depuis l'Hippodrome jusqu'au Prytanée, la *villa Adriana* occupoit les sites connus à présent sous le nom de *Rocca Bruna, Palazza, Aqua Fera* et les *Colle di San Stephano*.

Adrien fut un prince remarquable, mais non un des plus grands empereurs romains; c'est pourtant un de ceux dont on se souvient le plus aujourd'hui. Il a laissé partout ses traces : une muraille célèbre dans la Grande-Bretagne, peut-être l'arène de Nîmes et le pont du Gard dans les Gaules, des temples en Égypte, des aquéducs à Troye, une nouvelle ville à Jérusalem et à Athènes, un pont où l'on passe encore, et une foule d'autres monuments à Rome, attestent le goût, l'activité et la puissance d'Adrien. Il étoit lui-même poëte, peintre et architecte. Son siècle est celui de la restauration des arts.

La destinée du *Mole Adriani* est singulière : les ornements de ce sépulcre servirent d'armes contre les Goths. La civilisation jeta des colonnes et des statues à la tête de la barbarie, ce qui n'empêcha pas celle-ci d'entrer. Le mausolée est devenu la forteresse des papes; il s'est aussi converti en une prison; ce n'est pas mentir à sa destination primitive. Ces vastes édifices élevés sur les cendres des hommes n'agrandissent point les proportions du cercueil : les morts sont dans leur loge sépulcrale comme cette statue assise dans un temple trop petit d'Adrien; s'ils vouloient se lever, ils se casseroient la tête contre la voûte.

Adrien, en arrivant au trône, dit tout haut à l'un de ses ennemis : « Vous voilà sauvé. » Le mot est magnanime. Mais on ne pardonne pas au génie comme on pardonne à la politique. Le jaloux Adrien, en voyant les chefs-d'œuvre d'Apollodore, se dit tout bas : « Le voilà perdu; » et l'artiste fut tué.

Je n'ai pas quitté la *villa Adriana* sans remplir d'abord mes poches de petits fragments de porphyre, d'albâtre, de vert antique, de morceaux de stuc peint et de mosaïque; ensuite j'ai tout jeté.

Elles ne sont déjà plus pour moi, ces ruines, puisqu'il est probable que rien ne m'y ramènera. On meurt à chaque moment pour un temps, une chose, une personne qu'on ne reverra jamais : la vie est une mort successive. Beaucoup de voyageurs, mes devanciers, ont écrit leurs noms sur les marbres de la *villa Adriana;* ils ont espéré prolonger leur existence en attachant à des lieux célèbres un souvenir de leur passage; ils se sont trompés. Tandis que je m'efforçois de lire un de ces noms nouvellement crayonné, et que je croyois reconnoître, un oiseau s'est envolé d'une touffe de lierre; il a fait tomber quelques gouttes de la pluie passée; le nom a disparu.

A demain la *villa* d'Est [1].

LE VATICAN.

22 décembre 1803.

J'ai visité le Vatican à une heure. Beau jour, soleil brillant, air extrêmement doux.

Solitude de ces grands escaliers, ou plutôt de ces rampes où l'on peut monter avec des mulets; solitude de ces galeries ornées des chefs-d'œuvre du génie, où les papes d'autrefois passoient avec toutes leurs pompes; solitude de ces Loges que tant d'artistes célèbres ont étudiées, que tant d'hommes

[1] Voyez ci-après la lettre sur Rome.

illustres ont admirées : le Tasse, Arioste, Montaigne, Milton, Montesquieu, des reines, des rois ou puissants ou tombés, et tous ces pèlerins de toutes les parties du monde.

Dieu débrouillant le chaos.

J'ai remarqué l'ange qui suit Loth et sa femme.

Belle vue de Frascati par-dessus Rome, au coin ou au coude de la galerie.

Entrée dans les *Chambres*. — Bataille de Constantin : le tyran et son cheval se noyant.

Saint Léon arrêtant Attila. Pourquoi Raphaël a-t-il donné un air fier et non religieux au groupe chrétien ? pour exprimer le sentiment de l'assistance divine.

Le Saint Sacrement, premier ouvrage de Raphaël : froid, nulle piété, mais disposition et figures admirables.

Apollon, les Muses et les Poëtes. — Caractère des poëtes bien exprimé. Singulier mélange.

Héliodore chassé du temple. — Un ange remarquable, une figure de femme céleste, imitée par Girodet dans son Ossian.

L'Incendie du bourg. — La femme qui porte un vase : copiée sans cesse. Contraste de l'homme suspendu et de l'homme qui veut atteindre l'enfant : l'art trop visible. Toujours la femme et l'enfant rendus mille fois par Raphaël, et toujours excellemment.

L'École d'Athènes : j'aime autant le carton.

Saint Pierre délivré. — Effet des trois lumières, cité partout.

Bibliothèque : porte de fer, hérissée de pointes ; c'est bien la porte de la science. Armes d'un pape : trois abeilles ; symbole heureux.

Magnifique vaisseau : livres invisibles. Si on les communiquoit, on pourroit refaire ici l'histoire moderne tout entière.

Musée chrétien. — Instruments de martyre : griffes de fer pour déchirer la peau, grattoir pour l'enlever, martinets de fer, petites tenailles : belles antiquités chrétiennes ! Comment souffroit-on autrefois ? comme aujourd'hui, témoin ces instruments. En fait de douleurs, l'espèce humaine est stationnaire.

Lampes trouvées dans les catacombes. — Le christianisme commence à un tombeau ; c'est à la lampe d'un mort qu'on a pris cette lumière qui a éclairé le monde. — Anciens calices, anciennes croix, anciennes cuillères pour administrer la communion. — Tableaux apportés de Grèce pour les sauver des Iconoclastes.

Ancienne figure de Jésus-Christ, reproduite depuis par les peintres ; elle ne peut guère remonter au-delà du huitième siècle. Jésus-Christ étoit-il *le plus beau des hommes,* ou étoit-il laid ? Les Pères grecs et les Pères latins se sont partagés d'opinion : je tiens pour la beauté.

Donation à l'Église sur papyrus : le monde recommence ici.

Musée antique. — Chevelure d'une femme trouvée dans un tombeau. Est-ce celle de la mère des

Gracques? est-ce celle de Délie, de Cinthie, de Lalagé ou de Lycinie, dont Mécène, si nous en croyons Horace, n'auroit pas voulu changer un seul cheveu contre toute l'opulence d'un roi de Phrygie :

> Aut pinguis Phrygiæ mygdonias opes
> Permutare velis crine Lyciniæ ?

Si quelque chose emporte l'idée de la fragilité, ce sont les cheveux d'une jeune femme, qui furent peut-être l'objet de l'idolâtrie de la plus volage des passions, et pourtant ils ont survécu à l'empire romain. La mort, qui brise toutes les chaînes, n'a pu rompre ce léger roseau.

Belle colonne torse d'albâtre. Suaire d'amiante retiré d'un sarcophage : la mort n'en a pas moins consumé sa proie.

Vase étrusque. Qui a bu à cette coupe? un mort. Toutes les choses dans ce Musée, sont trésor du sépulcre, soit qu'elles aient servi aux rites des funérailles, ou qu'elles aient appartenu aux fonctions de la vie.

MUSÉE CAPITOLIN.

23 décembre 1803.

La Colonne Milliaire. Dans la cour les pieds et la tête d'un colosse : l'a-t-on fait exprès ?

Dans le Sénat : noms des sénateurs modernes; Louve frappée de la foudre; Oies du Capitole :

Tous les siècles y sont; on y voit tous les temps;
Là sont les devanciers avec leurs descendants.

Mesures antiques de blé, d'huile et de vin, en forme d'autel, avec des têtes de lion.

Peintures représentant les premiers événements de la république romaine.

Statue de Virgile : contenance rustique et mélancolique, front grave, yeux inspirés, rides circulaires partant des narines et venant se terminer au menton, en embrassant la joue.

Cicéron : une certaine régularité avec une expression de légèreté; moins de force de caractère que de philosophie, autant d'esprit que d'éloquence.

L'Alcibiade ne m'a point frappé par sa beauté; il a du sot et du niais.

Un jeune Mithridate ressemblant à un Alexandre.

Fastes consulaires antiques et modernes.

Sarcophage d'Alexandre Sévère et de sa mère.

Bas-relief de Jupiter enfant dans l'île de Crète : admirable.

Colonne d'albâtre oriental, la plus belle connue.

Plan antique de Rome sur un marbre : perpétuité de la Ville Éternelle.

Buste d'Aristote : quelque chose d'intelligent et de fort.

Buste de Caracalla : œil contracté; nez et bouche pointus; l'air féroce et fou.

Buste de Domitien : lèvres serrées.

Buste de Néron : visage gros et rond, enfoncé vers les yeux, de manière que le front et le menton avancent; l'air d'un esclave grec débauché.

Bustes d'Agrippine et de Germanicus : la seconde figure longue et maigre; la première sérieuse.

Buste de Julien : front petit et étroit.

Buste de Marc-Aurèle : grand front, œil élevé vers le ciel ainsi que le sourcil.

Buste de Vitellius : gros nez, lèvres minces, joues bouffies, petits yeux, tête un peu abaissée comme le porc.

Buste de César : figure maigre, toutes les rides profondes, l'air prodigieusement spirituel, le front proéminent entre les yeux, comme si la peau étoit amoncelée et coupée d'une ride perpendiculaire, sourcils surbaissés et touchant l'œil, la bouche grande et singulièrement expressive; on croit qu'elle va parler, elle sourit presque; le nez saillant, mais pas aussi aquilin qu'on le trace ordinairement; les tempes aplaties comme chez Buonaparte; presque point d'occiput; le menton rond et double; les narines un peu fermées : figure d'imagination et de génie.

Un bas-relief : Endymion dormant assis sur un rocher ; sa tête est penchée dans sa poitrine, et un peu appuyée sur le bois de sa lance, qui repose sur son épaule gauche ; la main gauche jetée négligemment sur cette lance, tient à peine la laisse d'un chien qui, planté sur ses pattes de derrière, cherche à regarder au-dessus du rocher. C'est un des plus beaux bas-reliefs connus [1].

Des fenêtres du Capitole on découvre tout le Forum, les temples de la Fortune et de la Concorde, les deux colonnes du temple de Jupiter Stator, les Rostres, le temple de Faustine, le temple du Soleil, le temple de la Paix, les ruines du palais doré de Néron, celles du Colisée, les arcs de triomphe de Titus, de Septime Sévère, de Constantin ; vaste cimetière des siècles, avec leurs monuments funèbres, portant la date de leur décès.

GALERIE DORIA.

24 décembre 1803.

Gaspard Poussin : grand paysage. Vues de Naples. Frontispice d'un temple en ruine dans une campagne.

Cascade de Tivoli et temple de la Sibylle.

Paysage de Claude Lorrain. Une fuite en Égypte

---

[1] J'ai fait usage de cette *pose* dans *les Martyrs*.

du même : la Vierge arrêtée au bord d'un bois tient l'Enfant sur ses genoux; un Ange présente des mets à l'Enfant, et saint Joseph ôte le bât de l'âne; un pont dans le lointain, sur lequel passent des chameaux et leurs conducteurs; un horizon où se dessinent à peine les édifices d'une grande ville : le calme de la lumière est merveilleux.

Deux autres petits paysages de Claude Lorrain, dont l'un représente une espèce de mariage patriarcal dans un bois : c'est peut-être l'ouvrage le plus fini de ce grand peintre.

Une fuite en Égypte, de Nicolas Poussin : la Vierge et l'Enfant, portés sur un âne que conduit un Ange, descendent d'une colline dans un bois; saint Joseph suit : le mouvement du vent est marqué sur les vêtements et sur les arbres.

Plusieurs paysages du Dominiquin : couleur vive et brillante; les sujets riants; mais en général un ton de verdure cru et une lumière peu vaporeuse, peu idéale : chose singulière! ce sont des yeux françois qui ont mieux vu la lumière de l'Italie.

Paysage d'Annibal Carrache : grande vérité, mais point d'élévation de style.

Diane et Endymion, de Rubens : l'idée est heureuse. Endymion est à peu près endormi dans la position du beau bas-relief du Capitole; Diane suspendue dans l'air appuie légèrement une main sur l'épaule du chasseur, pour donner à celui-ci un baiser sans l'éveiller; la main de la déesse de la nuit est d'une blancheur de lune, et sa tête se distingue à peine de l'azur du firmament. Le tout est bien dessiné; mais quand Rubens dessine bien, il peint mal : le grand coloriste perdoit sa palette quand il retrouvoit son crayon.

Deux têtes, par Raphaël. Les quatre Avares, par Albert Durer. Le Temps arrachant les plumes de l'Amour, du Titien ou de l'Albane : maniéré et froid; une chair toute vivante.

Noces Aldobrandines, copie de Nicolas Poussin : dix figures sur un même plan, formant trois groupes de trois, quatre, et trois figures. Le fond est une espèce de paravent gris à hauteur d'appui; les poses et le dessin tiennent de la simplicité de la sculpture; on diroit d'un bas-relief. Point de richesse de fond, point de détails, de draperies, de meubles, d'arbres, point d'accessoire quelconque, rien que les personnages naturellement groupés.

PROMENADE DANS ROME,

AU CLAIR DE LUNE.

Du haut de la Trinité du Mont, les clochers et les édifices lointains paroissent comme les ébauches effacées d'un peintre, ou comme des côtes inégales vues de la mer, du bord d'un vaisseau à l'ancre.

Ombre de l'obélisque : combien d'hommes ont regardé cette ombre en Égypte et à Rome?

Trinité du Mont déserte : un chien aboyant dans

cette retraite des François. Une petite lumière dans la chambre élevée de la *villa* Médicis.

Le Cours : calme et blancheur des bâtiments, profondeur des ombres transversales. Place Colonne : Colonne Antonine à moitié éclairée.

Panthéon : sa beauté au clair de la lune.

Colisée : sa grandeur et son silence à cette même clarté.

Saint-Pierre : effet de la lune sur son dôme, sur le Vatican, sur l'obélisque, sur les deux fontaines, sur la colonnade circulaire.

Une jeune femme me demande l'aumône; sa tête est enveloppée dans son jupon relevé; la *poverina* ressemble à une madone : elle a bien choisi le temps et le lieu. Si j'étois Raphaël, je ferois un tableau. Le Romain demande parce qu'il meurt de faim; il n'importune pas si on le refuse; comme ses ancêtres, il ne fait rien pour vivre : il faut que son sénat ou son prince le nourrisse.

Rome sommeille au milieu de ces ruines. Cet astre de la nuit, ce globe que l'on suppose un monde fini et dépeuplé, promène ses pâles solitudes au-dessus des solitudes de Rome; il éclaire des rues sans habitants, des enclos, des places, des jardins où il ne passe personne, des monastères où l'on n'entend plus la voix des cénobites, des cloîtres qui sont aussi déserts que les portiques du Colisée.

Que se passoit-il, il y a dix-huit siècles, à pareille heure et aux mêmes lieux? Non-seulement l'ancienne Italie n'est plus, mais l'Italie du moyen-âge a disparu. Toutefois la trace de ces deux Italie est encore bien marquée à Rome : si la Rome moderne montre son Saint-Pierre et tous ses chefs-d'œuvre, la Rome ancienne lui oppose son Panthéon et tous ses débris; si l'une fait descendre du Capitole ses consuls et ses empereurs, l'autre amène du Vatican la longue suite de ses pontifes. Le Tibre sépare les deux gloires : assisés dans la même poussière, Rome païenne s'enfonce de plus en plus dans ses tombeaux, et Rome chrétienne redescend peu à peu dans les catacombes d'où elle est sortie.

J'ai dans la tête le sujet d'une vingtaine de lettres sur l'Italie, qui peut-être se feroient lire, si je parvenois à rendre mes idées telles que je les conçois : mais les jours s'en vont, et le repos me manque. Je me sens comme un voyageur qui, forcé de partir demain, a envoyé devant lui ses bagages. Les bagages de l'homme sont ses illusions et ses années; il en remet, à chaque minute, une partie à celui que l'Écriture appelle un *courrier rapide* : le Temps[1].

---

[1] De cette vingtaine de lettres que j'avois dans la tête, je n'en ai écrit qu'une seule, la Lettre sur Rome à M. de Fontanes. Les divers fragments qu'on vient de lire et qu'on va lire devoient former le texte des autres lettres; mais j'ai achevé de décrire Rome et Naples dans le quatrième et dans le cinquième livre des *Martyrs*. Il ne manque donc à tout ce que je voulois dire sur l'Italie que la partie historique et politique.

VOYAGE DE NAPLES.

Terracine, 31 décembre.

Voici les personnages, les équipages, les choses et les objets que l'on rencontre pêle-mêle sur les routes de l'Italie : des Anglois et des Russes qui voyagent à grands frais dans de bonnes berlines, avec tous les usages et les préjugés de leurs pays; des familles italiennes qui passent dans de vieilles calèches pour se rendre économiquement aux *vendanges;* des moines à pied, tirant par la bride une mule rétive chargée de reliques; des laboureurs conduisant des charrettes que traînent de grands bœufs, et qui portent une petite image de la Vierge élevée sur le timon au bout d'un bâton; des paysannes voilées ou les cheveux bizarrement tressés, jupon court de couleur tranchante, corsets ouverts aux mamelles, et entrelacés avec des rubans, colliers et bracelets de coquillages; des fourgons attelés de mulets ornés de sonnettes, de plumes et d'étoffe rouge; des bacs, des ponts et des moulins; des troupeaux d'ânes, de chèvres, de moutons; des voiturins, des courriers, la tête enveloppée d'un réseau comme les Espagnols; des enfants tout nus; des pèlerins, des mendiants, des pénitents blancs ou noirs; des militaires cahotés dans de méchantes carrioles; des escouades de gendarmerie; des vieillards mêlés à des femmes. L'air de bienveillance est grand, mais grand est aussi l'air de curiosité; on se suit des yeux tant qu'on peut se voir, comme si on vouloit se parler, et l'on ne se dit mot.

Dix heures du soir.

J'ai ouvert ma fenêtre : les flots venoient expirer au pied des murs de l'auberge. Je ne revois jamais la mer sans un mouvement de joie et presque de tendresse.

Gaëte, 1er janvier 1804.

Encore une année écoulée !

En sortant de Fondi j'ai salué le premier verger d'orangers : ces beaux arbres étoient aussi chargés de fruits mûrs que pourroient l'être les pommiers les plus féconds de la Normandie. Je trace ce peu de mots à Gaëte, sur un balcon, à quatre heures du soir, par un soleil superbe, ayant en vue la pleine mer. Ici mourut Cicéron, dans cette patrie, comme il le dit lui-même, qu'il avoit sauvée : *Moriar in patria sæpe servata.* Cicéron fut tué par un homme qu'il avoit jadis défendu ; ingratitude dont l'histoire fourmille. Antoine reçut au *Forum* la tête et les mains de Cicéron ; il donna une couronne d'or et une somme de 200,000 livres à l'assassin ; ce n'étoit pas le prix de la chose : la tête fut clouée à la tribune publique entre les deux mains de l'orateur. Sous Néron on louoit beaucoup Cicéron ; on n'en parla pas sous Auguste. Du temps de Néron le crime s'étoit perfectionné ; les vieux assassinats du divin Auguste étoient des vétilles, des essais, presque de l'innocence au milieu des forfaits nouveaux. D'ailleurs on étoit déjà loin de la liberté; on ne savoit plus ce que c'étoit : les esclaves qui assistoient aux jeux du cirque alloient-ils prendre feu pour les rêveries des Caton et des Brutus? Les rhéteurs pouvoient donc, en toute sûreté de servitude, louer le paysan d'Arpinum. Néron lui-même auroit été homme à débiter des harangues sur l'excellence de la liberté; et si le peuple romain se fût endormi pendant ces harangues, comme il est à croire, son maître, selon la coutume, l'eût fait réveiller à coups de bâton pour le forcer d'applaudir.

Naples, 2 janvier.

Le duc d'Anjou, roi de Naples, frère de saint Louis, fit mettre à mort Conradin, légitime héritier de la couronne de Sicile. Conradin sur l'échafaud jeta son gant dans la foule : qui le releva? Louis XVI, descendant de saint Louis.

Le royaume des Deux-Siciles est quelque chose d'à part en Italie : Grec sous les anciens Romains, il a été Sarrasin, Normand, Allemand, François, Espagnol, au temps des Romains nouveaux.

L'Italie du moyen-âge étoit l'Italie des deux grandes factions Guelfe et Gibeline, l'Italie des rivalités républicaines et des petites tyrannies ; on n'y entendoit parler que de crimes et de liberté; tout s'y faisoit à la pointe du poignard. Les aventures de cette Italie tenoient du roman : qui ne sait Ugolin, Françoise de Rimini, Roméo et Juliette, Othello?

Les doges de Gênes et de Venise, les princes de Vérone, de Ferrare et de Milan, les guerriers, les navigateurs, les écrivains, les artistes, les marchands de cette Italie étoient des hommes de génie : Grimaldi, Fregose, Adorni, Dandolo, Marin Zeno, Morosini, Gradenigo, Scaligieri, Visconti, Doria, Trivulce, Spinola, Zeno, Pisani, Christophe Colomb, Améric Vespuce, Gabato, le Dante, Pétrarque, Boccace, Arioste, Machiavel, Cardan, Pomponace, Achellini, Érasme, Politien, Michel-Ange, Pérugin, Raphaël, Jules Romain, Dominiquin, Titien, Caragio, les Médicis ; mais, dans tout cela, pas un chevalier, rien de l'Europe transalpine.

A Naples, au contraire, la chevalerie se mêle au caractère italien, et les prouesses aux émeutes populaires; Tancrède et le Tasse, Jeanne de Naples et le bon roi René, qui ne régna point, les Vêpres Siciliennes, Mazaniel et le dernier duc de Guise, voilà les Deux-Siciles. Le souffle de la Grèce vient aussi expirer à Naples ; Athènes a poussé ses frontières jusqu'à Pæstum ; ses temples et ses tombeaux forment une ligne au dernier horizon d'un ciel enchanté.

Je n'ai point été frappé de Naples en arrivant : depuis Capoue et ses délices jusqu'ici le pays est fertile, mais peu pittoresque. On entre dans Naples presque sans la voir, par un chemin assez creux [1].

---

[1] On peut, si l'on veut, ne plus suivre l'ancienne route. Sous la dernière domination françoise une autre entrée a été ouverte, et l'on a tracé un beau chemin autour de la colline du Pausilype.

3 janvier 1804.

Visité le Musée.

Statue d'Hercule dont il y a des copies partout : Hercule en repos appuyé sur un tronc d'arbre; légèreté de la massue. Vénus : beauté des formes; draperies mouillées. Buste de Scipion l'Africain.

Pourquoi la sculpture antique est-elle supérieure[1] à la sculpture moderne, tandis que la peinture moderne est vraisemblablement supérieure, ou du moins égale à la peinture antique?

Pour la sculpture, je réponds :

Les habitudes et les mœurs des anciens étoient plus graves que les nôtres, les passions moins turbulentes. Or, la sculpture, qui se refuse à rendre les petites nuances et les petits mouvements, s'accommodoit mieux des poses tranquilles et de la physionomie sérieuse du Grec et du Romain.

De plus, les draperies antiques laissoient voir en partie le nu : ce nu étoit toujours ainsi sous les yeux des artistes, tandis qu'il n'est exposé qu'occasionnellement aux regards du sculpteur moderne : enfin les formes humaines étoient plus belles.

Pour la peinture, je dis :

La peinture admet beaucoup de mouvement

---

[1] Cette assertion, généralement vraie, admet pourtant d'assez nombreuses exceptions. La statuaire antique n'a rien qui surpasse les cariatides du Louvre, de Jean Goujon. Nous avons tous les jours sous les yeux ces chefs-d'œuvre, et nous ne les regardons pas. L'Apollon a été beaucoup trop vanté : les métopes du Parthénon offrent seuls la sculpture grecque dans sa perfection. Ce que j'ai dit des arts dans le *Génie du Christianisme* est étriqué, et souvent faux. A cette époque je n'avois vu ni l'Italie, ni la Grèce, ni l'Égypte.

dans les attitudes; conséquemment la *manière*, quand malheureusement elle est sensible, nuit moins aux grands effets du pinceau.

Les règles de la perspective, qui n'existent presque point pour la sculpture, sont mieux entendues des modernes qu'elles ne l'étoient des anciens. On connoît aujourd'hui un plus grand nombre de couleurs; reste seulement à savoir si elles sont plus vives et plus pures.

Dans ma revue du Musée, j'ai admiré la mère de Raphaël, peinte par son fils : belle et simple, elle ressemble un peu à Raphaël lui-même, comme les Vierges de ce génie divin ressemblent à des Anges.

Michel-Ange peint par lui-même.

Armide et Renaud : scène du miroir magique.

POUZZOLES ET LA SOLFATARA.

4 janvier.

A Pouzzoles, j'ai examiné le temple des nymphes, la maison de Cicéron, celle qu'il appeloit la *Puteolane*, d'où il écrivit souvent à Atticus, et où il composa peut-être sa seconde Philippique. Cette *villa* étoit bâtie sur le plan de l'Académie d'Athènes : embellie depuis par Vétus, elle devint un palais sous l'empereur Adrien, qui y mourut en disant adieu à son âme.

> Animula vagula, blandula,
> Hospes comesque corporis, etc.

Il voulut qu'on mît sur sa tombe qu'il avoit été tué par les médecins :

> Turba medicorum regem interfecit.

La science a fait des progrès.

A cette époque, tous les hommes de mérite étoient philosophes, quand ils n'étoient pas chrétiens.

Belle vue dont on jouissoit du Portique : un petit verger occupe aujourd'hui la maison de Cicéron.

Temple de Neptune et tombeaux.

La Solfatare, champ de soufre. Bruit des fontaines d'eau bouillante; bruit du Tartare pour les poëtes.

Vue du golfe de Naples en revenant : cap dessiné par la lumière du soleil couchant; reflet de cette lumière sur le Vésuve et l'Apennin; accord ou harmonie de ces feux et du ciel. Vapeur diaphane à fleur d'eau et à mi-montagne. Blancheur des voiles des barques rentrantes au port. L'île de Caprée au loin. La montagne des Camaldules avec son couvent et son bouquet d'arbres au-dessus de Naples. Contraste de tout cela avec la Solfatare. Un François habite sur l'île où se retira Brutus. Grotte d'Esculape. Tombeau de Virgile, d'où l'on découvre le berceau du Tasse.

LE VÉSUVE.

5 janvier 1804.

Aujourd'hui 5 janvier, je suis parti de Naples à sept heures du matin; me voilà à Portici. Le soleil est dégagé des nuages du levant, mais la tête du Vésuve est toujours dans le brouillard. Je fais marché avec un *cicerone* pour me conduire au cratère du volcan. Il me fournit deux mules, une pour lui, une pour moi : nous partons.

Je commence à monter par un chemin assez large, entre deux champs de vignes appuyées sur des peupliers. Je m'avance droit au levant d'hiver. J'aperçois, un peu au-dessus des vapeurs descendues dans la moyenne région de l'air, la cime de quelques arbres: ce sont les ormeaux de l'ermitage. De pauvres habitations de vignerons se montrent à droite et à gauche, au milieu des riches ceps du *Lacryma-Christi*. Au reste, partout une terre brûlée, des vignes dépouillées entremêlées de pins en forme de parasols, quelques aloès dans les haies, d'innombrables pierres roulantes, pas un oiseau.

J'arrive au premier plateau de la montagne. Une plaine nue s'étend devant moi. J'entrevois les deux têtes du Vésuve; à gauche la Somma, à droite la bouche actuelle du volcan : ces deux têtes sont enveloppées de nuages pâles. Je m'avance. D'un côté la Somma s'abaisse ; de l'autre je commence à distinguer les ravines tracées dans le cône du volcan, que je vais bientôt gravir. La lave de 1766 et de 1769 couvre la plaine où je marche. C'est un désert enfumé où les laves, jetées comme des scories de forge, présentent sur un fond noir leur écume blanchâtre, tout-à-fait semblable à des mousses desséchées.

Suivant le chemin à gauche, et laissant à droite le cône du volcan, j'arrive au pied d'un coteau ou plutôt d'un mur formé de la lave qui a recouvert Herculanum. Cette espèce de muraille est plantée de vignes sur la lisière de la plaine, et son revers offre une vallée profonde occupée par un taillis. Le froid devient très piquant.

Je gravis cette colline pour me rendre à l'ermitage que l'on aperçoit de l'autre côté. Le ciel s'abaisse, les nuages volent sur la terre comme une fumée grisâtre, ou comme des cendres chassées par le vent. Je commence à entendre le murmure des ormeaux de l'ermitage.

L'ermite est sorti pour me recevoir. Il a pris la bride de la mule, et j'ai mis pied à terre. Cet ermite est un grand homme de bonne mine et d'une physionomie ouverte. Il m'a fait entrer dans sa cellule ; il a dressé le couvert, et m'a servi un pain, des pommes et des œufs. Il s'est assis devant moi, les deux coudes appuyés sur la table, et a causé tranquillement tandis que je déjeunois. Les nuages s'étoient fermés de toutes parts autour de nous ; on ne pouvoit distinguer aucun objet par la fenêtre de l'ermitage. On n'oyoit dans ce gouffre de vapeurs que le sifflement du vent et le bruit lointain de la mer sur les côtes d'Herculanum; scène paisible de l'hospitalité chrétienne, placée dans une petite cellule au pied d'un volcan et au milieu d'une tempête!

L'ermite m'a présenté le livre où les étrangers ont coutume de noter quelque chose. Dans ce livre, je n'ai pas trouvé une pensée qui méritât d'être retenue; les François, avec ce bon goût naturel à leur nation, se sont contentés de mettre la date de leur passage, ou de faire l'éloge de l'ermite. Ce volcan n'a donc inspiré rien de remarquable aux voyageurs; cela me confirme dans une idée que j'ai depuis long-temps : les très grands sujets, comme les très grands objets, sont peu propres à faire naître les grandes pensées; leur grandeur étant, pour ainsi dire, en évidence, tout ce qu'on ajoute au-delà du fait ne sert qu'à le rapetisser. Le *nascitur ridiculus mus* est vrai de toutes les montagnes.

Je pars de l'ermitage à deux heures et demie; je remonte sur le coteau de lave que j'avois déjà franchi : à ma gauche est la vallée qui me sépare de la Somma, à ma droite la plaine du cône. Je marche en m'élevant sur l'arête du coteau. Je n'ai trouvé dans cet horrible lieu, pour toute créature vivante, qu'une pauvre jeune fille maigre, jaune, demi-nue, et succombant sous un fardeau de bois coupé dans la montagne.

Les nuages ne me laissent plus rien voir; le

vent, soufflant de bas en haut, les chasse du plateau noir que je domine, et les fait passer sur la chaussée de lave que je parcours : je n'entends que le bruit des pas de ma mule.

Je quitte le coteau, je tourne à droite et redescends dans cette plaine de lave qui aboutit au cône du volcan et que j'ai traversée plus bas en montant à l'ermitage. Même en présence de ces débris calcinés, l'imagination se représente à peine ces champs de feu et de métaux fondus au moment des éruptions du Vésuve. Le Dante les avoit peut-être vus lorsqu'il a peint dans son *Enfer* ces sables brûlants où des flammes éternelles descendent lentement et en silence, *Come di neve in Alpe senza vento* :

> Arrivammo ad una landa,
> Che dal suo letto ogni pianta rimuove.
> . . . .
> Lo spazzo era una rena arida e spessa.
>
> Sovra tutto 'l sabbion d' un cader lento
> Piovean di fuoco dilatate falde,
> Come di neve in Alpe senza vento.

Les nuages s'entr'ouvrent maintenant sur quelques points; je découvre subitement, et par intervalles, Portici, Caprée, Ischia, le Pausilype, la mer parsemée des voiles blanches des pêcheurs, et la côte du golfe de Naples, bordée d'orangers : c'est le paradis vu de l'enfer.

Je touche au pied du cône; nous quittons nos mules; mon guide me donne un long bâton, et nous commençons à gravir l'énorme monceau de cendres. Les nuages se referment, le brouillard s'épaissit, et l'obscurité redouble.

Me voilà au haut du Vésuve, écrivant assis à la bouche du volcan, et prêt à descendre au fond de son cratère. Le soleil se montre de temps en temps à travers le voile de vapeurs qui enveloppe toute la montagne. Cet accident, qui me cache un des plus beaux paysages de la terre, sert à redoubler l'horreur de ce lieu. Le Vésuve, séparé par les nuages des pays enchantés qui sont à sa base, a l'air d'être ainsi placé dans le plus profond des déserts, et l'espèce de terreur qu'il inspire n'est point affoiblie par le spectacle d'une ville florissante à ses pieds.

Je propose à mon guide de descendre dans le cratère; il fait quelque difficulté, pour obtenir un peu plus d'argent. Nous convenons d'une somme qu'il veut avoir sur-le-champ. Je la lui donne. Il dépouille son habit; nous marchons quelque temps sur les bords de l'abîme, pour trouver une ligne moins perpendiculaire et plus facile à descendre. Le guide s'arrête et m'avertit de me préparer. Nous allons nous précipiter.

Nous voilà au fond du gouffre [1]. Je désespère de pouvoir peindre ce chaos.

Qu'on se figure un bassin d'un mille de tour et

---

[1] Il n'y a que de la fatigue et peu de danger à descendre dans le cratère du Vésuve. Il faudroit avoir le malheur d'y être surpris par une éruption. Les dernières éruptions ont changé la forme du cône.

de trois cents pieds d'élévation, qui va s'élargissant en forme d'entonnoir. Ses bords ou ses parois intérieures sont sillonnées par le fluide de feu que ce bassin a contenu, et qu'il a versé au dehors. Les parties saillantes de ces sillons ressemblent aux jambages de briques dont les Romains appuyoient leurs énormes maçonneries. Des rochers sont suspendus dans quelques parties du contour, et leurs débris, mêlés à une pâte de cendres, recouvrent l'abîme.

Ce fond du bassin est labouré de différentes manières. A peu près au milieu, sont creusés trois puits ou petites bouches nouvellement ouvertes, et qui vomirent des flammes pendant le séjour des François à Naples, en 1798.

Des fumées transpirent à travers les pores du gouffre, surtout du côté de la *Torre del Greco*. Dans le flanc opposé, vers Caserte, j'aperçois une flamme. Quand vous enfoncez la main dans les cendres, vous les trouvez brûlantes à quelques pouces de profondeur sous la surface.

La couleur générale du gouffre est celle d'un charbon éteint. Mais la nature sait répandre des grâces jusque sur les objets les plus horribles : la lave, en quelques endroits, est pleine d'azur, d'outre-mer, de jaune et d'orangé. Des blocs de granit, tourmentés et tordus par l'action du feu, se sont recourbés à leurs extrémités, comme des palmes et des feuilles d'acanthe. La matière volcanique, refroidie sur les rocs vifs autour desquels elle a coulé, forme çà et là des rosaces, des girandoles, des rubans ; elle affecte aussi des figures de plantes et d'animaux, et imite les dessins variés que l'on découvre dans les agates. J'ai remarqué sur un rocher bleuâtre un cygne de lave blanche parfaitement modelé; vous eussiez juré voir ce bel oiseau dormant sur une eau paisible, la tête cachée sous son aile, et son long cou allongé sur son dos comme un rouleau de soie:

Ad vada Meandri concinit albus olor.

Je retrouve ici ce silence absolu que j'ai observé autrefois, à midi, dans les forêts de l'Amérique, lorsque, retenant mon haleine, je n'entendois que le bruit de mes artères dans mes tempes et le battement de mon cœur. Quelquefois seulement des bouffées de vent, tombant du haut du cône au fond du cratère, mugissent dans mes vêtements ou sifflent dans mon bâton; j'entends aussi rouler quelques pierres que mon guide fait fuir sous ses pas en gravissant les cendres. Un écho confus, semblable au frémissement du métal ou du verre, prolonge le bruit de la chute, et puis tout se tait. Comparez ce silence de mort aux détonations épouvantables qui ébranloient ces mêmes lieux lorsque le volcan vomissoit le feu de ses entrailles et couvroit la terre de ténèbres.

On peut faire ici des réflexions philosophiques, et prendre en pitié les choses humaines. Qu'est-ce en effet que ces révolutions si fameuses des empires, auprès de ces accidents de la nature, qui changent la face de la terre et des mers? Heureux du moins si les hommes n'employoient pas à se tourmenter mutuellement le peu de jours qu'ils ont à passer ensemble ! Le Vésuve n'a pas ouvert une seule fois ses abîmes pour dévorer les cités, que ses fureurs n'aient surpris les peuples au milieu du sang et des larmes. Quels sont les premiers signes de civilisation, les premières marques du passage des hommes que l'on a retrouvés sous les cendres éteintes du volcan ? Des instruments de supplice, des squelettes enchaînés [1].

Les temps varient, et les destinées humaines ont la même inconstance. *La vie,* dit la chanson grecque, *fuit comme la roue d'un char:*

Τροχὸς ἅρματος γὰρ οἶα
Βίοτος τρέχει κυλισθείς.

Pline a perdu la vie pour avoir voulu contempler de loin le volcan dans le cratère duquel je suis tranquillement assis. Je regarde fumer l'abîme autour de moi. Je songe qu'à quelques toises de profondeur j'ai un gouffre de feu sous mes pieds ; je songe que le volcan pourroit s'ouvrir et me lancer en l'air avec des quartiers de marbre fracassés.

Quelle providence m'a conduit dans ce lieu ? Par quel hasard les tempêtes de l'océan américain m'ont-elles jeté aux champs de Lavinie : *Lavinaque venit littora?* Je ne puis m'empêcher de faire un retour sur les agitations de cette vie, « où les choses, dit saint Augustin, sont pleines de misères, et l'es-

[1] A Pompeïa.

pérance vide de bonheur : *Rem plenam miseriæ, spem beatitudinis inanem.* » Né sur les rochers de l'Armorique, le premier bruit qui a frappé mon oreille en venant au monde est celui de la mer; et sur combien de rivages n'ai-je pas vu depuis se briser ces mêmes flots que je retrouve ici ?

Qui m'eût dit, il y a quelques années, que j'entendrois gémir aux tombeaux de Scipion et de Virgile ces vagues qui se dérouloient à mes pieds sur les côtes de l'Angleterre, ou sur les grèves du Maryland ? Mon nom est dans la cabane du Sauvage de la Floride ; le voilà sur le livre de l'ermite du Vésuve. Quand déposerai-je à la porte de mes pères le bâton et le manteau du voyageur ?

O patria ! o divum domus Ilium !

PATRIA OU LITERNE.

6 janvier 1804.

Sorti de Naples par la grotte du Pausilype, j'ai roulé une heure en calèche dans la campagne; après avoir traversé de petits chemins ombragés, je suis descendu de voiture pour chercher à pied *Patria*, l'ancienne Literne. Un bocage de peupliers s'est d'abord présenté à moi, ensuite des vignes et une plaine semée de blé. La nature étoit belle, mais triste. A Naples, comme dans l'État romain, les cultivateurs ne sont guère aux champs qu'au temps des semailles et des moissons, après quoi ils se retirent dans les faubourgs des villes ou dans de grands villages. Les campagnes manquent ainsi de hameaux, de troupeaux, d'habitants, et n'ont point le mouvement rustique de la Toscane, du Milanois et des contrées transalpines. J'ai pourtant rencontré aux environs de *Patria* quelques fermes agréablement bâties : elles avoient dans leur cour un puits orné de fleurs et accompagné de deux pilastres, que couronnoient des aloès dans des paniers. Il y a dans ce pays un goût naturel d'architecture, qui annonce l'ancienne patrie de la civilisation et des arts.

Des terrains humides semés de fougères, attenant à des fonds boisés, m'ont rappelé les aspects de la Bretagne. Qu'il y a déjà long-temps que j'ai quitté mes bruyères natales! On vient d'abattre un vieux bois de chênes et d'ormes parmi lesquels j'ai été élevé : je serois tenté de pousser des plaintes, comme ces êtres dont la vie étoit attachée aux arbres de la magique forêt du Tasse.

J'ai aperçu de loin, au bord de la mer, la tour que l'on appelle *Tour de Scipion*. A l'extrémité d'un corps de logis que forment une chapelle et une espèce d'auberge, je suis entré dans un camp de pêcheurs : ils étoient occupés à raccommoder leurs filets au bord d'une pièce d'eau. Deux d'entre eux m'ont amené un bateau et m'ont débarqué près d'un pont, sur le terrain de la tour. J'ai passé des dunes, où croissent des lauriers, des myrtes et des oliviers nains. Monté, non sans peine, au haut de la tour, qui sert de point de reconnoissance aux vaisseaux, mes regards ont erré sur cette mer que Scipion avoit contemplée tant de fois. Quelques débris des voûtes appelées *Grottes de Scipion* se sont offerts à mes recherches religieuses; je foulois, saisi de respect, la terre qui couvroit les os de celui dont la gloire cherchoit la solitude. Je n'aurai de commun avec ce grand citoyen que ce dernier exil dont aucun homme n'est rappelé.

BAIES.

9 janvier.

Vue du haut de Monte-Nuovo : culture au fond de l'entonnoir; myrtes et élégantes bruyères.

Lac Averne : il est de forme circulaire, et enfoncé dans un bassin de montagnes; ses bords sont parés de vignes à haute tige. L'antre de la Sibylle est placé vers le midi, dans le flanc des falaises, auprès d'un bois. J'ai entendu chanter les oiseaux, et je les ai vus voler autour de l'antre, malgré les vers de Virgile :

Quam super haud ullæ poterant impune volantes
Tendere iter pennis..............

Quant au *rameau d'or*, toutes les colombes du

monde me l'auroient montré, que je n'aurois su le cueillir.

Le lac Averne communiquoit au lac Lucrin : restes de ce dernier lac dans la mer; restes du pont Julia.

On s'embarque et l'on suit la digue jusqu'aux bains de Néron. J'ai fait cuire des œufs dans le Phlégéton. Rembarqué en sortant des bains de Néron; tourné le promontoire : sur une côte abandonnée gisent, battues par les flots, les ruines d'une multitude de bains et de *villa* romaines. Temples de Vénus, de Mercure, de Diane; tombeaux d'Agrippine, etc. Baïes fut l'Élysée de Virgile et l'Enfer de Tacite.

HERCULANUM, PORTICI, POMPEIA.

11 janvier.

La lave a rempli Herculanum, comme le plomb fondu remplit les concavités d'un moule.

Portici est un magasin d'antiques.

Il y a quatre parties découvertes à Pompeïa : 1° le temple, le quartier des soldats, les théâtres; 2° une maison nouvellement déblayée par les François; 3° un quartier de la ville; 4° la maison hors de la ville.

Le tour de Pompeïa est d'environ quatre milles. Quartier des soldats, espèce de cloître autour duquel régnoient quarante-deux chambres; quelques mots latins estropiés et mal orthographiés barbouillés sur les murs. Près de là étoient des squelettes enchaînés : « Ceux qui étoient autrefois enchaînés « ensemble, dit Job, ne souffrent plus, et ils n'en- « tendent plus la voix de l'exacteur. »

Un petit théâtre : vingt et un gradins en demi-cercle, les corridors derrière. Un grand théâtre : trois portes pour sortir de la scène dans le fond, et communiquant aux chambres des acteurs. Trois rangs marqués pour les gradins; celui du bas plus large et en marbre. Les corridors derrière, larges et voûtés.

On entroit par le corridor au haut du théâtre, et l'on descendoit dans la salle par les vomitoires. Six portes s'ouvroient dans ce corridor. Viennent, non loin de là, un portique carré de soixante colonnes, et d'autres colonnes en ligne droite, allant du midi au nord; dispositions que je n'ai pas bien comprises.

On trouve deux temples : l'un de ces temples offre trois autels et un sanctuaire élevé.

La maison découverte par les François est curieuse : les chambres à coucher, extrêmement exiguës, sont peintes en bleu ou en jaune, et décorées de petits tableaux à fresque. On voit dans ces tableaux un personnage romain, un Apollon jouant de la lyre, des paysages, des perspectives de jardins et de villes. Dans la plus grande chambre de cette maison, une peinture représente Ulysse fuyant les Sirènes : le fils de Laërte, attaché au mât de son vaisseau, écoute trois Sirènes placées sur les rochers; la première touche la lyre, la seconde sonne une espèce de trompette, la troisième chante.

On entre dans la partie la plus anciennement découverte de Pompeïa par une rue d'environ quinze pieds de large; des deux côtés sont des trottoirs; le pavé garde la trace des roues en divers endroits. La rue est bordée de boutiques et de maisons dont le premier étage est tombé. Dans deux de ces maisons se voient les choses suivantes :

Une chambre de chirurgien et une chambre de toilette avec des peintures analogues.

On m'a fait remarquer un moulin à blé et les marques d'un instrument tranchant sur la pierre de la boutique d'un charcutier ou d'un boulanger, je ne sais plus lequel.

La rue conduit à une porte de la cité où l'on a mis à nu une portion des murs d'enceinte. A cette porte commençoit la file des sépulcres qui bordoient le chemin public.

Après avoir passé la porte, on rencontre la maison de campagne si connue. Le portique qui entoure le jardin de cette maison est composé de piliers carrés, groupés trois par trois. Sous ce premier portique, il en existe un second : c'est là que fut étouffée la jeune femme dont le sein s'est imprimé dans le morceau de terre que j'ai vu à Portici : la mort, comme un statuaire, a moulé sa victime.

Pour passer d'une partie découverte de la cité à une autre partie découverte, on traverse un riche sol cultivé ou planté de vignes. La chaleur étoit considérable, la terre riante de verdure et émaillée de fleurs[1].

En parcourant cette cité des morts, une idée me poursuivoit. A mesure que l'on déchausse quelque édifice à Pompeïa, on enlève ce que donne la fouille, ustensiles de ménage, instruments de divers métiers, meubles, statues, manuscrits, etc., et l'on entasse le tout au *Musée Portici*. Il y auroit selon moi quelque chose de mieux à faire : ce seroit de laisser les choses dans l'endroit où on les trouve et comme on les trouve, de remettre des toits, des plafonds, des planchers et des fenêtres, pour empêcher la dégradation des peintures et des murs; de relever l'ancienne enceinte de la ville, d'en clore les portes; enfin d'y établir une garde de soldats avec quelques savants versés dans les arts. Ne seroit-ce pas là le plus merveilleux musée de la terre? Une ville romaine conservée tout entière, comme si ses habitants venoient d'en sortir un quart d'heure auparavant!

On apprendroit mieux l'histoire domestique du peuple romain, l'état de la civilisation romaine dans quelques promenades à Pompeïa restaurée, que par la lecture de tous les ouvrages de l'antiquité. L'Europe entière accourroit : les frais qu'exigeroit la mise en œuvre de ce plan seroient amplement compensés par l'affluence des étrangers à Naples. D'ailleurs rien n'obligeroit d'exécuter ce travail à la fois; on continueroit lentement, mais régulièrement les fouilles; il ne faudroit qu'un peu de brique, d'ar-

[1] Je donne à la fin de ce volume des notices curieuses sur Pompeïa, et qui complètent ma courte description.

doise, de plâtre, de pierre, de bois de charpente et de menuiserie pour les employer en proportion du déblai. Un architecte habile suivroit, quant aux restaurations, le style local dont il trouveroit des modèles dans les paysages peints sur les murs mêmes des maisons de Pompeïa.

Ce que l'on fait aujourd'hui me semble funeste : ravies à leurs places naturelles, les curiosités les plus rares s'ensevelissent dans des cabinets où elles ne sont plus en rapport avec les objets environnants. D'une autre part, les édifices découverts à Pompeïa tomberont bientôt : les cendres qui les engloutirent les ont conservés; ils périront à l'air, si on ne les entretient ou on ne les répare.

En tous pays les monuments publics, élevés à grands frais avec des quartiers de granit et de marbre, ont seuls résisté à l'action du temps; mais les habitations domestiques, les *villes* proprement dites, se sont écroulées, parce que la fortune des simples particuliers ne leur permet pas de bâtir pour les siècles.

A M. DE FONTANES.

Rome, le 10 janvier 1804.

J'arrive de Naples, mon cher ami, et je vous porte un fruit de mon voyage, sur lequel vous avez des droits : quelques feuilles du laurier du tombeau de Virgile. « *Tenet nunc Parthenope.* » Il y a long-temps que j'aurois dû vous parler de cette terre classique, faite pour intéresser un génie tel que le vôtre ; mais diverses raisons m'en ont empêché. Cependant je ne veux pas quitter Rome sans vous dire au moins quelques mots de cette ville fameuse. Nous étions convenus que je vous écrirois au hasard et sans suite tout ce que je penserois de l'Italie, comme je vous disois autrefois l'impression que faisoient sur mon cœur les solitudes du Nouveau-Monde. Sans autre préambule, je vais donc essayer de vous peindre les *dehors* de Rome, ses campagnes et ses ruines.

Vous avez lu tout ce qu'on a écrit sur ce sujet ; mais je ne sais si les voyageurs vous ont donné une idée bien juste du tableau que présente la Campagne de Rome. Figurez-vous quelque chose de la désolation de Tyr et de Babylone, dont parle l'Écriture ; un silence et une solitude aussi vastes que le bruit et le tumulte des hommes qui se pressoient jadis sur ce sol. On croit y entendre retentir cette malédiction du prophète : *Venient tibi duo hæc subito in die una, sterilitas et viduitas*[1]. Vous apercevez çà et là quelques bouts de voies romaines dans des lieux où il ne passe plus personne, quelques traces desséchées des torrents de l'hiver : ces traces, vues de loin, ont elles-mêmes l'air de grands chemins battus et fréquentés, et elles ne sont que le lit désert d'une onde orageuse qui s'est écoulée comme le peuple romain. A peine découvrez-vous quelques arbres, mais partout s'élèvent des ruines d'aqueducs et de tombeaux; ruines qui semblent être les forêts et les plantes indigènes d'une terre composée de la poussière des morts et des débris des empires. Souvent, dans une grande plaine, j'ai cru voir de riches moissons; je m'en approchois : des herbes flétries avoient trompé mon œil. Parfois, sous ces moissons stériles, vous distinguez les traces d'une ancienne culture. Point d'oiseaux, point de laboureurs, point de mouvements champêtres, point de mugissements de troupeaux, point de villages. Un petit nombre de fermes délabrées se montrent sur la nudité des champs; les fenêtres et les portes en sont fermées; il n'en sort ni fumée, ni bruit, ni habitants. Une espèce de Sauvage, presque nu, pâle et miné par la fièvre, garde ces tristes chaumières, comme les spectres qui, dans nos histoires gothiques, défendent l'entrée des châteaux abandonnés. Enfin l'on diroit qu'aucune nation n'a osé succéder aux maîtres du monde dans leur terre natale, et que

---

[1] « Deux choses te viendront à la fois dans un seul jour, stérilité « et veuvage. » *Isaïe*.

ces champs sont tels que les a laissés le soc de Cincinnatus, ou la dernière charrue romaine.

C'est du milieu de ce terrain inculte que domine et qu'attriste encore un monument appelé par la voix populaire le *Tombeau de Néron* [1], que s'élève la grande ombre de la Ville Éternelle. Déchue de sa puissance terrestre, elle semble, dans son orgueil, avoir voulu s'isoler : elle s'est séparée des autres cités de la terre; et, comme une reine tombée du trône, elle a noblement caché ses malheurs dans la solitude.

Il me seroit impossible de vous dire ce qu'on éprouve lorsque Rome vous apparoît tout à coup au milieu de ses royaumes vides, *inania regna*, et qu'elle a l'air de se lever pour vous de la tombe où elle étoit couchée. Tâchez de vous figurer ce trouble et cet étonnement qui saisissoient les prophètes, lorsque Dieu leur envoyoit la vision de quelque cité à laquelle il avoit attaché les destinées de son peuple: *Quasi aspectus splendoris* [2]. La multitude des souvenirs, l'abondance des sentiments, vous oppressent; votre âme est bouleversée à l'aspect de cette Rome qui a recueilli deux fois la succession du monde, comme héritière de Saturne et de Jacob [3].

---

[1] Le véritable tombeau de Néron étoit à la porte *du Peuple*, dans l'endroit même où l'on a bâti depuis l'Église de *Santa Maria del Popolo*.

[2] « C'étoit comme une vision de splendeur. » *Ézéch.*

[3] Montaigne décrit ainsi la campagne de Rome, telle qu'elle étoit il y a environ deux cents ans :

« Nous avions loin, sur notre main gauche, l'Apennin, le pros-

Vous croirez peut-être, mon cher ami, d'après cette description, qu'il n'y a rien de plus affreux que les campagnes romaines? Vous vous tromperiez beaucoup; elles ont une inconcevable grandeur: on est toujours prêt, en les regardant, à s'écrier avec Virgile:

> Salve, magna parens frugum, Saturnia tellus,
> Magna virum [1]!

Si vous les voyez en économiste, elles vous désoleront; si vous les contemplez en artiste, en poëte, et même en philosophe, vous ne voudriez peut-être pas qu'elles fussent autrement. L'aspect d'un champ de blé ou d'un coteau de vignes ne vous donneroit pas d'aussi fortes émotions que la vue de cette terre dont la culture moderne n'a pas rajeuni le sol, et qui est demeurée antique comme les ruines qui la couvrent.

Rien n'est comparable pour la beauté aux lignes de l'horizon romain, à la douce inclinaison des plans, aux contours suaves et fuyants des montagnes qui le terminent. Souvent les vallées dans la campagne prennent la forme d'une arène, d'un cirque, d'un hippodrome; les coteaux sont taillés

---

« pect du pays mal plaisant, bossé, plein de profondes fendaces,
« incapable d'y recevoir nulle conduite de gens de guerre en or-
« donnance : le terroir nu, sans arbres, une bonne partie stérile,
« le pays fort ouvert tout autour, et plus de dix milles à la ronde;
« et quasi tout de cette sorte, fort peu peuplé de maisons. »

[1] « Salut, terre féconde, terre de Saturne, mère des grands
« hommes ! »

en terrasses, comme si la main puissante des Romains avoit remué toute cette terre. Une vapeur particulière, répandue dans les lointains, arrondit les objets et dissimule ce qu'ils pourroient avoir de dur ou de heurté dans leurs formes. Les ombres ne sont jamais lourdes et noires; il n'y a pas de masses si obscures de rochers et de feuillages, dans lesquelles il ne s'insinue toujours un peu de lumière. Une teinte singulièrement harmonieuse marie la terre, le ciel et les eaux : toutes les surfaces, au moyen d'une gradation insensible de couleurs, s'unissent par leurs extrémités, sans qu'on puisse déterminer le point où une nuance finit et où l'autre commence. Vous avez sans doute admiré dans les paysages de Claude Lorrain cette lumière qui semble idéale et plus belle que nature? eh bien, c'est la lumière de Rome!

Je ne me lassois point de voir à la *villa* Borghèse le soleil se coucher sur les cyprès du mont Marius et sur les pins de la *villa* Pamphili, plantés par Le Nôtre. J'ai souvent aussi remonté le Tibre à Ponte-Mole, pour jouir de cette grande scène de la fin du jour. Les sommets des montagnes de la Sabine apparoissent alors de lapis-lazuli et d'opale, tandis que leurs bases et leurs flancs sont noyés dans une vapeur d'une teinte violette et purpurine. Quelquefois de beaux nuages comme des chars légers, portés sur le vent du soir avec une grâce inimitable, font comprendre l'apparition des habitants de l'Olympe sous ce ciel mythologique; quelquefois l'antique Rome semble avoir étendu dans l'occident toute la pourpre de ses consuls et de ses Césars, sous les derniers pas du dieu du jour. Cette riche décoration ne se retire pas aussi vite que dans nos climats : lorsque vous croyez que ses teintes vont s'effacer, elle se ranime sur quelque autre point de l'horizon; un crépuscule succède à un crépuscule, et la magie du couchant se prolonge. Il est vrai qu'à cette heure du repos des campagnes, l'air ne retentit plus de chants bucoliques; les bergers n'y sont plus, *Dulcia linquimus arva!* mais on voit encore les *grandes victimes du Clytumne*, des bœufs blancs ou des troupeaux de cavales demi-sauvages qui descendent au bord du Tibre et viennent s'abreuver dans ses eaux. Vous vous croiriez transporté au temps des vieux Sabins ou au siècle de l'Arcadien Évandre, ποίμενες λαῶν[1], alors que le Tibre s'appeloit *Albula*[2], et que le pieux Énée remonta ses ondes inconnues.

Je conviendrai toutefois que les sites de Naples sont peut-être plus éblouissants que ceux de Rome : lorsque le soleil enflammé, ou que la lune large et rougie, s'élève au-dessus du Vésuve, comme un globe lancé par le volcan, la baie de Naples avec ses rivages bordés d'orangers, les montagnes de la Pouille, l'île de Caprée, la côte du Pausilype, Baïes, Misène, Cumes, l'Averne, les Champs-Élysées, et toute cette terre Virgilienne, présentent un spectacle magique; mais il n'a pas selon moi le *grandiose* de la campagne romaine. Du moins est-il certain que l'on s'attache prodigieusement à ce sol fameux.

---

[1] « Pasteurs des peuples. » *Homer.*   [2] *Vid.* Tit. Liv.

Il y a deux mille ans que Cicéron se croyoit exilé sous le ciel de l'Asie, et qu'il écrivoit à ses amis : *Urbem, mi Rufi, cole, in ista luce vive* [1]. Cet attrait de la belle Ausonie est encore le même. On cite plusieurs exemples de voyageurs qui, venus à Rome, dans le dessein d'y passer quelques jours, y sont demeurés toute leur vie. Il fallut que le Poussin vînt mourir sur cette terre des beaux paysages : au moment même où je vous écris, j'ai le bonheur d'y connoître M. d'Agincourt, qui y vit seul depuis vingt-cinq ans, et qui promet à la France d'avoir aussi son *Winckelman*.

Quiconque s'occupe uniquement de l'étude de l'antiquité et des arts, ou quiconque n'a plus de liens dans la vie, doit venir demeurer à Rome. Là il trouvera pour société une terre qui nourrira ses réflexions et qui occupera son cœur, des promenades qui lui diront toujours quelque chose. La pierre qu'il foulera aux pieds lui parlera, la poussière que le vent élèvera sous ses pas renfermera quelque grandeur humaine. S'il est malheureux, s'il a mêlé les cendres de ceux qu'il aima à tant de cendres illustres, avec quel charme ne passera-t-il pas du sépulcre des Scipions au dernier asile d'un ami vertueux, du charmant tombeau de *Cecilia Metella* au modeste cercueil d'une femme infortunée ! Il pourra

---

[1] « C'est à Rome qu'il faut habiter, mon cher Rufus, c'est à cette lumière qu'il faut vivre. » Je crois que c'est dans le premier ou dans le second livre des *Épîtres familières*. Comme j'ai cité partout de mémoire, on voudra bien me pardonner s'il se trouve quelque inexactitude dans les citations.

croire que ces mânes chéris se plaisent à errer autour de ces monuments avec l'ombre de Cicéron, pleurant encore sa chère Tullie, ou d'Agrippine encore occupée de l'urne de Germanicus. S'il est chrétien, ah! comment pourroit-il alors s'arracher de cette terre qui est devenue sa patrie, de cette terre qui a vu naître un second empire, plus saint dans son berceau, plus grand dans sa puissance que celui qui l'a précédé, de cette terre où les amis que nous avons perdus, dormant avec les martyrs aux catacombes, sous l'œil du Père des fidèles, paroissent devoir se réveiller les premiers dans leur poussière, et semblent plus voisins des cieux?

Quoique Rome, vue intérieurement, offre l'aspect de la plupart des villes européennes, toutefois elle conserve encore un caractère particulier: aucune autre cité ne présente un pareil mélange d'architecture et de ruines, depuis le Panthéon d'Agrippa jusqu'aux murailles de Bélisaire, depuis les monuments apportés d'Alexandrie jusqu'au dôme élevé par Michel-Ange. La beauté des femmes est un autre trait distinctif de Rome : elles rappellent par leur port et leur démarche les Clélie et les Cornélie; on croiroit voir des statues antiques de Junon ou de Pallas, descendues de leur piédestal et se promenant autour de leurs temples. D'une autre part, on retrouve chez les Romains *ce ton des chairs* auquel les peintres ont donné le nom de *couleur historique*, et qu'ils emploient dans leurs tableaux. Il est naturel que des hommes dont les aïeux ont joué un si grand rôle sur la terre aient servi de modèle ou de type aux Raphaël et aux Dominiquin, pour représenter les personnages de l'histoire.

Une autre singularité de la ville de Rome, ce sont les troupeaux de chèvres, et surtout ces attelages de grands bœufs aux cornes énormes, couchés au pied des obélisques égyptiens, parmi les débris du Forum, et sous les arcs où ils passoient autrefois pour conduire le triomphateur romain à ce Capitole que Cicéron appelle *le Conseil public de l'univers* :

Romanos ad templa Deum duxere triumphos.

A tous les bruits ordinaires des grandes cités, se mêle ici le bruit des eaux que l'on entend de toutes parts, comme si l'on étoit auprès des fontaines de Blandusie ou d'Égérie. Du haut des collines renfermées dans l'enceinte de Rome, ou à l'extrémité de plusieurs rues, vous apercevez la campagne en perspective, ce qui mêle la ville et les champs d'une manière pittoresque. En hiver les toits des maisons sont couverts d'herbes, comme les toits de chaume de nos paysans. Ces diverses circonstances contribuent à donner à Rome je ne sais quoi de rustique, qui va bien à son histoire : ses premiers dictateurs conduisoient la charrue; elle dut l'empire du monde à des laboureurs, et le plus grand de ses poëtes ne dédaigna pas d'enseigner l'art d'Hésiode aux enfants de Romulus :

Ascræumque cano romana per oppida carmen.

Quant au Tibre, qui baigne cette grande cité, et qui en partage la gloire, sa destinée est tout-à-fait bizarre. Il passe dans un coin de Rome comme s'il n'y étoit pas ; on n'y daigne pas jeter les yeux, on n'en parle jamais, on ne boit point ses eaux, les femmes ne s'en servent pas pour laver ; il se dérobe entre de méchantes maisons qui le cachent, et court se précipiter dans la mer, honteux de s'appeler *le Tevere*.

Il faut maintenant, mon cher ami, vous dire quelque chose de ces ruines dont vous m'avez recommandé de vous parler, et qui font une si grande partie des *dehors* de Rome : je les ai vues en détail, soit à Rome, soit à Naples, excepté pourtant les temples de Pœstum, que je n'ai pas eu le temps de visiter. Vous sentez que ces ruines doivent prendre différents caractères, selon les souvenirs qui s'y attachent.

Dans une belle soirée du mois de juillet dernier, j'étois allé m'asseoir au Colisée, sur la marche d'un des autels consacrés aux douleurs de la Passion. Le soleil qui se couchoit versoit des fleuves d'or par toutes ces galeries où rouloit jadis le torrent des peuples ; de fortes ombres sortoient en même temps de l'enfoncement des loges et des corridors, ou tomboient sur la terre en larges bandes noires. Du haut des massifs de l'architecture, j'apercevois, entre les ruines du côté droit de l'édifice, le jardin du palais des Césars, avec un palmier qui semble être placé tout exprès sur ces débris pour les peintres et les poètes. Au lieu des cris de joie que des spectateurs féroces poussoient jadis dans cet amphithéâtre, en voyant déchirer des chrétiens par des lions, on n'entendoit que les aboiements des chiens de l'ermite qui garde ces ruines. Mais aussitôt que le soleil disparut à l'horizon, la cloche du dôme de Saint-Pierre retentit sous les portiques du Colisée. Cette correspondance établie par des sons religieux entre les deux plus grands monuments de Rome païenne et de Rome chrétienne me causa une vive émotion : je songeai que l'édifice moderne tomberoit comme l'édifice antique; je songeai que les monuments se succèdent comme les hommes qui les ont élevés ; je rappelai dans ma mémoire que ces mêmes Juifs qui, dans leur première captivité, travaillèrent aux pyramides de l'Égypte et aux murailles de Babylone, avoient, dans leur dernière dispersion, bâti cet énorme amphithéâtre. Les voûtes qui répétoient les sons de la cloche chrétienne étoient l'ouvrage d'un empereur païen marqué dans les prophéties pour la destruction finale de Jérusalem. Sont-ce là d'assez hauts sujets de méditation, et croyez-vous qu'une ville où de pareils effets se reproduisent à chaque pas soit digne d'être vue ?

Je suis retourné hier, 9 janvier, au Colisée pour le voir dans une autre saison, et sous un autre aspect : j'ai été étonné, en arrivant, de ne point entendre l'aboiement des chiens qui se montroient ordinairement dans les corridors supérieurs de l'amphithéâtre, parmi les herbes séchées. J'ai frappé à la porte de l'ermitage pratiqué dans le cintre d'une loge; on ne m'a point répondu : l'ermite est mort. L'inclémence de la saison, l'absence du bon solitaire, des chagrins récents, ont redoublé pour moi la tristesse de ce lieu; j'ai cru voir les décombres d'un édifice que j'avois admiré quelques jours auparavant dans toute son intégrité et toute sa fraîcheur. C'est ainsi, mon très cher ami, que nous sommes avertis à chaque pas de notre néant : l'homme cherche au dehors des raisons pour s'en convaincre; il va méditer sur les ruines des empires, il oublie qu'il est lui-même une ruine encore plus chancelante, et qu'il sera tombé avant ces débris [1]. Ce qui achève de rendre notre vie *le songe d'une ombre* [2], c'est que nous ne pouvons pas même espérer de vivre long-temps dans le souvenir de nos amis, puisque leur cœur, où s'est gravée notre image, est comme l'objet dont il retient les traits, une argile sujette à se dissoudre. On m'a montré à Portici un morceau de cendres du Vésuve, friable au toucher, et qui conserve l'empreinte, chaque jour plus effacée, du sein et du bras d'une jeune femme ensevelie sous les ruines de Pompeïa, c'est une image assez juste, bien qu'elle ne soit pas encore assez vaine, de la trace que notre mémoire laisse dans le cœur des hommes, *cendre et poussière* [3].

Avant de partir pour Naples, j'étois allé passer quelques jours seul à Tivoli; je parcourus les ruines des environs, et surtout celles de la *villa Adriana*. Surpris par la pluie, au milieu de ma course, je me réfugiai dans les salles des Thermes voisins du

---

[1] L'homme à qui cette lettre est adressée n'est plus!
(*Note de l'édition de* 1827.)

[2] Pindare.   [3] Job.

Pœcile[1], sous un figuier qui avoit renversé le pan d'un mur en croissant. Dans un petit salon octogone, une vigne vierge perçoit la voûte de l'édifice, et son gros cep lisse, rouge et tortueux, montoit le long du mur comme un serpent. Tout autour de moi, à travers les arcades des ruines, s'ouvroient des points de vue sur la campagne romaine. Des buissons de sureau remplissoient les salles désertes où venoient se réfugier quelques merles. Les fragments de maçonnerie étoient tapissés de feuilles de scolopendre, dont la verdure satinée se dessinoit comme un travail en mosaïque sur la blancheur des marbres. Çà et là de hauts cyprès remplaçoient les colonnes tombées dans ce palais de la mort; l'acanthe sauvage rampoit à leurs pieds, sur des débris, comme si la nature s'étoit plu à reproduire sur les chefs-d'œuvre mutilés de l'architecture l'ornement de leur beauté passée. Les salles diverses et les sommités des ruines ressembloient à des corbeilles et à des bouquets de verdure : le vent agitoit les guirlandes humides, et toutes les plantes s'inclinoient sous la pluie du ciel.

Pendant que je contemplois ce tableau, mille idées confuses se pressoient dans mon esprit : tantôt j'admirois, tantôt je détestois la grandeur romaine; tantôt je pensois aux vertus, tantôt aux vices de ce propriétaire du monde, qui avoit voulu rassembler une image de son empire dans son jardin. Je rappelois les événements qui avoient renversé cette *villa*

---

[1] Monuments de la *villa*. Voyez plus haut la description de Tivoli et de la *villa Adriana*, pag. 20 et suivantes.

superbe; je la voyois dépouillée de ses plus beaux ornements par le successeur d'Adrien; je voyois les Barbares y passer comme un tourbillon, s'y cantonner quelquefois, et, pour se défendre dans ces mêmes monuments qu'ils avoient à moitié détruits, couronner l'ordre grec et toscan du créneau gothique; enfin, des religieux chrétiens, ramenant la civilisation dans ces lieux, plantoient la vigne et conduisoient la charrue dans le *temple des Stoïciens* et les *salles de l'Académie*[1]. Le siècle des arts renaissoit, et de nouveaux souverains achevoient de bouleverser ce qui restoit encore des ruines de ces palais, pour y trouver quelques chefs-d'œuvre des arts. A ces diverses pensées se mêloit une voix intérieure qui me répétoit ce qu'on a cent fois écrit sur la vanité des choses humaines. Il y a même double vanité dans les monuments de la *villa Adriana;* ils n'étoient, comme on sait, que les imitations d'autres monuments répandus dans les provinces de l'empire romain : le véritable temple de Sérapis à Alexandrie, la véritable Académie à Athènes, n'existent plus; vous ne voyez donc dans les copies d'Adrien que des ruines de ruines.

Il faudroit maintenant, mon cher ami, vous décrire le temple de la Sibylle, à Tivoli, et l'élégant temple de Vesta, suspendu sur la cascade; mais le loisir me manque. Je regrette de ne pouvoir vous peindre cette cascade célébrée par Horace : j'étois là dans vos domaines, vous l'héritier de l'Ἀφελία des

---

[1] Monuments de la *villa.* Voy. la description de cette *villa,* p. 26.

Grecs, ou du *simplex munditiis* [1] du chantre de l'*Art poétique*; mais je l'ai vue dans une saison triste, et je n'étois pas moi-même fort gai [2]. Je vous dirai plus : j'ai été importuné du bruit des eaux, de ce bruit qui m'a tant de fois charmé dans les forêts américaines. Je me souviens encore du plaisir que j'éprouvois lorsque, la nuit, au milieu du désert, mon bûcher à demi éteint, mon guide dormant, mes chevaux paissant à quelque distance, j'écoutois la mélodie des eaux et des vents dans la profondeur des bois. Ces murmures, tantôt plus forts, tantôt plus foibles, croissant et décroissant à chaque instant, me faisoient tressaillir; chaque arbre étoit pour moi une espèce de lyre harmonieuse dont les vents tiroient d'ineffables accords.

Aujourd'hui je m'aperçois que je suis beaucoup moins sensible à ces charmes de la nature; je doute que la cataracte de Niagara me causât la même admiration qu'autrefois. Quand on est très jeune, la nature muette parle beaucoup; il y a surabondance dans l'homme; tout son avenir est devant lui (si mon Aristarque veut me passer cette expression); il espère communiquer ses sensations au monde, et il se nourrit de mille chimères. Mais dans un âge avancé, lorsque la perspective que nous avions devant nous passe derrière, que nous sommes détrompés sur une foule d'illusions, alors la nature seule devient plus froide et moins parlante, *les jardins parlent peu* [3].

[1] « Élégante simplicité. » *Hor.*
[2] Voyez la description de Tivoli, pag. 20.
[3] La Fontaine.

Pour que cette nature nous intéresse encore, il faut qu'il s'y attache des souvenirs de la société; nous nous suffisons moins à nous-mêmes : la solitude absolue nous pèse, et nous avons besoin de ces conversations *qui se font le soir à voix basse entre des amis* [1].

Je n'ai point quitté Tivoli sans visiter la maison du poëte que je viens de citer : elle étoit en face de la *villa* de Mécène; c'étoit là qu'il offroit *floribus et vino genium memorem brevis œvi* [2]. L'ermitage ne pouvoit pas être grand, car il est situé sur la croupe même du coteau; mais on sent qu'on devoit être bien à l'abri dans ce lieu, et que tout y étoit commode quoique petit. Du verger devant la maison l'œil embrassoit un pays immense : vraie retraite du poëte à qui peu suffit, et qui jouit de tout ce qui n'est pas à lui, *spatio brevi spem longam reseces* [3]. Après tout, il est fort aisé d'être philosophe comme Horace. Il avoit une maison à Rome, deux *villa* à la campagne, l'une à Utique, l'autre à Tivoli. Il buvoit d'un certain vin du consulat de Tullus avec ses amis : son *buffet étoit couvert d'argenterie;* il disoit familièrement au premier ministre du maître du monde : « *Je ne sens point les besoins de la pauvreté, et si je voulois quelque chose de plus, Mécène, tu ne me le refuserois pas.* » Avec cela on peut chanter *Lalagé*, se couronner *de lis, qui vivent peu,*

---

[1] Horace.
[2] « Des fleurs et du vin au génie qui nous rappelle la brièveté de la vie. »
[3] « Renferme dans un espace étroit tes longues espérances. » *Hor.*

parler de la mort en buvant le falerne, et *livrer au vent les chagrins.*

Je remarque qu'Horace, Virgile, Tibulle, Tite-Live, moururent tous avant Auguste, qui eut en cela le sort de Louis XIV : notre grand prince survécut un peu à son siècle, et se coucha le dernier dans la tombe, comme pour s'assurer qu'il ne restoit rien après lui.

Il vous sera sans doute fort indifférent de savoir que la maison de Catulle est placée à Tivoli, au-dessus de la maison d'Horace, et qu'elle sert maintenant de demeure à quelques religieux chrétiens; mais vous trouverez peut-être assez remarquable que l'Arioste soit venu composer ses *fables comiques*[1] au même lieu où Horace s'est joué de toutes les choses de la vie. On se demande avec surprise comment il se fait que le chantre de Roland, retiré chez le cardinal d'Est, à Tivoli, ait consacré ses *divines* folies à la France, et à la France demi-barbare, tandis qu'il avoit sous les yeux les sévères monuments et les graves souvenirs du peuple le plus sérieux et le plus civilisé de la terre. Au reste, la *villa* d'Est est la seule *villa* moderne qui m'ait intéressé au milieu des débris des *villa* de tant d'empereurs et de consulaires. Cette maison de Ferrare a eu le bonheur peu commun d'avoir été chantée par les deux plus grands poëtes de son temps et les deux plus beaux génies de l'Italie moderne.

> Piacciavi, generose Ercolea prole,
> Ornamento e splendor del secol nostro,
> Ippolito, etc.

[1] Boileau.

C'est ici le cri d'un homme heureux, qui rend grâce à la maison puissante dont il recueille les faveurs, et dont il fait lui-même les délices. Le Tasse, plus touchant, fait entendre dans son invocation les accents de la reconnoissance d'un grand homme infortuné :

> Tu magnanimo Alfonso, il qual ritogli, etc.

C'est faire un noble usage du pouvoir que de s'en servir pour protéger les talents exilés, et recueillir le mérite fugitif. Arioste et Hippolyte d'Est ont laissé dans les vallons de Tivoli un souvenir qui ne le cède pas en charme à celui d'Horace et de Mécène. Mais que sont devenus les protecteurs et les protégés ? Au moment même où j'écris, la maison d'Est vient de s'éteindre; la *villa* du cardinal d'Est tombe en ruine comme celle du ministre d'Auguste : c'est l'histoire de toutes les choses et de tous les hommes.

> Linquenda tellus, et domus, et placens
> Uxor[1].

Je passai presque tout un jour à cette superbe *villa*; je ne pouvois me lasser d'admirer la perspective dont on jouit du haut de ses terrasses : au-dessous de vous s'étendent les jardins avec leurs platanes et leurs cyprès; après les jardins viennent les restes de la maison de Mécène, placée au bord de l'Anio[2]; de l'autre côté de la rivière, sur la colline en face, règne un bois de vieux oliviers, où l'on trouve les

---
[1] « Il faudra quitter la terre, une maison, une épouse chérie. » *Hor.*
[2] Aujourd'hui *le Teverone*.

débris de la *villa* de Varus [1]; un peu plus loin, à gauche, dans la plaine, s'élèvent les trois monts *Monticelli*, *san Francesco* et *sant Angelo*, et entre les sommets de ces trois monts voisins apparoît le sommet lointain et azuré de l'antique Socrate; à l'horizon et à l'extrémité des campagnes romaines, en décrivant un cercle par le couchant et le midi, on découvre les hauteurs de Monte-Fiascone, Rome, Civita-Vecchia, Ostia, la mer, Frascati, surmonté des pins de Tusculum; enfin, revenant chercher Tivoli vers le levant, la circonférence entière de cette immense perspective se termine au mont Ripoli, autrefois occupé par les maisons de Brutus et d'Atticus, et au pied duquel se trouve la *villa Adriana* avec toutes ses ruines.

On peut suivre au milieu de ce tableau le cours du Tevérone, qui descend vers le Tibre, jusqu'au pont où s'élève le mausolée de la famille *Plautia*, bâti en forme de tour. Le grand chemin de Rome se déroule aussi dans la campagne; c'étoit l'ancienne voie Tiburtine, autrefois bordée de sépulcres, et le long de laquelle des meules de foin élevées en pyramides imitent encore des tombeaux.

Il seroit difficile de trouver dans le reste du monde une vue plus étonnante et plus propre à faire naître de puissantes réflexions. Je ne parle pas de Rome, dont on aperçoit les dômes, et qui seule dit tout; je parle seulement des lieux et des monuments renfermés dans cette vaste étendue. Voilà la

---

[1] Le Varus qui fut massacré avec les légions en Germanie. Voyez l'admirable morceau de Tacite.

maison où Mécène, rassasié des biens de la terre, mourut d'une maladie de langueur; Varus quitta ce coteau pour aller verser son sang dans les marais de la Germanie; Cassius et Brutus abandonnèrent ces retraites pour bouleverser leur patrie. Sous ces hauts pins de Frascati, Cicéron dictoit ses *Tusculanes;* Adrien fit couler un nouveau Pénée au pied de cette colline, et transporta dans ces lieux les noms, les charmes et les souvenirs du vallon de Tempé. Vers cette source de la Solfatare, la reine captive de Palmyre acheva ses jours dans l'obscurité, et sa ville d'un moment disparut dans le désert. C'est ici que le roi Latinus consulta le dieu Faune dans la forêt de l'Albunée; c'est ici qu'Hercule avoit son temple, et que la sibylle Tiburtine dictoit ses oracles; ce sont là les montagnes des vieux Sabins, les plaines de l'antique Latium; terre de Saturne et de Rhée, berceau de l'âge d'or, chanté par tous les poëtes; riants coteaux de Tibur et de Lucrétile, dont le seul génie françois a pu retracer les grâces, et qui attendoient le pinceau du Poussin et de Claude Lorrain.

Je descendis de la *villa* d'Est[1] vers les trois heures après midi; je passai le Teverone sur le pont de Lupus, pour rentrer à Tivoli par la porte Sabine. En traversant le bois des vieux oliviers, dont je viens de vous parler, j'aperçus une petite chapelle

---

[1] On a vu, à la fin de ma description de la *villa Adriana*, que j'annonçois pour le lendemain une promenade à la *villa* d'Est. Je n'ai point donné le détail particulier de cette promenade, parce qu'il se trouvoit déjà dans ma *Lettre sur Rome*, à M. de Fontanes.

blanche, dédiée à la madone Quintilanea, et bâtie sur les ruines de la *villa* de Varus. C'étoit un dimanche : la porte de cette chapelle étoit ouverte, j'y entrai. Je vis trois petits autels disposés en forme de croix; sur celui du milieu s'élevoit un grand crucifix d'argent, devant lequel brûloit une lampe suspendue à la voûte. Un seul homme, qui avoit l'air très malheureux, étoit prosterné auprès d'un banc; il prioit avec tant de ferveur, qu'il ne leva pas même les yeux sur moi au bruit de mes pas. Je sentis ce que j'ai mille fois éprouvé en entrant dans une église, c'est-à-dire un certain *apaisement* des troubles du cœur (pour parler comme nos vieilles bibles), et je ne sais quel dégoût de la terre. Je me mis à genoux à quelque distance de cet homme, et, inspiré par le lieu, je prononçai cette prière : « Dieu
« du voyageur, qui avez voulu que le pèlerin vous
« adorât dans cet humble asile bâti sur les ruines du
« palais d'un grand de la terre! Mère de douleur,
« qui avez établi votre culte de miséricorde dans
« l'héritage de ce Romain infortuné, mort loin de
« son pays dans les forêts de la Germanie ! nous ne
« sommes ici que deux fidèles prosternés au pied de
« votre autel solitaire : accordez à cet inconnu, si
« profondément humilié devant vos grandeurs, tout
« ce qu'il vous demande: faites que les prières de
« cet homme servent à leur tour à guérir mes infir-
« mités, afin que ces deux chrétiens qui sont étran-
« gers l'un à l'autre, qui ne se sont rencontrés qu'un
« instant dans la vie, et qui vont se quitter pour
« ne plus se voir ici-bas, soient tout étonnés, en

« se retrouvant au pied de votre trône, de se devoir
« mutuellement une partie de leur bonheur, par
« les miracles de leur charité ! »

Quand je viens à regarder, mon cher ami, toutes les feuilles éparses sur ma table, je suis épouvanté de mon énorme fatras, et j'hésite à vous l'envoyer. Je sens pourtant que je ne vous ai rien dit, que j'ai oublié mille choses que j'aurois dû vous dire. Comment, par exemple, ne vous ai-je pas parlé de Tusculum, de Cicéron, qui, selon Sénèque, « fut le seul « génie que le peuple romain ait eu d'égal à son « empire. » *Illud ingenium quod solum populus romanus par imperio suo habuit.* Mon voyage à Naples, ma descente dans le cratère du Vésuve [1], mes courses à Pompeïa, à Caserte [2], à la Solfatare, au lac Averne, à la grotte de la Sibylle, auroient pu vous intéresser, etc. Baïes, où se sont passées tant de scènes mémorables, méritoit seule un volume. Il me semble que je vois encore la tour de Bola, où étoit placée la maison d'Agrippine, et où elle dit ce mot sublime aux assassins envoyés par son fils : *Ventrem feri* [3]. L'île Nisida, qui servit de retraite à Brutus, après le meurtre de César, le pont de Caligula, la Piscine admirable, tous ces palais bâtis dans

---

[1] Il n'y a (comme je l'ai déjà dit dans une autre note) que de la fatigue et aucun danger à descendre dans le cratère du Vésuve. Il faudroit avoir le malheur d'y être surpris par une éruption ; dans ce cas-là même, si l'on n'étoit pas emporté par l'explosion, l'expérience a prouvé qu'on peut encore se sauver sur la lave : comme elle coule avec une extrême lenteur, sa surface se refroidit assez vite pour qu'on puisse y passer rapidement.

[2] Je n'ai rien retrouvé sur Caserte.

[3] Tacite.

la mer, dont parle Horace, vaudroient bien la peine qu'on s'y arrêtât un peu. Virgile a placé ou trouvé dans ces lieux les belles fictions du sixième livre de son *Énéide* : c'est de là qu'il écrivoit à Auguste ces paroles modestes (elles sont, je crois, les seules lignes de prose que nous connoissions de ce grand homme) : *Ego vero frequentes a te litteras accipio... De Ænea quidem meo, si me hercule jam dignum auribus haberem tuis, libenter mitterem; sed tanta inchoata res est, ut pene vitio mentis tantum opus ingressus mihi videar; cum præsertim, ut scis, alia quoque studia ad id opus multoque potiora impertiar* [1].

Mon pèlerinage au tombeau de Scipion l'Africain est un de ceux qui ont le plus satisfait mon cœur, bien que j'aie manqué le but de mon voyage. On m'avoit dit que le mausolée existoit encore, et qu'on y lisoit même le mot *patria,* seul reste de cette inscription qu'on prétend y avoir été gravée : *Ingrate patrie, tu n'auras pas mes os.* Je me suis rendu à Patria, l'ancienne Literne : je n'ai point trouvé le tombeau, mais j'ai erré sur les ruines de la maison que le plus grand et le plus aimable des hommes habitoit dans son exil : il me sembloit voir le vainqueur d'Annibal se promener au bord de la mer sur la côte opposée à celle de Carthage, et se consolant de l'injustice de Rome, par les charmes de l'amitié et le souvenir de ses vertus [2].

---

[1] Ce fragment se trouve dans Macrobe, mais je ne puis indiquer le livre : je crois pourtant que c'est le premier des *Saturnales.* Voyez *les Martyrs,* sur le séjour de Baïes.

[2] Non-seulement on m'avoit dit que ce tombeau existoit, mais

Quant aux Romains modernes, mon cher ami, Duclos me semble avoir de l'humeur lorsqu'il les appelle les *Italiens de Rome;* je crois qu'il y a encore chez eux le fond d'une nation peu commune. On peut découvrir parmi ce peuple, trop sévère-

j'avois lu les circonstances de ce que je rapporte ici dans je ne sais plus quel voyageur. Cependant les raisons suivantes me font douter de la vérité des faits :

1° Il me paroît que Scipion, malgré les justes raisons de plainte qu'il avoit contre Rome, aimoit trop sa patrie pour avoir voulu qu'on gravât cette inscription sur son tombeau : cela semble contraire à tout ce que nous connoissons du génie des anciens.

2° L'inscription rapportée est conçue presque littéralement dans les termes de l'imprécation que Tite-Live fait prononcer à Scipion en sortant de Rome : ne seroit-ce pas là la source de l'erreur?

3° Plutarque raconte que l'on trouva près de Gaëte une urne de bronze dans un tombeau de marbre, où les cendres de Scipion devoient avoir été renfermées, et qui portoit une inscription très différente de celle dont il s'agit ici.

4° L'ancienne Literne ayant pris le nom de *Patria*, cela a pu donner naissance à ce qu'on a dit du mot *patria*, resté seul de toute l'inscription du tombeau. Ne seroit-ce pas, en effet, un hasard fort singulier que le lieu se nommât *Patria,* et que le mot *patria* se trouvât aussi sur le monument de Scipion? à moins que l'on ne suppose que l'un a pris son nom de l'autre.

Il se peut faire toutefois que des auteurs que je ne connois pas aient parlé de cette inscription de manière à ne laisser aucun doute : il y a même une phrase dans Plutarque qui semble favorable à l'opinion que je combats. Un homme du plus grand mérite, et qui m'est d'autant plus cher qu'il est fort malheureux*, a fait, presque en même temps que moi, le voyage de *Patria.* Nous avons souvent causé ensemble de ce lieu célèbre; je ne suis pas bien sûr qu'il m'ait dit avoir vu lui-même *le tombeau et le mot* (ce qui trancheroit la difficulté), ou s'il m'a seulement raconté la tradition populaire. Quant à moi je n'ai point trouvé le monument, et je n'ai vu que les ruines de *la villa*, qui sont très peu de chose. (Voyez ci-dessus, p. 372.)

Plutarque parle de l'opinion de ceux qui plaçoient le tombeau de

---

* M. Bertin l'aîné, que je puis nommer aujourd'hui. Il étoit alors exilé, et persécuté par Buonaparte pour son dévouement à la maison de Bourbon.

ment jugé, un grand sens, du courage, de la patience, du génie, des traces profondes de ses anciennes mœurs, je ne sais quel air de souverain, et quels nobles usages qui sentent encore la royauté. Avant de condamner cette opinion, qui peut vous paroître hasardée, il faudroit entendre mes raisons, et je n'ai pas le temps de vous les donner.

Que de choses me resteroient à vous dire sur la littérature italienne! Savez-vous que je n'ai vu qu'une seule fois le comte Alfieri dans ma vie, et devineriez-vous comment? je l'ai vu mettre dans sa bière! On me dit qu'il n'étoit presque pas changé. Sa physionomie me parut noble et grave; la mort y ajoutoit sans doute une nouvelle sévérité; le cercueil étant un peu trop court, on inclina la tête du défunt sur sa poitrine, ce qui lui fit faire un mouvement formidable. Je tiens de la bonté d'une personne qui lui fut bien chère[1], et de la politesse d'un ami du comte

---

Scipion auprès de Rome; mais ils confondoient évidemment le tombeau *des* Scipions et le tombeau *de* Scipion. Tite-Live affirme que celui-ci étoit à Literne, qu'il étoit surmonté d'une statue, laquelle fut abattue par une tempête, et que lui, Tite-Live, avoit vu cette statue. On savoit d'ailleurs par Sénèque, Cicéron et Pline, que l'autre tombeau, c'est-à-dire celui des Scipions, avoit existé en effet à une des portes de Rome. Il a été découvert sous Pie VI; on en a transporté les inscriptions au musée du Vatican; parmi les noms des membres de la famille des Scipions trouvés dans le monument, celui de l'Africain manque.

[1] La personne pour laquelle avoit été composée d'avance l'épitaphe que je rapportois ici n'a pas fait mentir long-temps le *hic sita est :* elle est allée rejoindre le comte Alfieri. Rien n'est triste comme de relire, vers la fin de ses jours, ce que l'on a écrit dans sa jeunesse; tout ce qui étoit au présent, quand on tenoit la plume, se trouve au passé : on parloit de vivants, et il n'y a plus que des

Alfieri, des notes curieuses sur les ouvrages posthumes, les opinions et la vie de cet homme célèbre. La plupart des papiers publics, en France, ne nous ont donné sur tout cela que des renseignements tronqués et incertains. En attendant que je puisse vous communiquer mes notes, je vous envoie l'épitaphe que le comte Alfieri avoit faite, en même temps que la sienne, pour sa noble amie :

HIC. SITA. EST.
AL.... E.... ST....
ALB.... COM....
GENERE. FORMA. MORIBUS.
INCOMPARABILI. ANIMI. CANDORE.
PRÆCLARISSIMA.
A. VICTORIO. ALFERIO.
JUXTA. QUEM. SARCOPHAGO. UNO *.
TUMULATA. EST.
ANNORUM. 26. SPATIO.
ULTRA. RES. OMNES. DILECTA.

ET. QUASI. MORTALE. NUMEN.
AB. IPSO. CONSTANTER. HABITA.
ET. OBSERVATA.
VIXIT. ANNOS.... MENSES.... DIES....
HANNONIÆ. MONTIBUS. NATA.
OBIIT.... DIE.... MENSIS....
ANNO. DOMINI. M. D. CCC.

* *Sic inscribendum, me, ut opinor et opto, præmoriente : sed, aliter jubente Deo, aliter inscribendum :*

Qui. Juxta. eam. sarcophago. uno.
Conditus. erit. quamprimùm.

morts. L'homme qui vieillit en cheminant dans la vie se retourne pour regarder derrière lui ses compagnons de voyage, et ils ont disparu! Il est resté seul sur une route déserte.

« Ici repose Héloïse E. St. comtesse d'Al., illustre par ses aïeux,

La simplicité de cette épitaphe, et surtout la note qui l'accompagne, me semblent extrêmement touchantes.

Pour cette fois, j'ai fini; je vous envoie ce monceau de ruines, faites-en tout ce qu'il vous plaira. Dans la description des divers objets dont je vous ai parlé, je crois n'avoir omis rien de remarquable, si ce n'est que le Tibre est toujours le *flavus Tiberinus* de Virgile. On prétend qu'il doit cette couleur limoneuse aux pluies qui tombent dans les montagnes dont il descend. Souvent, par le temps le plus serein, en regardant couler ses flots décolorés, je me suis représenté une vie commencée au milieu des orages : le reste de son cours passé en vain sous un ciel pur; le fleuve demeure teint des eaux de la tempête qui l'ont troublé dans sa course.

« célèbre par les grâces de sa personne, par les agréments de son
« esprit, et par la candeur incomparable de son âme. Inhumée près
« de Victor Alfieri, dans un même tombeau*, il la préféra pendant
« vingt-six ans à toutes les choses de la terre. Mortelle, elle fut
« constamment servie et honorée par lui comme si elle eût été une
« divinité.

« Née à Mons; elle vécut... et mourut le... »

* Ainsi j'ai écrit, espérant, désirant mourir le premier; mais s'il plaît à Dieu d'en ordonner autrement, il faudra autrement écrire : *Inhumée par la volonté de Victor Alfieri, qui sera bientôt enseveli près d'elle dans un même tombeau.*

FIN DU VOYAGE EN ITALIE.

VOYAGE A CLERMONT

(AUVERGNE).

CINQ JOURS A CLERMONT.
(AUVERGNE).

2, 3, 4, 5 et 6 août 1805.

Me voici au berceau de Pascal et au tombeau de Massillon. Que de souvenirs! les anciens rois d'Auvergne et l'invasion des Romains, César et ses légions, Vercingetorix, les derniers efforts de la liberté des Gaules contre un tyran étranger, puis les Visigoths, puis les Francs, puis les évêques, puis les comtes et les dauphins d'Auvergne, etc.

Gergovia, oppidum Gergovia, n'est pas Clermont : sur cette colline de Gergoye que j'aperçois au sud-est, étoit la véritable Gergovie. Voilà Mont-Rognon, *Mons Rugosus*, dont César s'empara pour couper les vivres aux Gaulois renfermés dans Gergovie. Je ne sais quel dauphin bâtit sur le *Mont-Rugosus* un château dont les ruines subsistent.

Clermont étoit *Nemossus*, à supposer qu'il n'y ait pas de fausse lecture dans Strabon; il étoit encore *Nemetum, Augusto-Nemetum, Arverni urbs, Civitas Arverna, Oppidum Arvernum*, témoin Pline, Ptolémée, la carte de Peutinger, etc.

Mais d'où lui vient ce nom de *Clermont*, et quand a-t-il pris ce nom? Dans le neuvième siècle, disent Loup de Ferrières et Guillaume de Tyr : il y a quelque chose qui tranche mieux la question. L'Anonyme, auteur des Gestes de Pipin, ou, comme nous prononçons, Pepin, dit : *Maximam partem Aquitaniæ vastans, usque urbem Arvernam, cum omni exercitu veniens (Pipinus)* CLARE MONTEM *castrum captum, atque succensum bellando cepit.*

Le passage est curieux en ce qu'il distingue la ville, *urbem Arvernam*, du château *clare montem castrum*. Ainsi la ville romaine étoit au bas du monticule, et elle étoit défendue par un château bâti sur le monticule : ce château s'appeloit *Clermont.* Les habitants de la ville basse ou de la ville romaine, *Arverni urbs*, fatigués d'être sans cesse ravagés dans une ville ouverte, se retirèrent peu à peu autour et sous la protection du château. Une nouvelle ville du nom de Clermont s'éleva dans l'endroit où elle est aujourd'hui, vers le milieu du huitième siècle, un siècle avant l'époque fixée par Guillaume de Tyr.

Faut-il croire que les anciens Arvernes, les Auvergnats d'aujourd'hui, avoient fait des incursions en Italie, avant l'arrivée du pieux Énée, ou faut-il croire, d'après Lucain, que les Arvernes descendoient tout droit des Troyens? Alors, ils ne se seroient guère mis en peine des imprécations de Didon, puisqu'ils s'étoient faits les alliés d'Annibal et les protégés de Carthage. Selon les druides, si toutefois nous savons ce que disoient les druides, Pluton auroit été le père des Arvernes : cette fable ne pourroit-elle tirer son origine de la tradition des anciens volcans d'Auvergne?

Faut-il croire, avec Athénée et Strabon, que Luerius, roi des Arvernes, donnoit de grands repas à tous ses sujets, et qu'il se promenoit sur un char élevé en jetant des sacs d'or et d'argent à la foule? Cependant les rois Gaulois (*Cæsar. Com.*) vivoient dans des espèces de huttes faites de bois et de terre, comme nos montagnards d'Auvergne.

Faut-il croire que les Arvernes avoient enrégimenté des chiens, lesquels manœuvroient comme des troupes régulières, et que Bituitus avoit un assez grand nombre de ces chiens pour manger toute une armée romaine?

Faut-il croire que ce roi Bituitus attaqua avec deux cent mille combattants le consul Fabius qui n'avoit que trente mille hommes? Nonobstant ce, les trente mille Romains tuèrent ou noyèrent dans le Rhône cent cinquante mille Auvergnats, ni plus ni moins. Comptons:

Cinquante mille noyés, c'est beaucoup.

Cent mille tués.

Or, comme il n'y avoit que trente mille Romains, chaque légionnaire a dû tuer trois Auvergnats, ce qui fait quatre-vingt-dix mille Auvergnats.

Restent dix mille tués à partager entre les plus forts tueurs, ou les machines de l'armée de Fabius.

Bien entendu que les Auvergnats ne se sont pas défendus du tout, que leurs chiens enrégimentés n'ont pas fait meilleure contenance, qu'un seul coup d'épée, de pilum, de flèche ou de fronde, dûment ajusté dans une partie mortelle, a suffi pour tuer son homme; que les Auvergnats n'ont ni fui, ni pu fuir; que les Romains n'ont pas perdu un seul soldat, et qu'enfin quelques heures ont suffi *matériellement* pour tuer avec le glaive cent mille hommes; le géant Robastre étoit un Myrmidon auprès de cela. A l'époque de la victoire de Fabius, chaque légion ne traînoit pas encore après elle dix machines de guerre de la première grandeur, et cinquante plus petites.

Faut-il croire que le royaume d'Auvergne, changé en république, arma, sous Vercingetorix, quatre cent mille soldats contre César?

Faut-il croire que Nemetum étoit une ville immense qui n'avoit rien moins que trente portes?

En fait d'histoire, je suis un peu de l'humeur de mon compatriote le père Hardouin, qui avoit du bon : il prétendoit que l'histoire ancienne avoit été refaite par les moines du treizième siècle, d'après les *Odes* d'Horace, les *Géorgiques* de Virgile, les ouvrages de Pline et de Cicéron. Il se moquoit de ceux qui prétendoient que le soleil étoit loin de la terre : voilà un homme raisonnable.

La ville des Arvernes, devenue romaine sous le nom d'*Augusto-Nemetum*, eut un capitole, un amphithéâtre, un temple de Wasso-Galates, un colosse qui égaloit presque celui de Rhodes : Pline nous parle de ses carrières et de ses sculpteurs. Elle eut aussi une école célèbre, d'où sortit le rhéteur Fronton, maître de Marc-Aurèle. *Augusto-Nemetum*, régie par le droit latin, avoit un sénat, ses citoyens, citoyens romains, pouvoient être revêtus des grandes charges de l'État : c'étoit encore le souvenir de Rome républicaine qui donnoit la puissance aux esclaves de l'empire.

Les collines qui entourent Clermont étoient couvertes de bois et marquées par des temples : à Champturgues un temple de Bacchus, à Montjuset un temple de Jupiter, desservi par des femmes-fées (*fatuæ fatidicæ*), au Puy de Montaudon un temple de Mercure ou de Teutatès; Montaudon, *Mons Teutates*, etc.

Nemetum tomba avec toute l'Auvergne sous la domination des Visigoths, par la cession de l'empereur Népos; mais Alaric ayant été vaincu à la bataille de Vouillé, l'Auvergne passa aux Francs. Vinrent ensuite les temps féodaux, et le gouvernement souvent indépendant des évêques, des comtes et des dauphins.

Le premier apôtre de l'Auvergne fut saint Austremoine : la *Gallia christiana* compte quatre-vingt-seize évêques depuis ce premier évêque jusqu'à Massillon. Trente-un ou trente-deux de ces évêques ont été reconnus pour saints; un d'entre eux a été pape, sous le nom d'Innocent VI. Le gouvernement de ces évêques n'a rien eu de remarquable : je parlerai de Caulin.

Chilping disoit à Thierry, qui vouloit détruire Clermont : « Les murs de cette cité sont très forts, « et remparés de boulevarts inexpugnables; et, afin « que votre majesté m'entende mieux, je parle des « saints et de leurs églises qui environnent les mu- « railles de cette ville. »

Ce fut au concile de Clermont que le pape

Urbain II prêcha la première Croisade. Tout l'auditoire s'écria : « *Diex el volt!* » et Aymar, évêque du Puy, partit avec les Croisés. Le Tasse le fait tuer par Clorinde.

> . . . . . . Fu del sangue sacro
> Su l' arme femminili, ampio lavacro.

Les comtes qui régnèrent en Auvergne, ou qui en furent les premiers seigneurs féodaux, produisirent des hommes assez singuliers. Vers le milieu du dixième siècle, Guillaume, septième comte d'Auvergne, qui, du côté maternel, descendoit des dauphins viennois, prit le titre de *dauphin* et le donna à ses terres.

Le fils de Guillaume s'appela *Robert*; nom des aventures et des romans. Ce second dauphin d'Auvergne favorisa les amours d'un pauvre chevalier. Robert avoit une sœur, femme de Bertrand 1er, sire de Mercœur; Pérols, troubadour, aimoit cette grande dame; il en fit l'aveu à Robert qui ne s'en fâcha pas du tout : c'est l'histoire du Tasse retournée. Robert lui-même étoit poëte, et échangeoit des *sirventes* avec Richard Cœur-de-Lion.

Le petit-fils de Robert, commandeur des Templiers en Aquitaine, fut brûlé vif à Paris : il expia avec courage dans les tourments un premier moment de foiblesse. Il ne trouva pas dans Philippe-le-Bel la tolérance qu'un troubadour avoit rencontrée dans Robert : pourtant Philippe, qui brûloit les Templiers, faisoit enlever et souffleter les papes.

Une multitude de souvenirs historiques s'attachent à différents lieux de l'Auvergne. Le village de la Tour rappelle un nom à jamais glorieux pour la France, la Tour-d'Auvergne.

Marguerite de Valois se consoloit un peu trop gaîment à Usson de la perte de ses grandeurs et des malheurs du royaume; elle avoit séduit le marquis de Canillac, qui la gardoit dans ce château. Elle faisoit semblant d'aimer la femme de Canillac: « Le « bon du jeu, dit d'Aubigné, fut qu'aussitôt que son « mari (Canillac) eut le dos tourné pour aller à Paris, « Marguerite la dépouilla de ses beaux joyaux, la « renvoya comme une peteuse avec tous ses gardes, « et se rendit dame et maîtresse de la place. Le mar- « quis se trouva bête, et servit de risée au roi de « Navarre. »

Marguerite aimoit beaucoup ses amants tandis qu'ils vivoient; à leur mort elle les pleuroit, faisoit des vers pour leur mémoire; déclaroit qu'elle leur seroit toujours fidèle: *Mentem Venus ipsa dedit:*

> Atys, de qui la perte attriste mes années;
> Atys, digne des vœux de tant d'âmes bien nées,
> Que j'avois élevé pour montrer aux humains
>   Une œuvre de mes mains.
> . . . .
> Si je cesse d'aimer qu'on cesse de prétendre:
> Je ne veux désormais être prise, ni prendre.

Et dès le soir même, Marguerite étoit prise et mentoit à son amour et à sa muse.

Elle avoit aimé La Molle, décapité avec Concornas: pendant la nuit, elle fit enlever la tête de ce jeune homme, la parfuma, l'enterra de ses propres mains, et soupira ses regrets au beau *Hyacinthe*. « Le pauvre diable d'Aubiac, en allant à la potence, « au lieu de se souvenir de son âme et de son salut, « baisoit un manchon de velours raz bleu qui lui « restoit des bienfaits de sa dame. » Aubiac, en voyant Marguerite pour la première fois, avoit dit : « Je « voudrois avoir passé une nuit avec elle, à peine « d'être pendu quelque temps après. » Martigues portoit aux combats et aux assauts un petit chien que lui avoit donné Marguerite.

D'Aubigné prétend que Marguerite avoit fait faire à Usson les lits de ses dames extrêmement hauts, « afin de ne plus s'écorcher, comme elle souloit, les « épaules en s'y fourrant à quatre pieds pour y cher-« cher Pominy, » fils d'un chaudronnier d'Auvergne, et qui, d'enfant de chœur qu'il étoit, devint secrétaire de Marguerite.

Le même historien la prostitue dès l'âge de onze ans à d'Antragues et à Charin ; il la livre à ses deux frères, François, duc d'Alençon, et Henri III ; mais il ne faut pas croire entièrement les satires de d'Aubigné, huguenot hargneux, ambitieux mécontent, d'un esprit caustique : Pibrac et Brantôme ne parlent pas comme lui.

Marguerite n'aimoit point Henri IV, qu'elle trouvoit malpropre. Elle recevoit Champvallon « dans « un lit éclairé avec des flambeaux, entre deux lin-« ceuls de taffetas noir. » Elle avoit écouté M. de Mayenne, *bon compagnon gros et gras, et voluptueux comme elle*, et ce grand dégoûté de vicomte de Turenne, et ce vieux rufian de Pibrac, dont elle montroit les lettres pour rire à Henri IV; ce petit chicon de valet de Provence, Date, qu'avec six aulnes d'étoffe elle avoit anobli dans Usson; et ce bec-jaune de Bajaumont, le dernier de la longue liste qu'avoit commencée d'Antragues, et qu'avoient continuée, avec les favoris déjà cités, le duc de Guise, Saint-Luc et Bussy.

Selon le père Lacoste, la seule *vue de l'ivoire du bras de Marguerite* triompha de Canillac.

Pour finir ce *notable commentaire, qui m'est échappé d'un flux de caquet,* comme parle Montaigne, je dirai que les deux lignées royales des d'Orléans et des Valois avoient peu de mœurs, mais qu'elles avoient du génie; elles aimoient les lettres et les arts : le sang françois et le sang italien se mêloient en elles par Valentine de Milan et Catherine de Médicis. François Ier étoit poëte, témoin ses vers charmants sur Agnès Sorel; sa sœur, *la royne de Navarre*, contoit à la manière de Boccace; Charles IX rivalisoit avec Ronsard; les chants de Marguerite de Valois, d'ailleurs tolérante et humaine (elle sauva plusieurs victimes à la Saint-Barthélemy), étoient répétés par toute la cour : ses *Mémoires* sont pleins de dignité, de grâce et d'intérêt.

Le siècle des arts en France est celui de François Ier en descendant jusqu'à Louis XIII, nullement le siècle de Louis XIV : le *petit palais* des Tuileries, le vieux Louvre, une partie de Fontainebleau et d'Anet, le palais du Luxembourg, sont ou étoient fort supérieurs aux monuments du grand roi.

C'étoit tout un autre personnage que Marguerite

de Valois, ce chancelier de L'Hospital, né à Aigueperse, à quinze ou seize lieues d'Usson. « C'étoit un
« autre censeur Caton, celui-là, dit Brantôme, et
« qui savoit très bien censurer et corriger le monde
« corrompu. Il en avoit du moins toute l'apparence
« avec sa grande barbe blanche, son visage pâle, sa
« façon grave, qu'on eût dit à le voir que c'étoit un
« vrai portrait de saint Jérôme. »

« Il ne falloit pas se jouer avec ce grand juge et
« rude magistrat, si étoit-il pourtant doux quelque-
« fois, là où il voyoit de la raison..... Ces belles-
« lettres humaines lui rabattoient beaucoup de sa
« rigueur de justice. Il étoit grand orateur et fort
« disert; grand historien, et surtout très divin poëte
« latin, comme plusieurs de ses œuvres l'ont ma-
« nifesté tel. »

Le chancelier de L'Hospital, peu aimé de la cour
et disgracié, se retira pauvre dans une petite maison de campagne auprès d'Étampes. On l'accusoit
de modération en religion et en politique : des assassins furent envoyés pour le tuer lors du massacre
de la Saint-Barthélemy. Ses domestiques vouloient
fermer les portes de sa maison : « Non, non, dit-il;
« si la petite porte n'est bastante pour les faire en-
« trer, ouvrez la grande. »

La veuve du duc de Guise sauva la fille du chancelier, en la cachant dans sa maison; il dut lui-même son salut aux prières de la duchesse de Savoie.
Nous avons son testament en latin ; Brantôme nous
le donne en françois : il est curieux; et par les dispositions et par les détails qu'il renferme.

« Ceux, dit L'Hospital, qui m'avoient chassé, pre-
« noient une couverture de religion ; et eux-mêmes
« étoient sans pitié et religion ; mais je vous puis
« assurer qu'il n'y avoit rien qui les émût davan-
« tage que ce qu'ils pensoient que tant que je serois
« en charge il ne leur seroit permis de rompre les
« édits du roi, ni de piller ses finances et celles de
« ses sujets.

« Au reste, il y a presque cinq ans que je mène
« ici la vie de Laërte... et ne veux point rafraîchir
« la mémoire des choses que j'ai souffertes en ce
« département de la cour. »

Les murs de sa maison tomboient ; il avoit de la peine à nourrir ses vieux serviteurs et sa nombreuse famille ; il se consoloit, comme Cicéron, avec les muses : mais il avoit désiré voir les peuples rétablis dans leur liberté, et il mourut lorsque les cadavres des victimes du fanatisme n'avoient pas encore été mangés par les vers, ou dévorés par les poissons et les vautours.

Je voudrois bien placer Châteauneuf de Randon en Auvergne ; il en est si près ! C'est là que Du Guesclin reçut sur son cercueil les clefs de la forteresse ; nargue des deux manuscrits qui ont fait capituler la place quelques heures avant la mort du connétable. « Vous verrez dans l'histoire de ce Breton une
« âme forte, nourrie dans le fer, pétrie sous des
« palmes, dans laquelle masse fit école long-temps.
« La Bretagne en fut l'essai, l'Anglois son boute-hors,
« la Castille son chef-d'œuvre ; dont les actions n'é-
« toient que hérauts de sa gloire ; les défaveurs,

« théâtres élevés à sa constance; le cercueil, emba-
« sement d'un immortel trophée. »

L'Auvergne a subi le joug des Visigoths et des Francs, mais elle n'a été colonisée que par les Romains; de sorte que, s'il y a des Gaulois en France, il faut les chercher en Auvergne, *montes Celtorum*. Tous ses monuments sont celtiques; et ses anciennes maisons descendent ou des familles romaines consacrées à l'épiscopat, ou des familles indigènes.

La féodalité poussa néanmoins de vigoureuses racines en Auvergne; toutes les montagnes se hérissèrent de châteaux. Dans ces châteaux s'établirent des seigneurs qui exercèrent ces petites tyrannies, ces droits bizarres, enfants de l'arbitraire, de la grossièreté des mœurs et de l'ennui. A Langeac, le jour de la fête de saint Galles, un châtelain jetoit un millier d'œufs à la tête des paysans, comme en Bretagne, chez un autre seigneur, on apportoit un œuf garrotté dans un grand chariot traîné par six bœufs.

Un seigneur de Tournemine, assigné dans son manoir d'Auvergne par un huissier appelé *Loup*, lui fit couper le poing, disant que jamais loup ne s'étoit présenté à son château, sans qu'il n'eût laissé sa pate clouée à la porte. Aussi arriva-t-il qu'aux *grands jours* tenus à Clermont en 1665, ces petites fredaines produisirent douze mille plaintes rendues en justice criminelle. Presque toute la noblesse fut obligée de fuir, et l'on n'a point oublié l'homme *aux douze apôtres*. Le cardinal de Richelieu fit raser une partie des châteaux d'Auvergne; Louis XIV en acheva la destruction. De tous ces donjons en ruine, un des plus célèbres est celui de Murat ou d'Armagnac. Là fut pris le malheureux Jacques, duc de Nemours, jadis lié d'amitié avec ce Jean V, comte d'Armagnac, qui avoit épousé publiquement sa propre sœur. En vain le duc de Nemours adressa-t-il une lettre bien humble à Louis XI, *écrite en la cage de la Bastille* et signée *le pauvre Jacques*; il fut décapité aux halles de Paris, et ses trois jeunes fils, placés sous l'échafaud, furent couverts du sang de leur père.

Charles de Valois, duc d'Angoulême, fils naturel de Charles IX et de Marie Touchet, frère utérin de la marquise de Verneuil, fut investi du comté de Clermont et d'Auvergne. Il entra dans les complots de Biron, dont la mort est justement reprochée à Henri IV. A la mort d'Henri III, Henri IV avoit dit à Armand de Gontaud, baron de Biron : *C'est à cette heure qu'il faut que vous mettiez la main droite à ma couronne; venez-moi servir de père et d'ami contre ces gens qui n'aiment ni vous ni moi.* Henri auroit dû garder la mémoire de ces paroles; il auroit dû se souvenir que Charles de Gontaud, fils d'Armand, avoit été son compagnon d'armes; il auroit dû se souvenir que la tête de celui qui avoit mis *la main droite à sa couronne* avoit été emportée par un boulet : ce n'étoit pas au Béarnois à joindre la tête du fils à la tête du père.

Le comte d'Auvergne, pour de nouvelles intrigues, fut arrêté à Clermont ; sa maîtresse, la dame de Châteaugay, menaçoit de tuer de cent coups de pistolet et de cent coups d'épée d'Eure et Murat qui avoient saisi le comte : elle ne tua personne. Le comte d'Auvergne fut mis à la Bastille ; il en sortit sous Louis XIII, et vécut jusqu'en 1650 : c'étoit la dernière goutte du sang des Valois.

Le duc d'Angoulême étoit brave, léger et lettré comme tous les Valois. Ses Mémoires contiennent une relation touchante de la mort d'Henri III, et un récit détaillé du combat d'Arques, auquel lui, duc d'Angoulême, s'étoit trouvé à l'âge de seize ans. Chargeant Sagonne, ligueur décidé, qui lui crioit : « Du fouet ! du fouet ! petit garçon ! » il lui cassa la cuisse d'un coup de pistolet, et obtint les prémices de la victoire.

L'Auvergne fut presque toujours en révolte sous la seconde race ; elle dépendoit de l'Aquitaine ; et la charte d'Aalon a prouvé que les premiers ducs d'Aquitaine descendoient en ligne directe de la race de Clovis ; ils combattoient donc les Carlovingiens comme des usurpateurs du trône. Sous la troisième race, lorsque la Guyenne, fief de la couronne de France, tomba par alliance et héritage à la couronne d'Angleterre, l'Auvergne se trouva angloise en partie : elle fut alors ravagée par les grandes compagnies, par les écorcheurs, etc. On chantoit partout des complaintes latines sur les malheurs de la France :

> Plange regni respublica,
> Tua gens ut schismatica
> Desolatur, etc.

Pendant les guerres de la Ligue, l'Auvergne eut beaucoup à souffrir. Les siéges d'Issoire sont fameux :

le capitaine Merle, partisan protestant, fit écorcher vifs trois religieux de l'abbaye d'Issoire. Ce n'étoit pas la peine de crier si haut contre les violences des catholiques.

On a beaucoup cité, et avec raison, la réponse du gouverneur de Bayonne à Charles IX qui lui ordonnoit de massacrer les protestants. Montmorin, commandant en Auvergne à la même époque, fit éclater la même générosité. La noble famille qui avoit montré un si véritable dévouement à son prince, ne l'a point démenti de nos jours; elle a répandu son sang pour un monarque aussi vertueux que Charles IX fut criminel.

Voltaire nous a conservé la lettre de Montmorin.

« SIRE,

« J'ai reçu un ordre, sous le sceau de Votre Ma-
« jesté, de faire mourir tous les protestants qui sont
« dans ma province. Je respecte trop Votre Majesté
« pour ne pas croire que ces lettres sont supposées;
« et si, ce qu'à Dieu ne plaise, l'ordre est véritable-
« ment émané d'elle, je la respecte aussi trop pour
« lui obéir. »

C'est de Clermont que nous viennent les deux plus anciens historiens de la France, Sidoine Apollinaire et Grégoire de Tours. Sidoine, natif de Lyon et évêque de Clermont, n'est pas seulement un poëte, c'est un écrivain qui nous apprend comment les rois francs célébroient leurs noces dans un fourgon, comment ils s'habilloient et quel étoit leur langage.

Grégoire de Tours nous dit, sans compter le reste, ce qui se passoit à Clermont de son temps; il raconte, avec une ingénuité de détails qui fait frémir, l'épouvantable histoire du prince Anastase, enfermé par l'évêque Caulin, dans un tombeau avec le cadavre d'un vieillard. L'anecdote des deux amants est aussi fort célèbre : les deux tombeaux d'Injuriosus et de Scholastique se rapprochèrent, en signe de l'étroite union de deux chastes époux, qui ne craignoient plus de manquer à leur serment. Quelque chose de semblable a été dit depuis d'Abailard et d'Héloïse : on n'a pas la même confiance dans le fait. Grégoire de Tours, naïf dans ses pensées, barbare dans son langage, ne laisse pas que d'être fleuri et rhétoricien dans son style.

L'Auvergne a vu naître le chancelier de L'Hospital, Donat, Pascal, le cardinal de Polignac, l'abbé Gérard, le père Sirmond, et de nos jours La Fayette, Desaix, d'Estaing, Chamfort, Thomas, l'abbé Delille, Chabrol, Dulaure, Montlosier et Barante. J'oubliois de compter ce Lizet, ferme dans la prospérité, lâche au malheur, faisant brûler les protestants, requérant la mort pour le connétable de Bourbon, et n'ayant pas le courage de perdre une place.

Maintenant que ma mémoire ne fournit plus rien d'essentiel sur l'histoire d'Auvergne, parlons de la cathédrale de Clermont, de la Limagne et du Puy-de-Dôme.

La cathédrale de Clermont est un monument gothique qui, comme tant d'autres, n'a jamais été achevé. Hugues de Tours commença à la faire bâtir en partant pour la Terre-Sainte, sur un plan donné par Jean de Campis. La plupart de ces grands monuments ne se finissoient qu'à force de siècles, parce qu'ils coûtoient des sommes immenses. La chrétienté entière payoit ces sommes du produit des quêtes et des aumônes.

La voûte en ogive de la cathédrale de Clermont est soutenue par des piliers si déliés qu'ils sont effrayants à l'œil : c'est à croire que la voûte va fondre sur votre tête. L'église, sombre et religieuse, est assez bien ornée pour la pauvreté actuelle du culte. On y voyoit autrefois le tableau de la *Conversion de saint Paul*, un des meilleurs de Lebrun; on l'a ratissé avec la lame d'un sabre : *Turba ruit!* Le tombeau de Massillon étoit aussi dans cette église; on l'en a fait disparoître dans un temps où rien n'étoit à sa place, pas même la mort.

Il y a long-temps que la Limagne est célèbre par sa beauté. On cite toujours le roi Childebert à qui Grégoire de Tours fait dire : « Je voudrois voir « quelque jour la Limagne d'Auvergne, que l'on dit « être un pays si agréable. » Salvien appelle la Limagne la *moelle des Gaules*. Sidoine en peignant la Limagne d'autrefois semble peindre la Limagne d'aujourd'hui. *Taceo territorii peculiarem jucunditatem viatoribus molle, fructuosum aratoribus, venatoribus voluptuosum; quod montium cingunt dorsa pascuis, latera vinetis, terrena villis, saxosa castellis, opaca lustris, aperta culturis, concava fontibus, abrupta fluminibus : quod denique hujus-*

modi est, ut semel visum advenis, multis PATRIÆ OBLIVIONEM SÆPE PERSUADEAT.

On croit que la Limagne a été un grand lac; que son nom vient du grec λιμεν : Grégoire de Tours écrit alternativement *Limane* et *Limania*. Quoi qu'il en soit, Sidoine, jouant sur le mot, disoit dès le quatrième siècle, *æquor agrorum in quo, sine periculo, quæstuosæ fluctuant in segetibus undæ*. C'est en effet une mer de moissons.

La position de Clermont est une des plus belles du monde.

Qu'on se représente des montagnes s'arrondissant en un demi-cercle; un monticule attaché à la partie concave de ce demi-cercle; sur ce monticule Clermont; au pied de Clermont, la Limagne, formant une vallée de vingt lieues de long, de six, huit et dix de large.

La place du [1] . . . . offre un point de vue admirable sur cette vallée. En errant par la ville au hasard, je suis arrivé à cette place vers six heures et demie du soir. Les blés mûrs ressembloient à une grève immense, d'un sable plus ou moins blond. L'ombre des nuages parsemoit cette plage jaune de taches obscures, comme des couches de limon ou des bancs d'algue : vous eussiez cru voir le fond d'une mer dont les flots venoient de se retirer.

Le bassin de la Limagne n'est point d'un niveau égal; c'est un terrain tourmenté dont les bosses de diverses hauteurs semblent unies quand on les voit

---

[1] Je n'ai jamais pu lire le nom à demi effacé dans l'original écrit au crayon, c'est sans doute la place de Jaude.

de Clermont, mais qui, dans la vérité, offrent des inégalités nombreuses et forment une multitude de petits vallons au sein de la grande vallée. Des villages blancs, des maisons de campagne blanches, de vieux châteaux noirs, des collines rougeâtres, des plants de vignes, des prairies bordées de saules, des noyers isolés qui s'arrondissent comme des orangers, ou portent leurs rameaux comme les branches d'un candélabre, mêlent leurs couleurs variées à la couleur des froments. Ajoutez à cela tous les jeux de la lumière.

A mesure que le soleil descendoit à l'occident, l'ombre couloit à l'orient et envahissoit la plaine. Bientôt le soleil a disparu; mais baissant toujours et marchant derrière les montagnes de l'ouest, il a rencontré quelque défilé débouchant sur la Limagne : précipités à travers cette ouverture, ses rayons ont soudain coupé l'uniforme obscurité de la plaine par un fleuve d'or. Les monts qui bordent la Limagne au levant retenoient encore la lumière sur leur cime; la ligne que ces monts traçoient dans l'air se brisoit en arcs dont la partie convexe étoit tournée vers la terre. Tous ces arcs se liant les uns aux autres par les extrémités, imitoient à l'horizon la sinuosité d'une guirlande, ou les festons de ces draperies que l'on suspend aux murs d'un palais avec des roses de bronze. Les montagnes du levant dessinées de la sorte, et peintes, comme je l'ai dit, des reflets du soleil opposé, ressembloient à un rideau de moire bleue et pourpre; lointaine et dernière décoration du pompeux spectacle que la Limagne étaloit à mes yeux.

Les deux degrés de différence entre la latitude de Clermont et celle de Paris sont déjà sensibles dans la beauté de la lumière : cette lumière est plus fine et moins pesante que dans la vallée de la Seine; la verdure s'aperçoit de plus loin et paroît moins noire :

> Adieu donc, *Chanonat!* adieu, frais paysages!
> Il semble qu'un autre air parfume vos rivages;
> Il semble que leur vue ait ranimé mes sens,
> M'ait redonné la joie, et rendu mon printemps.

Il faut en croire le poëte de l'Auvergne.

J'ai remarqué ici dans le style de l'architecture des souvenirs et des traditions de l'Italie : les toits sont plats, couverts en tuiles à canal, les lignes des murs longues, les fenêtres étroites et percées haut, les portiques multipliés, les fontaines fréquentes. Rien ne ressemble plus aux villes et aux villages de l'Apennin que les villes et les villages des montagnes de Thiers, de l'autre côté de la Limagne, au bord de ce Lignon où Céladon ne se noya pas, sauvé qu'il fut par les trois nymphes Sylvie, Galatée et Léonide.

Il ne reste aucune antiquité romaine à Clermont, si ce n'est peut-être un sarcophage, un bout de voie romaine, et des ruines d'aquéduc; pas un fragment du colosse, pas même de traces des maisons, des bains, et des jardins de Sidoine. Nemetum et Clermont ont soutenu au moins seize siéges, ou, si l'on veut, ils ont été pris et détruits une vingtaine de fois.

Un contraste assez frappant existe entre les femmes et les hommes de cette province. Les femmes ont les traits délicats, la taille légère et déliée; les hommes sont construits fortement, et il est impossible de ne pas reconnoître un véritable Auvergnat, à la forme de la mâchoire inférieure. Une province, pour ne parler que des morts, dont le sang a donné Turenne à l'armée, L'Hospital à la magistrature, et Pascal aux sciences et aux lettres, a prouvé qu'elle a une vertu supérieure.

Je suis allé au Puy-de-Dôme, par pure affaire de conscience. Il m'est arrivé ce à quoi je m'étois attendu : la vue du haut de cette montagne est beaucoup moins belle que celle dont on jouit de Clermont. La perspective à vol d'oiseau est plate et vague; l'objet se rapetisse dans la même proportion que l'espace s'étend.

Il y avoit autrefois sur le Puy-de-Dôme une chapelle dédiée à saint Barnabé; on en voit encore les fondements : une pyramide de pierre de dix ou douze pieds marque aujourd'hui l'emplacement de cette chapelle. C'est là que Pascal a fait les premières expériences sur la pesanteur de l'air. Je me représentois ce puissant génie cherchant à découvrir, sur ce sommet solitaire, les secrets de la nature, qui devoient le conduire à la connoissance des mystères du Créateur de cette même nature. Pascal se fraya, au moyen de la science, le chemin à l'ignorance chrétienne; il commença par être un homme sublime, pour apprendre à devenir un simple enfant.

Le Puy-de-Dôme n'est élevé que de huit cent

vingt-cinq toises au-dessus du niveau de la mer ; cependant je sentis à son sommet une difficulté de respirer que je n'ai éprouvée ni dans les Alléghany, en Amérique, ni sur les plus hautes Alpes de la Savoie. J'ai gravi le Puy-de-Dôme avec autant de peine que le Vésuve ; il faut près d'une heure pour monter de sa base au sommet par un chemin roide et glissant, mais la verdure et les fleurs vous suivent. La petite fille qui me servoit de guide m'avoit cueilli un bouquet des plus belles pensées ; j'ai moi-même trouvé sous mes pas des œillets rouges d'une élégance parfaite. Au sommet du mont, on voit partout de larges feuilles d'une plante bulbeuse, assez semblable au lis. J'ai rencontré, à ma grande surprise, sur ce lieu élevé, trois femmes qui se tenoient par la main et qui chantaient un cantique. Au-dessous de moi, des troupeaux de vaches paissoient parmi les monticules que domine le Puy-de-Dôme. Ces troupeaux montent à la montagne avec le printemps, et en descendent avec la neige. On voit partout les *burons* ou les chalets de l'Auvergne, mauvais abris de pierres sans ciment, ou de bois gazonné. Chantez les chalets, mais ne les habitez pas.

Le patois de la montagne n'est pas exactement celui de la plaine. La *musette*, d'origine celtique, sert à accompagner quelques airs de romances, qui ne sont pas sans euphonie, et sur lesquels on a fait des paroles françoises. Les Auvergnats, comme les habitants du Rouergue, vont vendre des mules en Catalogne et en Aragon ; ils rapportent de ce pays quelque chose d'espagnol qui se marie bien avec la solitude de leurs montagnes ; ils font pour leurs longs hivers provision de soleil et d'histoires. Les voyageurs et les vieillards aiment à conter, parce qu'ils ont beaucoup vu : les uns ont cheminé sur la terre, les autres dans la vie.

Les pays de montagnes sont propres à conserver les mœurs. Une famille d'Auvergne, appelée les *Guittard-Pinon*, cultivoit en commun des terres dans les environs de Thiers; elle étoit gouvernée par un chef électif, et ressembloit assez à un ancien clan d'Écosse. Cette espèce de république champêtre a survécu à la révolution, mais elle est au moment de se dissoudre.

Je laisse de côté les curiosités naturelles de l'Auvergne, la grotte de Royat, charmante néanmoins par ses eaux et sa verdure, les diverses fontaines minérales, la fontaine pétrifiante de Saint-Allyre, avec le pont de pierre qu'elle a formé et que Charles IX voulut voir : le puits de la poix, les volcans éteints, etc.

Je laisse aussi à l'écart les merveilles des siècles moyens, les orgues, les horloges avec leur carillon et leurs têtes de Maure ou de More, qui ouvroient des bouches effroyables quand l'heure venoit à sonner. Les processions bizarres, les jeux mêlés de superstition et d'indécence, mille autres coutumes de ces temps, n'appartiennent pas plus à l'Auvergne qu'au reste de l'Europe gothique.

J'ai voulu, avant de mourir, jeter un regard sur l'Auvergne, en souvenance des impressions de ma jeunesse. Lorsque j'étois enfant dans les bruyères de ma Bretagne, et que j'entendois parler de l'Auvergne et des petits Auvergnats, je me figurois que l'Auvergne étoit un pays bien loin, bien loin, où l'on voyoit des choses étranges, où l'on ne pouvoit aller qu'avec de grands périls, en cheminant sous la garde de la mère de Dieu. Une chose m'a frappé et charmé à la fois : j'ai retrouvé dans l'habit du paysan Auvergnat le vêtement du paysan Breton. D'où vient cela? C'est qu'il y avoit autrefois pour ce royaume, et même pour l'Europe entière, un fond d'habillement commun. Les provinces reculées ont gardé les anciens usages, tandis que les départements voisins de Paris ont perdu leurs vieilles mœurs : de là cette ressemblance entre certains villageois placés aux extrémités opposées de la France, et qui ont été défendus contre les nouveautés par leur indigence et leur solitude.

Je ne vois jamais sans une sorte d'attendrissement ces petits Auvergnats qui vont chercher fortune dans ce grand monde, avec une boîte et quelques méchantes paires de ciseaux. Pauvres enfants qui *dévalent* bien tristes de leurs montagnes, et qui préféreront toujours le pain bis et la *bourrée* aux prétendues joies de la plaine. Ils n'avoient guère que l'espérance dans leur boîte en descendant de leurs rochers; heureux s'ils la rapportent à la chaumière paternelle!

FIN DU VOYAGE A CLERMONT.

VOYAGE AU MONT-BLANC.

LE MONT-BLANC.

PAYSAGES DE MONTAGNES.

Rien n'est beau que le vrai, le vrai seul est aimable.

Fin d'août 1805.

J'AI vu beaucoup de montagnes en Europe et en Amérique, et il m'a toujours paru que, dans les descriptions de ces grands monuments de la nature, on alloit au-delà de la vérité. Ma dernière expérience à cet égard ne m'a point fait changer de sentiment. J'ai visité la vallée de Chamouni, devenue célèbre par les travaux de M. de Saussure; mais je ne sais si le poëte y trouveroit le *speciosa deserti* comme le minéralogiste. Quoi qu'il en soit, j'exposerai avec simplicité les réflexions que j'ai faites dans mon voyage. Mon opinion, d'ailleurs, a trop peu d'autorité pour qu'elle puisse choquer personne.

Sorti de Genève par un temps assez nébuleux, j'arrivai à Servoz au moment où le ciel commençoit à s'éclaircir. La crête du Mont-Blanc ne se découvre pas de cet endroit, mais on a une vue distincte de sa croupe *neigée*, appelée le *Dôme*. On franchit ensuite le passage des Montées, et l'on entre dans la vallée de Chamouni. On passe au-dessous du glacier des Bossons; ses pyramides se montrent à travers les branches des sapins et des mélèzes. M. Bourrit a comparé ce glacier, pour sa blancheur et la coupe allongée de ses cristaux, à une flotte à la voile; j'ajouterois, au milieu d'un golfe bordé de vertes forêts.

Je m'arrêtai au village de Chamouni, et le lendemain je me rendis au Montanvert. J'y montai par le plus beau jour de l'année. Parvenu à son sommet, qui n'est qu'une croupe du Mont-Blanc, je découvris ce qu'on nomme très improprement la *Mer de Glace*.

Qu'on se représente une vallée dont le fond est entièrement couvert par un fleuve. Les montagnes qui forment cette vallée laissent pendre au-dessus de ce fleuve une masse de rochers, les aiguilles du Dru, du Bochard, des Charmoz. Dans l'enfoncement, la vallée et le fleuve se divisent en deux branches, dont l'une va aboutir à une haute montagne, le Col du Géant, et l'autre aux rochers des Jorasses. Au bout opposé de cette vallée se trouve une pente qui regarde la vallée de Chamouni. Cette pente, presque verticale, est occupée par la portion de la mer de Glace qu'on appelle le *Glacier des Bois*. Supposez donc un rude hiver survenu; le fleuve qui remplit la vallée, ses inflexions et ses pentes, a été glacé jusqu'au fond de son lit; les sommets des monts voisins se sont chargés de neige partout où les plans du granit ont été assez horizontaux pour retenir les eaux congelées : voilà la Mer de Glace et son site. Ce n'est point, comme on le voit, une mer; c'est un fleuve; c'est, si l'on veut, le Rhin glacé; la Mer de Glace sera son cours, et le Glacier des Bois sa chute à Laufen.

Lorsqu'on est sur la Mer de Glace, la surface, qui vous en paroissoit unie du haut du Montanvert, offre une multitude de pointes et d'anfractuosités. Ces pointes imitent les formes et les déchirures de la haute enceinte de rocs qui surplombent de toutes parts : c'est comme le relief en marbre blanc des montagnes environnantes.

Parlons maintenant des montagnes en général.

Il y a deux manières de les voir : avec les nuages, ou sans les nuages.

Avec les nuages, la scène est plus animée; mais alors elle est obscure, et souvent d'une telle confusion, qu'on peut à peine y distinguer quelques traits.

Les nuages drapent les rochers de mille manières. J'ai vu au-dessus de Servoz un piton chauve et ridé qu'une nue traversoit obliquement comme une toge; on l'auroit pris pour la statue colossale d'un vieillard romain. Dans un autre endroit, on apercevoit la pente défrichée de la montagne; une barrière de nuages arrêtoit la vue à la naissance de cette pente, et au-dessus de cette barrière s'élevoient de noires ramifications de rochers imitant des gueules de Chimère, des corps de Sphinx, des têtes d'Anubis, diverses formes des monstres et des dieux de l'Égypte.

Quand les nues sont chassées par le vent, les monts semblent fuir derrière ce rideau mobile : ils se cachent et se découvrent tour à tour; tantôt un bouquet de verdure se montre subitement à l'ouverture d'un nuage, comme une île suspendue dans le ciel; tantôt un rocher se dévoile avec lenteur, et perce peu à peu la vapeur profonde comme un fantôme. Le voyageur attristé n'entend que le bourdonnement du vent dans les pins, le bruit des torrents qui tombent dans les glaciers, par intervalle la chute de l'avalanche, et quelquefois le sifflement de la marmotte effrayée qui a vu l'épervier dans la nue.

Lorsque le ciel est sans nuages, et que l'amphithéâtre des monts se déploie tout entier à la vue, un seul accident mérite alors d'être observé : les sommets des montagnes, dans la haute région où ils se dressent, offrent une pureté de lignes, une netteté de plan et de profil que n'ont point les objets de la plaine. Ces cimes anguleuses, sous le dôme transparent du ciel, ressemblent à de superbes morceaux d'histoire naturelle, à de beaux arbres de coraux, à des girandoles de stalactite, renfermés sous un globe du cristal le plus pur. Le montagnard cherche dans ses découpures élégantes l'image des objets qui lui sont familiers : de là ces roches nommées les *Mulets*, les *Charmoz*, ou les *Chamois*; de là ces appellations empruntées de la religion, les *sommets des Croix*, le *rocher du Reposoir*, le *glacier des Pèlerins*; dénominations naïves qui prouvent que, si l'homme est sans cesse occupé de l'idée de ses besoins, il aime à placer partout le souvenir de ses consolations.

Quant aux arbres des montagnes, je ne parlerai que du pin, du sapin et du mélèze, parce qu'ils font, pour ainsi dire, l'unique décoration des Alpes.

Le pin a quelque chose de monumental; ses branches ont le port de la pyramide, et son tronc celui de la colonne. Il imite aussi la forme des rochers où il vit: souvent je l'ai confondu sur les redans et les corniches avancées des montagnes, avec des flèches et des aiguilles élancées ou échevelées comme lui. Au revers du Col de Balme, à la descente du glacier de Trient, on rencontre un bois de pins, de sapins et de mélèzes: chaque arbre, dans cette famille de géants, compte plusieurs siècles. Cette tribu alpine a un roi que les guides ont soin de montrer aux voyageurs. C'est un sapin qui pourroit servir de mât au plus grand vaisseau. Le monarque seul est sans blessure, tandis que tout son peuple autour de lui est mutilé: un arbre a perdu sa tête, un autre ses bras; celui-ci a le front sillonné par la foudre, celui-là le pied noirci par le feu des pâtres. Je remarquai deux jumeaux sortis du même tronc, qui s'élançoient ensemble dans le ciel: ils étoient égaux en hauteur et en âge; mais l'un étoit plein de vie, et l'autre étoit desséché.

> Daucia, Laride Thymberque, simillima proles,
> Indiscreta suis, gratusque parentibus error,
> At nunc dura dedit vobis discrimina Pallas.

« Fils jumeaux de Daucus, rejetons semblables, ô
« Laris et Thymber! vos parents mêmes ne pou-
« voient vous distinguer, et vous leur causiez de
« douces méprises! Mais la *mort* mit entre vous une
« cruelle différence. »

Ajoutons que le pin annonce la solitude et l'indigence de la montagne. Il est le compagnon du pauvre Savoyard, dont il partage la destinée : comme lui, il croît et meurt inconnu sur des sommets inaccessibles où sa postérité se perpétue également ignorée. C'est sur le mélèze que l'abeille cueille ce miel ferme et savoureux, qui se marie si bien avec la crême et les framboises du Montanvert. Les bruits du pin, quand ils sont légers, ont été loués par les poëtes bucoliques; quand ils sont violents, ils ressemblent au mugissement de la mer : vous croyez quelquefois entendre gronder l'Océan au milieu des Alpes. Enfin, l'odeur du pin est aromatique et agréable; elle a surtout pour moi un charme particulier, parce que je l'ai respirée à plus de vingt lieues en mer sur les côtes de la Virginie : aussi réveille-t-elle toujours dans mon esprit l'idée de ce Nouveau-Monde qui me fut annoncé par un souffle embaumé, de ce beau ciel, de ces mers brillantes où le parfum des forêts m'étoit apporté par la brise du matin ; et, comme tout s'enchaîne dans nos souvenirs, elle rappelle aussi dans ma mémoire les sentiments de regrets et d'espérance qui m'occupoient, lorsque appuyé sur le bord du vaisseau je revois à cette patrie que j'avois perdue, et à ces déserts que j'allois trouver.

Mais, pour venir enfin à mon sentiment particulier sur les montagnes, je dirai que, comme il n'y a pas de beaux paysages sans un horizon de montagnes, il n'y a point aussi de lieux agréables à habiter ni de satisfaisants pour les yeux et pour le cœur là où on manque d'air et d'espace; or, c'est ce qui arrive dans l'intérieur des monts. Ces lourdes masses ne sont point en harmonie avec les facultés de l'homme et la foiblesse de ses organes.

On attribue aux paysages des montagnes la sublimité : celle-ci tient sans doute à la grandeur des objets. Mais, si l'on prouve que cette grandeur, très réelle en effet, n'est cependant pas sensible au regard, que devient la sublimité?

Il en est des monuments de la nature comme de ceux de l'art : pour jouir de leur beauté, il faut être au véritable point de perspective; autrement les formes, les couleurs, les proportions, tout disparoît. Dans l'intérieur des montagnes, comme on touche à l'objet même, et comme le champ de l'optique est trop resserré, les dimensions perdent nécessairement leur grandeur : chose si vraie, que l'on est continuellement trompé sur les hauteurs et sur les distances. J'en appelle aux voyageurs : le Mont-Blanc leur a-t-il paru fort élevé du fond de la vallée de Chamouni? Souvent un lac immense dans les Alpes a l'air d'un petit étang; vous croyez arriver en quelques pas au haut d'une pente que vous êtes trois heures à gravir; une journée entière vous suffit à peine pour sortir de cette gorge, à l'extrémité de laquelle il vous sembloit que vous touchiez de la main. Ainsi cette grandeur des montagnes, dont on fait tant de bruit, n'est réelle que par la fatigue qu'elle vous donne. Quant au paysage, il n'est guère plus grand à l'œil qu'un paysage ordinaire.

Mais ces monts qui perdent leur grandeur apparente quand ils sont trop rapprochés du spectateur, sont toutefois si gigantesques qu'ils écrasent ce qui pourroit leur servir d'ornement. Ainsi, par des lois contraires, tout se rapetisse à la fois dans les défilés des Alpes, et l'ensemble et les détails. Si la nature avoit fait les arbres cent fois plus grands sur les montagnes que dans les plaines ; si les fleuves et les cascades y versoient des eaux cent fois plus abondantes, ces grands bois, ces grandes eaux pourroient produire des effets pleins de majesté sur les flancs élargis de la terre. Il n'en est pas de la sorte ; le cadre du tableau s'accroît démesurément, et les rivières, les forêts, les villages, les troupeaux gardent les proportions ordinaires : alors il n'y a plus de rapport entre le tout et la partie, entre le théâtre et la décoration. Le plan des montagnes étant vertical devient une échelle toujours dressée où l'œil rapporte et compare les objets qu'il embrasse ; et ces objets accusent tour à tour leur petitesse sur cette énorme mesure. Les pins les plus altiers, par exemple, se distinguent à peine dans l'escarpement des vallons, où ils paroissent collés comme des flocons de suie. La trace des eaux pluviales est marquée dans ces bois grêles et noirs par de petites rayures jaunes et parallèles ; et les torrents les plus larges, les cataractes les plus élevées, ressemblent à de maigres filets d'eau ou à des vapeurs bleuâtres.

Ceux qui ont aperçu des diamants, des topazes, des émeraudes dans les glaciers, sont plus heureux que moi : mon imagination n'a jamais pu découvrir ces trésors. Les neiges du bas Glacier des Bois, mêlées à la poussière de granit, m'ont paru semblables à de la cendre; on pourroit prendre la Mer de Glace, dans plusieurs endroits, pour des carrières de chaux et de plâtre; ses crevasses seules offrent quelques teintes du prisme, et quand les couches de glace sont appuyées sur le roc, elles ressemblent à de gros verres de bouteille.

Ces draperies blanches des Alpes ont d'ailleurs un grand inconvénient; elles noircissent tout ce qui les environne, et jusqu'au ciel dont elles rembrunissent l'azur. Et ne croyez pas que l'on soit dédommagé de cet effet désagréable par les beaux accidents de la lumière sur les neiges. La couleur dont se peignent les montagnes lointaines est nulle pour le spectateur placé à leur pied. La pompe dont le soleil couchant couvre la cime des Alpes de la Savoie n'a lieu que pour l'habitant de Lausanne. Quant au voyageur de la vallée de Chamouni, c'est en vain qu'il attend ce brillant spectacle. Il voit, comme du fond d'un entonnoir, au-dessus de sa tête, une petite portion d'un ciel bleu et dur, sans couchant et sans aurore; triste séjour où le soleil jette à peine un regard à midi par-dessus une barrière glacée.

Qu'on me permette, pour me faire mieux entendre, d'énoncer une vérité triviale. Il faut une toile pour peindre : dans la nature le ciel est la toile des paysages; s'il manque au fond du tableau, tout est confus et sans effet. Or, les monts, quand on en est trop voisin, obstruent la plus grande partie du ciel. Il n'y a pas assez d'air autour de leurs cimes; ils se font ombre l'un à l'autre et se prêtent mutuellement les ténèbres qui résident dans quelque enfoncement de leurs rochers. Pour savoir si les paysages des montagnes avoient une supériorité si marquée, il suffisoit de consulter les peintres : ils ont toujours jeté les monts dans les lointains, en ouvrant à l'œil un paysage sur les bois et sur les plaines.

Un seul accident laisse aux sites des montagnes leur majesté naturelle : c'est le clair de lune. Le propre de ce demi-jour sans reflets et d'une seule teinte est d'agrandir les objets en isolant les masses et en faisant disparoître cette gradation de couleurs qui lie ensemble les parties d'un tableau. Alors plus les coupes des monuments sont franches et décidées, plus leur dessin a de longueur et de hardiesse, et mieux la blancheur de la lumière profile les lignes de l'ombre. C'est pourquoi la grande architecture romaine, comme les contours des montagnes, est si belle à la clarté de la lune.

Le *grandiose*, et par conséquent l'espèce de sublime qu'il fait naître, disparoît donc dans l'intérieur des montagnes : voyons si le *gracieux* s'y trouve dans un degré plus éminent.

On s'extasie sur les vallées de la Suisse; mais il faut bien observer qu'on ne les trouve si agréables que par comparaison. Certes, l'œil fatigué d'errer sur des plateaux stériles ou des promontoires couverts d'un lichen rougeâtre, retombe avec grand plaisir sur un peu de verdure et de végétation. Mais en quoi cette verdure consiste-t-elle? en quelques saules chétifs, en quelques sillons d'orge et d'avoine qui croissent péniblement et mûrissent tard, en quelques arbres sauvageons qui portent des fruits âpres et amers. Si une vigne végète péniblement dans un petit abri tourné au midi, et garantie avec soin des vents du nord, on vous fait admirer cette fécondité extraordinaire. Vous élevez-vous sur les rochers voisins, les grands traits des monts font disparoître la miniature de la vallée. Les cabanes deviennent à peine visibles, et les compartiments cultivés ressemblent à des échantillons d'étoffes sur la carte d'un drapier.

On parle beaucoup des fleurs des montagnes, des violettes que l'on cueille au bord des glaciers, des fraises qui rougissent dans la neige, etc. Ce sont d'imperceptibles merveilles qui ne produisent aucun effet : l'ornement est trop petit pour des colosses.

Enfin, je suis bien malheureux, car je n'ai pu voir dans ces fameux chalets enchantés par l'imagination de J. J. Rousseau que de méchantes cabanes remplies du fumier des troupeaux, de l'odeur des fromages et du lait fermenté; je n'y ai trouvé pour habitants que de misérables montagnards qui se regardent comme en exil et aspirent à descendre dans la vallée.

De petits oiseaux muets, voletant de glaçons en glaçons, des couples assez rares de corbeaux et d'éperviers, animent à peine ces solitudes de neiges et de pierres, où la chute de la pluie est presque toujours le seul mouvement qui frappe vos yeux.

Heureux quand le pivert, annonçant l'orage, fait retentir sa voix cassée au fond d'un vieux bois de sapins! Et pourtant ce triste signe de vie rend plus sensible la mort qui vous environne. Les chamois, les bouquetins, les lapins blancs sont presque entièrement détruits; les marmottes même deviennent rares, et le petit Savoyard est menacé de perdre son trésor. Les bêtes sauvages ont été remplacées sur les sommets des Alpes par des troupeaux de vaches qui regrettent la plaine aussi bien que leurs maîtres. Couchés dans les herbages du pays de Caux, ces troupeaux offriroient une scène aussi belle, et ils auroient en outre le mérite de rappeler les descriptions des poëtes de l'antiquité.

Il ne reste plus qu'à parler du sentiment qu'on éprouve dans les montagnes. Eh bien! ce sentiment, selon moi, est fort pénible. Je ne puis être heureux là où je vois partout les fatigues de l'homme et ses travaux inouïs qu'une terre ingrate refuse de payer. Le montagnard, qui sent son mal, est plus sincère que les voyageurs; il appelle la plaine *le bon pays,* et ne prétend pas que des rochers arrosés de ses sueurs, sans en être plus fertiles, soient ce qu'il y a de meilleur dans les distributions de la Providence. S'il est très attaché à sa montagne, cela tient aux relations merveilleuses que Dieu a établies entre nos peines, l'objet qui les cause et les lieux où nous les avons éprouvées; cela tient aux souvenirs de l'enfance, aux premiers sentiments du cœur, aux douceurs, et même aux rigueurs de la maison paternelle. Plus solitaire que les autres hommes, plus sérieux par l'habitude de souffrir, le montagnard appuie davantage sur tous les sentiments de sa vie. Il ne faut pas attribuer aux charmes des lieux qu'il habite l'amour extrême qu'il montre pour son pays; cet amour vient de la concentration de ses pensées, et du peu d'étendue de ses besoins.

Mais les montagnes sont le séjour de la rêverie? j'en doute; je doute qu'on puisse rêver lorsque la promenade est une fatigue; lorsque l'attention que vous êtes obligé de donner à vos pas occupe entièrement votre esprit. L'amateur de la solitude qui *bayeroit aux chimères* [1] en gravissant le Montanvert pourroit bien tomber dans quelque puits, comme l'astrologue qui prétendoit lire au-dessus de sa tête et ne *pouvoit voir à ses pieds.*

Je sais que les poëtes ont désiré les vallées et les bois pour converser avec les muses. Mais écoutons Virgile :

Rura mihi et rigui placeant in vallibus amnes :
Flumina amem, sylvasque inglorius.

D'abord il se plairoit aux champs, *rura mihi;* il chercheroit les vallées agréables, riantes, gracieuses, *vallibus amnes;* il aimeroit les fleuves, *flumina amem* (non pas les torrents), et les forêts où il vivroit sans gloire, *sylvasque inglorius.* Ces forêts sont de belles futaies de chênes, d'ormeaux, de hêtres, et non de tristes bois de sapins; car il n'eût pas dit :

Et *ingenti* ramorum protegat *umbra,*
« Et d'un *feuillage épais* ombragera ma tête. »

[1] La Fontaine.

Et où veut-il que cette vallée soit placée? dans un lieu où il y aura de beaux souvenirs, des noms harmonieux, des traditions de la Fable et de l'Histoire :

> . . . . O ubi campi,
> Sperchiusque, et virginibus bacchata lacænis
> Taygeta! O qui me gelidis in vallibus Hæmi
> Sistat!

> Dieux! que ne suis-je assis au bord du Sperchius!
> Quand pourrai-je fouler les beaux vallons d'Hémus!
> Oh! qui me portera sur le riant Taygète!

Il se seroit fort peu soucié de la vallée de Chamouni, du glacier de Taconay, de la petite et de la grande Jorasse, de l'aiguille du Dru et du rocher de la Tête-Noire.

Enfin, si nous en croyons Rousseau et ceux qui ont recueilli ses erreurs sans hériter de son éloquence, quand on arrive au sommet des montagnes on se sent transformé en un autre homme. « Sur les « hautes montagnes, dit Jean-Jacques, les médita- « tions prennent un caractère grand, sublime, pro- « portionné aux objets qui nous frappent; je ne sais « quelle volupté tranquille qui n'a rien d'âcre et de « sensuel. Il semble qu'en s'élevant au-dessus du sé- « jour des hommes, on y laisse tous les sentiments « bas et terrestres... Je doute qu'aucune agitation « violente pût tenir contre un pareil séjour pro- « longé, etc. »

Plût à Dieu qu'il en fût ainsi! Qu'il seroit doux de pouvoir se délivrer de ses maux en s'élevant à quelques toises au-dessus de la plaine! Malheureusement l'âme de l'homme est indépendante de l'air et des sites; un cœur chargé de sa peine n'est pas moins pesant sur les hauts lieux que dans les vallées. L'antiquité, qu'il faut toujours citer quand il s'agit de vérité de sentiments, ne pensoit pas comme Rousseau sur les montagnes; elle les représente au contraire comme le séjour de la désolation et de la douleur: si l'amant de Julie oublie ses chagrins parmi les rochers du Valais, l'époux d'Eurydice nourrit ses douleurs sur les monts de la Thrace. Malgré le talent du philosophe genevois, je doute que la voix de Saint-Preux retentisse aussi longtemps dans l'avenir que la lyre d'Orphée. Œdipe, ce parfait modèle des calamités royales, cette image accomplie de tous les maux de l'humanité, cherche aussi les sommets déserts:

> Il va,
> . . . . . . du Cythéron remontant vers les cieux,
> Sur le malheur de l'homme interroger les dieux.

Enfin une autre antiquité plus belle encore et plus sacrée nous offre les mêmes exemples. L'Écriture, qui connoissoit mieux la nature de l'homme que les faux sages du siècle, nous montre toujours les grands infortunés, les prophètes, et Jésus-Christ même se retirant au jour de l'affliction sur les hauts lieux. La fille de Jephté, avant de mourir, demande à son père la permission d'aller pleurer sa virginité sur les montagnes de la Judée: *Super montes assumam*, dit Jérémie, *fletum ac lamentum*. « Je m'élè-

« verai sur les montagnes pour pleurer et gémir. »
Ce fut sur le mont des Oliviers que Jésus-Christ but le calice rempli de toutes les douleurs et de toutes les larmes des hommes.

C'est une chose digne d'être observée que dans les pages les plus raisonnables d'un écrivain qui s'étoit établi le défenseur de la morale, on distingue encore des traces de l'esprit de son siècle. Ce changement supposé de nos dispositions intérieures selon le séjour que nous habitons, tient secrètement au système de matérialisme que Rousseau prétendoit combattre. On faisoit de l'âme une espèce de plante soumise aux variations de l'air, et qui, comme un instrument, suivoit et marquoit le repos ou l'agitation de l'atmosphère. Eh! comment Jean-Jacques lui-même auroit-il pu croire de bonne foi à cette influence salutaire des hauts lieux? L'infortuné ne traîna-t-il pas sur les montagnes de la Suisse ses passions et ses misères?

Il n'y a qu'une seule circonstance où il soit vrai que les montagnes inspirent l'oubli des troubles de la terre: c'est lorsqu'on se retire loin du monde, pour se consacrer à la religion. Un anachorète qui se dévoue au service de l'humanité, un saint qui veut méditer les grandeurs de Dieu en silence, peuvent trouver la paix et la joie sur des roches désertes; mais ce n'est point alors la tranquillité des lieux qui passe dans l'âme de ces solitaires, c'est au contraire leur âme qui répand sa sérénité dans la région des orages.

L'instinct des hommes a toujours été d'adorer

l'Éternel sur les lieux élevés : plus près du ciel, il semble que la prière ait moins d'espace à franchir pour arriver au trône de Dieu. Il étoit resté dans le christianisme des traditions de ce culte antique ; nos montagnes, et, à leur défaut, nos collines étoient chargées de monastères et de vieilles abbayes. Du milieu d'une ville corrompue, l'homme qui marchoit peut-être à des crimes, ou du moins à des vanités, apercevoit, en levant les yeux, des autels sur les coteaux voisins. La Croix, déployant au loin l'étendard de la pauvreté aux yeux du luxe, rappeloit le riche à des idées de souffrance et de commisération. Nos poëtes connoissoient bien peu leur art lorsqu'ils se moquoient de ces monts de Calvaire, de ces missions, de ces retraites qui retraçoient parmi nous les sites de l'Orient, les mœurs des solitaires de la Thébaïde, les miracles d'une religion divine, et le souvenir d'une antiquité qui n'est point effacé par celui d'Homère.

Mais ceci rentre dans un autre ordre d'idées et de sentiments, et ne tient plus à la question générale que nous venons d'examiner. Après avoir fait la critique des montagnes, il est juste de finir par leur éloge. J'ai déjà observé qu'elles étoient nécessaires à un beau paysage, et qu'elles devoient former la chaîne dans les derniers plans d'un tableau. Leurs têtes chenues, leurs flancs décharnés, leurs membres gigantesques, hideux quand on les contemple de trop près, sont admirables lorsqu'au fond d'un horizon vaporeux ils s'arrondissent et se colorent dans une lumière fluide et dorée. Ajoutons, si l'on veut, que les montagnes sont la source des fleuves, le dernier asile de la liberté dans les temps d'esclavage, une barrière utile contre les invasions et les fléaux de la guerre. Tout ce que je demande, c'est qu'on ne me force pas d'admirer les longues arêtes de rochers, les fondrières, les crevasses, les trous, les entortillements des vallées des Alpes. A cette condition, je dirai qu'il y a des montagnes que je visiterois encore avec un plaisir extrême : ce sont celles de la Grèce et de la Judée. J'aimerois à parcourir les lieux dont mes nouvelles études me forcent de m'occuper chaque jour; j'irois volontiers chercher sur le Tabor et le Taygète, d'autres couleurs et d'autres harmonies, après avoir peint les monts sans renommée, et les vallées inconnues du Nouveau-Monde [1].

[1] Cette dernière phrase annonçoit mon voyage en Grèce et dans la Terre-Sainte ; voyage que j'exécutai en effet l'année suivante 1806. Voyez l'*Itinéraire*.

FIN DU VOYAGE AU MONT-BLANC.

NOTICE

SUR LES FOUILLES DE POMPÉI.

PAGE 68. (*Dans la note.*) « Je donne à la fin de ce volume des notices curieuses sur Pompéi, et qui complèteront ma courte description. »

On découvrit d'abord les deux théâtres, ensuite le temple d'Isis et celui d'Esculape, la maison de campagne d'Arrius Diomédès, et plusieurs tombeaux. Durant le temps que Naples fut gouverné par un roi sorti des rangs de l'armée françoise, les murailles de la ville, la rue des tombeaux, plusieurs vues de l'intérieur de la ville, la basilique, l'amphithéâtre et le forum furent découverts. Le roi de Naples a fait continuer les travaux; et, comme les fouilles sont conduites avec beaucoup de régularité et se font dans le louable dessein de découvrir la ville plutôt que de chercher des trésors enfouis, chaque jour ajoute aux connoissances déjà acquises sur cet objet si intéressant et presque inépuisable.

La ville de Pompéi, située à peu près à quatorze milles au sud-est de Naples, étoit bâtie en partie sur une éminence qui dominoit une plaine fertile, et qui s'est considérablement accrue par l'immense quantité de matières volcaniques dont le Vésuve l'a recouverte. Les murailles de la ville et les murs de ses édifices ont retenu dans leur enceinte toutes les matières que le volcan y vomissoit, et empêché les pluies de les emporter; de sorte que l'étendue de ces constructions est très distinctement marquée par le monticule qu'ont formé l'amas des pierres ponces et l'accumulation graduelle de terre végétale qui le couvrent.

L'éminence sur laquelle Pompéi fut bâtie doit avoir été formée à une époque très reculée ; elle est composée de produits volcaniques vomis par le Vésuve.

On a conjecturé que la mer avoit autrefois baigné les murs de Pompéi, et qu'elle venoit jusqu'à l'endroit où passe aujourd'hui le chemin de Salerne. Strabon dit, en effet, que cette ville servoit d'arsenal maritime à plusieurs villes de la Campanie, ajoutant qu'elle est près du Sarno, fleuve sur lequel les marchandises peuvent descendre et remonter.

Plusieurs faits que l'on observe à Pompéi sembleroient incompréhensibles si l'on ne se rappeloit pas que la destruction de cette ville a été l'ouvrage de deux catastrophes distinctes : l'une en l'an 63 de J.-C., par un tremblement de terre ; l'autre, seize ans plus tard, par une éruption du Vésuve. Ses habitants commençoient à réparer les dommages causés par la première, lorsque les signes précurseurs de la seconde les forcèrent d'abandonner un lieu qui ne tarda pas à être enseveli sous un déluge de cendres et de matières volcaniques.

Cependant des débris d'ouvrages en briques indiquoient sa position. Il conserva, sans doute pendant long-temps, un reste de population dans son voisinage, puisque Pompéi est indiqué dans l'*Itinéraire* d'Antonin, et sur la carte de Peutinger. Au treizième siècle, les comtes de Sarno firent creuser un canal dérivé du Sarno ; il passoit sous Pompéi, mais on ignoroit sa position ; enfin, en 1748, un laboureur ayant trouvé une statue en labourant son champ, cette circonstance engagea le gouvernement napolitain à ordonner des fouilles.

A l'époque des premiers travaux, on versoit dans la partie que l'on venoit de déblayer les décombres que l'on retiroit de celle que l'on s'occupoit de découvrir ; et, après qu'on en avoit enlevé les peintures à fresque, les mosaïques et autres objets curieux, on combloit de nouveau l'espace débarrassé : aujourd'hui l'on suit un système différent.

Quoique les fouilles n'aient pas offert de grandes difficultés par le peu d'efforts que le terrain exige pour être creusé, il n'y a pourtant qu'une septième partie de la ville de déterrée. Quelques rues sont de niveau avec le grand chemin qui passe le long des murs, dont le circuit est d'environ seize cents toises.

En arrivant par Herculanum, le premier objet qui frappe l'attention est la maison de campagne d'Arrius Diomédès, située dans le faubourg. Elle est d'une très jolie construction, et si bien conservée, quoiqu'il y manque un étage, qu'elle peut donner une idée exacte de la manière dont les anciens distribuoient l'intérieur de leurs demeures. Il suffiroit d'y ajouter des portes et des fenêtres pour la rendre habitable; plusieurs chambres sont très petites, le propriétaire étoit cependant un homme opulent. Dans d'autres maisons de gens moins riches, les chambres sont encore plus petites. Le plancher de la maison d'Arrius Diomédès est en mosaïques : tous les appartements n'ont pas de fenêtres, plusieurs ne reçoivent du jour que par la porte. On ignore quelle est la destination de beaucoup de petits passages et de recoins. Les amphores, qui contenoient le vin, sont encore dans la cave, le pied posé dans le sable, et appuyées contre le mur.

La rue des tombeaux offre, à droite et à gauche, les sépultures des principales familles de la ville; la plupart sont de petite dimension, mais construites avec beaucoup de goût.

Les rues de Pompéi ne sont pas larges, n'ayant que quinze pieds d'un côté à l'autre, et les trottoirs les rendent encore plus étroites; elles sont pavées en pierres de lave grise et de formes irrégulières, comme les anciennes voies romaines: on y voit encore distinctement la trace des roues. Il ne reste aux maisons qu'un rez-de-chaussée, mais les débris font voir que quelques-unes avoient plus d'un étage; presque toutes ont une cour intérieure, au milieu de laquelle est un *impluvium* ou réservoir pour l'eau de pluie, qui alloit ensuite se rendre dans une citerne contiguë. La plupart des maisons étoient ornées de pavés mosaïques, et de parois généralement peintes en rouge, en bleu et en jaune. Sur ce fond, l'on avoit peint de jolies arabesques et des tableaux de diverses grandeurs. Les maisons ont généralement une chambre de bains qui est très commode; souvent les murs sont doubles, et l'espace intermédiaire est vide : il servoit à préserver la chambre de l'humidité.

Les boutiques des marchands de denrées, liquides et solides, offrent des massifs de pierres souvent revêtus de marbre, et dans lesquels les vaisseaux qui contenoient les denrées étoient maçonnés.

On a pensé que le genre de commerce qui se faisoit dans quelques maisons étoit désigné par des figures qui sont sculptées sur le mur extérieur; mais il paroît que ces emblèmes indiquoient plutôt le génie sous la protection duquel la famille étoit placée.

Les fours et les machines à moudre le grain font connoître les boutiques des boulangers. Ces machines consistent en une pierre à base ronde; son extrémité supérieure est conique et s'adapte dans le creux d'une autre pierre qui est, de même, creusée en entonnoir dans sa partie supérieure : on faisoit tourner la pierre d'en haut par le moyen de deux anses latérales que traversoient des barres de bois. Le grain, versé dans l'entonnoir supérieur, tomboit par un trou entre l'entonnoir renversé et la pierre conique. Le mouvement de rotation le réduisoit en farine.

Les édifices publics, tels que les temples et les théâtres, sont en général les mieux conservés, et par conséquent ce qu'il y a jusqu'à présent de plus intéressant dans Pompéi.

Le petit théâtre qui, d'après des inscriptions, servoit aux représentations comiques, est en bon état; il peut contenir quinze cents spectateurs : il y a, dans le grand, de la place pour plus de six mille personnes.

De tous les amphithéâtres anciens, celui de Pompéi est un des moins dégradés. En enlevant les décombres, on y a trouvé, dans des corridors qui font le tour de l'arène, des peintures qui brilloient des couleurs les plus vives; mais à peine frappées du contact de l'air extérieur, elles se sont altérées. On aperçoit encore des vestiges d'un lion, et un joueur de trompette vêtu d'un costume bizarre. Les inscriptions qui avoient rapport aux différents spectacles sont un monument très curieux.

On peut suivre sur le plan les murailles de la ville; c'est le meilleur moyen de se faire une idée de sa forme et de son étendue.

« Ces remparts, dit M. Mazois, étoient composés d'un terre-plein terrasse et d'un contre-mur ; ils avoient quatorze pieds de largeur, et l'on y montoit par des escaliers assez spacieux pour laisser passage à deux soldats de front. Ils sont soutenus, du côté de la ville, ainsi que du côté de la campagne, par un mur en pierres de taille. Le mur extérieur devoit avoir environ vingt-cinq pieds d'élévation ; celui de l'intérieur surpassoit le rempart en hauteur d'environ huit pieds. L'un et l'autre sont construits de l'espèce de lave qu'on appelle *piperino*, à l'exception de quatre ou cinq premières assises du mur extérieur qui sont en pierres de roche ou travestin grossier. Toutes les pierres en sont parfaitement bien jointes : le mortier est en effet peu nécessaire dans les constructions faites avec des matériaux d'un grand échantillon. Ce mur extérieur est partout plus ou moins incliné vers le rempart ; les premières assises sont, au contraire, en retraite l'une sur l'autre.

« Quelques-unes des pierres, surtout celles de ces premières assises, sont entaillées et encastrées l'une dans l'autre de manière à se maintenir mutuellement. Comme cette façon de construire remonte à une haute antiquité, et qu'elle semble avoir suivi les constructions pélasgiques ou cyclopéennes, dont elle conserve quelques traces, on peut conjecturer que la partie des murs de Pompéi, bâtie ainsi, est un ouvrage des Osques, ou du moins des premières colonies grecques qui vinrent s'établir dans la Campanie.

« Les deux murs étoient crénelés de manière que, vus du côté de la campagne, ils présentoient l'apparence d'une double enceinte de remparts.

« Ces murailles sont dans un grand désordre que l'on ne peut pas attribuer uniquement aux tremblements de terre qui précédèrent l'éruption de 79. Je pense, ajoute M. Mazois, que Pompéi a dû être démantelé plusieurs fois, comme le prouvent les brèches et les réparations qu'on y remarque. Il paroît même que ces fortifications n'étoient plus regardées depuis long-temps comme nécessaires, puisque, du côté où étoit le port, les habitations sont bâties sur les murs, que l'on a en plusieurs endroits abattus à cet effet.

« Ces murs sont surmontés de tours qui ne paroissent pas d'une si haute antiquité, leur construction indique qu'elles sont du même temps que les réparations faites aux murailles; elles sont de forme quadrangulaire, servent en même temps de poterne, et sont placées à des distances inégales les unes des autres.

« Il paroit que la ville n'avoit pas de fossés, au moins du côté où l'on a fouillé; car les murs, en cet endroit, étoient assis sur un terrain escarpé. »

On voit que, par leur genre de construction, les remparts sont les monuments qui résisteront le mieux à l'action du temps. Malgré l'attention extrême avec laquelle on a cherché à conserver ceux qui ont été découverts, l'exposition à l'air, dont ils étoient préservés depuis si long-temps, les a endommagés. Les pluies d'hiver, extrêmement abondantes dans l'Europe méridionale, font pénétrer graduellement l'humidité entre les briques et leur revêtement. Il y croît des mousses, puis des plantes qui déjoignent les briques. Pour éviter la dégradation on a couvert les murs avec des tuiles, et placé des toits au-dessus des édifices.

Le plan indique cinq portes, désignées chacune par un nom qui n'a été donné que depuis la découverte de la ville, et qui n'est fondé sur aucun monument. La porte de Nola, la plus petite de toutes, est la seule dont l'arcade soit conservée. La porte la plus proche du forum, ou quartier des soldats, est celle par laquelle on entre : elle a été construite d'après l'antique.

Quelques personnes avoient pensé qu'au lieu d'enlever de Pompéi les divers objets que l'on y a trouvés, et d'en former un muséum à Portici, l'on auroit mieux fait de les laisser à leur place, ce qui auroit représenté une ville ancienne avec tout ce qu'elle contenoit. Cette idée est spécieuse, et ceux qui la proposoient n'ont pas réfléchi que beaucoup de choses se seroient gâtées par le contact de l'air, et qu'indépendamment de cet inconvénient on auroit couru le risque de voir plusieurs objets dérobés par des voyageurs peu délicats ; c'est ce qui n'arrive que trop souvent. Il faudroit, pour songer même à meubler quelques maisons, que l'enceinte de la ville fût entièrement déblayée, de manière à être bien isolée, et à ne pas offrir la facilité d'y descendre de dessus les terrains environnants ; alors on fermeroit les portes, et Pompéi ne seroit plus exposé à être pillé par des pirates terrestres.

L'on n'a eu dessein dans cette *Notice* que de donner une idée succincte de l'état des fouilles de Pompéi en 1817. Pour bien connoître ce lieu remarquable, il faut consulter le bel ouvrage de M. Mazois [1]. L'on trouve aussi des renseignements précieux dans un livre que M. le comte de Clarac, conservateur des antiques, publia étant à Naples. Ce livre, intitulé *Pompéi*, n'a été tiré qu'à un petit nombre d'exemplaires, et n'a pas été mis en vente. M. de Clarac y rend un compte très instructif de plusieurs fouilles qu'il a dirigées.

Il est d'autant plus nécessaire de ne consulter sur cet objet intéressant que des ouvrages faits avec soin, que trop souvent des voyageurs, ou même des écrivains qui n'ont jamais vu Pompéi, répètent avec confiance les contes absurdes débités par les *ciceroni*. Quelques journaux quotidiens de Paris ont dernièrement transcrit un article du *Courrier* de Londres, dans lequel M. W.... abusoit étrangement du privilége de raconter des choses extraordinaires. Il étoit question, dans son récit, d'argent trouvé dans le tiroir d'un comptoir, d'une lance encore appuyée contre un mur, d'épigrammes tracées sur les colonnes du quartier des soldats, de rues toutes bordées d'édifices publics.

Ces niaiseries ont engagé M. M...., qui a suivi pendant

---

[1] *Ruines de Pompéi*, in-fol.

douze ans les fouilles de Pompéi, à communiquer au *Journal des Débats*, du 18 février 1821, des observations extrêmement sensées.

« Il est sans doute permis, dit M. M..., à ceux qui visitent Pompéi d'écouter tous les contes que font les *ciceroni* ignorants et intéressés, afin d'obtenir des étrangers qu'ils conduisent quelques pièces de monnoie; il est même très permis d'y ajouter foi, mais il y a plus que de la simplicité à les rapporter naïvement comme des vérités, et à les insérer dans les journaux les plus répandus.

« La relation de M. W.... me rappelle que le chevalier Coghell, ayant vu au Muséum de la reine de Naples des *Artoplas*, ou tourtières pour faire cuire le pain, les prit pour des chapeaux, et écrivit à Londres qu'on avoit trouvé à Pompéi des chapeaux de bronze extrêmement légers.

« Les fouilles de Pompéi sont d'un intérêt trop général, les découvertes qu'elles procurent sont trop précieuses, sous le rapport de l'histoire de l'art et de la vie privée des anciens, pour qu'on laisse publier des relations niaises et erronées, sans avertir le public du peu de foi qu'elles méritent. »

LETTRE

DE M. TAYLOR A M. C. NODIER

SUR LES VILLES

DE POMPÉI ET D'HERCULANUM.

«Herculanum et Pompéi sont des objets si importants pour l'histoire de l'antiquité, que pour bien les étudier il faut y vivre, y demeurer.

«Pour suivre une fouille très curieuse je me suis établi dans la maison de Diomède ; elle est à la porte de la ville, près de la voie des tombeaux, et si commode, que je l'ai préférée aux palais qui sont près du forum. Je demeure à côté de la maison de Salluste.

«On a beaucoup écrit sur Pompéi, et l'on s'est souvent égaré. Par exemple, un savant, nommé Matorelli, fut employé pendant deux années à faire un mémoire énorme pour prouver que les anciens n'avoient pas connu le verre de vitre, et quinze jours après la publication de son in-folio on découvrit une maison où il y avoit des vitres à toutes les fenêtres. Il est cependant juste de dire que les anciens n'aimoient pas beaucoup les croisées ; le plus communément le jour venoit par la porte ; mais enfin, chez les patriciens, il y avoit de très belles glaces aux fenêtres, aussi transparentes que notre verre de Bohême, et les carreaux étoient joints avec des listels de bronze de bien meilleur goût que nos traverses en bois.

«Un voyageur de beaucoup d'esprit et de talent, qui a publié des lettres sur la Morée, et un grand nombre d'autres voyageurs, trouvent extraordinaire que les constructions modernes de l'Orient soient absolument semblables à celles de Pompéi. Avec un peu de réflexion, cette ressemblance paroîtroit toute naturelle. Tous les arts nous viennent de l'Orient ; c'est ce qu'on ne sauroit trop répéter aux hommes qui ont le désir d'étudier et de s'éclairer.

« Les fouilles se continuent avec persévérance et avec beaucoup d'ordre et de soin : on vient de découvrir un nouveau quartier et des thermes superbes. Dans une des salles, j'ai particulièrement remarqué trois siéges en bronze, d'une forme tout-à-fait inconnue, et de la plus belle conservation. Sur l'un d'eux étoit placé le squelette d'une femme, dont les bras étoient couverts de bijoux, en outre des bracelets d'or, dont la forme étoit déjà connue; j'ai détaché un collier qui est vraiment d'un travail miraculeux. Je vous assure que nos bijoutiers les plus experts ne pourroient rien faire de plus précieux ni d'un meilleur goût.

« Il est difficile de peindre le charme que l'on éprouve à toucher ces objets sur les lieux mêmes où ils ont reposé tant de siècles, et avant que le prestige ne soit tout-à-fait détruit. Une des croisées étoit couverte de très belles vitres, que l'on vient de faire remettre au musée de Naples.

« Tous les bijoux ont été portés chez le roi. Sous peu de jours ils seront l'objet d'une exposition publique.

« Pompéi a passé vingt siècles dans les entrailles de la terre; les nations ont passé sur son sol : ses monuments sont restés debout, et tous ses ornements intacts. Un contemporain d'Auguste, s'il revenoit, pourroit dire : « Salut, ô « ma patrie ! ma demeure est la seule sur la terre qui ait « conservé sa forme, et jusqu'aux moindres objets de mes « affections. Voici ma couche; voici mes auteurs favoris. Mes « peintures sont encore aussi fraîches qu'au jour où un ar- « tiste ingénieux en orna ma demeure. Parcourons la ville, « allons au théâtre; je reconnois la place où pour la pre- « mière fois j'applaudis aux belles scènes de *Térence* et « *d'Euripide.* »

« Rome n'est qu'un vaste musée; *Pompéi est une antiquité vivante.* »

FIN DES VOYAGES.

LES
QUATRE STUARTS.

LES
QUATRE STUARTS.

JACQUES Ier.

De 1603 à 1625.

Il naquit sans doute dans la Grande-Bretagne en 1603, à l'avénement de Jacques Ier, plusieurs individus qui ne moururent qu'en 1688, à la chute de Jacques II : ainsi tout l'empire des Stuarts en Angleterre ne fut pas plus long que la vie d'un vieil homme. Quatre-vingt-cinq ans suffirent à la disparition totale de quatre rois qui montèrent sur le trône d'Élisabeth, avec la fatalité, les préjugés et les malheurs attachés à leur race.

Jacques, comme beaucoup de princes dévots, fut gouverné par des favoris : tandis qu'avec sa plume il combattoit pour le droit divin, il laissoit le sceptre à Buckingham, qui usoit et abusoit du droit politique ; le favori prenoit les vices de la royauté dont le monarque retenoit les vertus. Souvent les princes se plaisent à déléguer le pouvoir à un ministre dont ils reconnoissent eux-mêmes l'indignité ; imitant Dieu, dont ils se disent l'image, ils ont l'orgueil de créer quelque chose de rien.

Jacques expira sans violence dans le lit de la

femme qui avoit tué Marie d'Écosse, de cette noble Marie, qui, selon une tradition, créa son bourreau gentilhomme ou chevalier; de cette belle veuve de François de France, laquelle désira avoir *la tête tranchée avec une épée à la françoise,* raconte Étienne Pasquier. *Le bourreau montra la tête séparée du corps,* dit Pierre de l'Estoile, *et comme en cette montre la coiffure chut en terre, on vit que l'ennui avoit rendu toute chauve cette pauvre reine de quarante-cinq ans, après une prison de dix-huit.* Mais Jacques n'en travailla pas moins à établir les principes qui devoient amener la fin tragique de Charles 1er : il mourut toujours tremblant entre l'épée qui l'avoit effrayé dans le ventre de sa mère, et le glaive qui devoit tomber sur la tête de son fils. Son règne ne fut que l'espace qui sépara les deux échafauds de Fotheringay et de Whitehall; espace obscur où s'éteignirent Bacon et Shakspeare.

Jacques étoit auteur, et auteur non sans mérite. Son *Basilicon Doron,* qui servit de modèle à l'*Eikon Basiliké,* renfermoit cette inutile leçon pour Charles son fils : « Ne vous en rapportez point à des gens qui « ont des intérêts à vous cacher les besoins de vos « sujets, afin de vous tenir dans la dépendance, et « qui ne portent jamais au souverain les plaintes pu- « bliques que comme des révoltes, donnant aux « larmes du peuple les noms de désobéissance et de « rébellion. »

CHARLES Ier.

DEPUIS L'AVÈNEMENT DE CHARLES 1er A LA COURONNE JUSQU'A LA CONVOCATION DU LONG PARLEMENT.

De 1625 à 1640.

CHARLES parvint à la puissance suprême, rempli des idées romanesques de Buckingham et des maximes de l'absolu Jacques Ier. Mais Jacques n'avoit défendu le droit divin que par la controverse; sa vanité littéraire et sa modération naturelle avoient permis la réplique : de là étoit née la liberté des opinions politiques; la liberté des opinions religieuses étoit déjà sortie de la lutte entre l'esprit catholique et l'esprit protestant.

De très bonne foi dans ses doctrines, Charles tenoit des traditions paternelles que les priviléges de la couronne sont inaliénables, que le roi régnant n'en est que l'usufruitier, qu'il les doit transmettre intacts à son successeur.

La nation au contraire, commençant à douter de l'étendue de ces priviléges, soutenoit que le trône en avoit usurpé une partie sur elle. Les premiers symptômes de division éclatèrent lorsque Charles voulut continuer la guerre allumée dans le Palatinat; le parlement refusa l'argent demandé : avant d'accorder le subside, il prétendit obtenir la réparation des griefs dont il se plaignoit; il sollicitoit surtout l'éloignement d'un insolent favori. Charles crut son autorité attaquée : il s'entêta à soutenir Buckingham, cassa le parlement, et leva, en vertu de certaines vieilles lois, des taxes arbitraires. Le reste de son règne s'écoula dans le même esprit.

Charles fit des efforts pour gouverner sans parlement; mais la nécessité salutaire de la monarchie représentative, nécessité qui oblige le prince à la modération afin d'opérer la levée paisible de l'impôt, ramenoit de force la couronne au principe constitutionnel. Plus le roi avoit agi selon le bon plaisir, plus on exigeoit de lui de garanties : il cédoit ou s'emportoit de nouveau, et ses concessions et ses emportements finissoient toujours par la reconnoissance de quelques droits.

Dans ce conflit, de grands talents se formèrent, les limites de différents pouvoirs se tracèrent, le chaos politique se débrouilla : à travers beaucoup de passions on entrevit beaucoup de vérités, et quand les passions s'évanouirent, les vérités restèrent.

Buckingham, mignon de Jacques, et qui troubla les premières années du règne de Charles Ier, a fait plus de bruit dans l'histoire passée qu'il n'en fera dans l'histoire à venir, parce qu'il ne se rattache ni à quelque grand mouvement de l'esprit humain, ni à quelque grand vice ou à quelque grande vertu dans la chaîne de la morale.

Buckingham étoit un de ces hommes comme il y en a tant, prodigue, débauché, d'une beauté fade, d'un orgueil démesuré, d'un esprit étroit et fou, un de ces hommes tout physiques, où la chair et le sang dominent l'intelligence. Le favori se croyoit un général et n'étoit qu'un soldat. Fanfaron de galanterie à la cour d'Espagne, insolent dans ses prétentions d'amour à la cour de France, et peut-être à celle d'Angleterre, il affectoit des triomphes que souvent il n'avoit pas obtenus.

Il est néanmoins remarquable que Buckingham brava impunément Richelieu, et que ces terribles parlementaires qui, quelque temps après, traînèrent à l'échafaud un grand homme, Strafford, souffrirent, bien qu'en l'accusant, les insolences d'un courtisan vulgaire. C'est qu'on pardonne plutôt à la puissance qu'au génie : reste à savoir encore si d'un côté Richelieu ne méprisa pas un aventurier, et si de l'autre il n'y avoit pas dans le caractère impérieux et déréglé de Buckingham quelque chose qui sympathisât avec le caractère national anglois.

Cet homme fut assassiné (1628) de la main d'un autre homme qui n'étoit le vengeur de rien : Felton poignarda un extravagant patricien par une extravagance plébéienne.

Buckingham laissa deux fils : le cadet périt au milieu de la guerre civile dans le parti de Charles Ier : l'aîné, devenu gendre de Fairfax, fut, sous Charles II, le chef de ce conseil connu sous le nom de la *Cabale*. Célèbre héréditairement par sa passion pour les femmes, il tua en duel le comte de Shrewsbury, tandis que la femme du comte, déguisée en page, tenoit la bride du cheval de ce second Buckingham.

Aussi désordonné que son père, mais d'un esprit brillant et cultivé, il écrivit des lettres, des poëmes, des satires, et travailla avec Butler à une comédie qui changea le goût du théâtre anglois.

Depuis l'avénement de Charles Ier au trône d'Angleterre jusqu'à la mort du duc de Buckingham, trois parlements avoient été convoqués : le premier ne vota qu'une somme insuffisante pour la continuation de la guerre continentale en faveur des protestants, et le second se montra infecté de l'esprit puritain. Déjà l'Angleterre étoit partagée en deux grandes factions appelées le parti de la cour et le parti de la campagne.

Charles, après avoir cassé le second parlement, ne tarda pas à être obligé d'en convoquer un troisième (17 mars 1628). Ce parlement posa la première pierre de la liberté constitutionnelle angloise, en faisant passer la fameuse *pétition des droits*, bill qui tendoit, en vertu des principes de la grande charte, à régler les pouvoirs de la couronne. Les communes furent rendues intraitables par leur victoire, et après des scènes violentes où quelques députés en vinrent aux mains, le roi se vit forcé de les renvoyer.

Buckingham assassiné, le troisième parlement dissous, douze années s'écoulèrent sans qu'aucun autre parlement fût appelé. Le conseil de Charles se composoit alors de ministres qui présentoient un contraste et un mélange de mérite et d'incapacité.

Le garde des sceaux, sir Thomas Coventry, joignoit à beaucoup d'érudition une éloquence simple et la science des affaires; mais son caractère intègre manquoit de cette chaleur qui crée des amis, et de ces passions qui font des disciples. Peu appuyé à la cour, il vit le mal s'accroître sans en avertir son maître : « Il eut le bonheur de mourir, dit Claren-« don, dans un temps où tout honnête homme au-« roit désiré quitter la vie. »

Sir Richard Weston, premier lord de la trésorerie, avoit montré, dans un rang inférieur, un esprit et un courage qui l'abandonnèrent au degré plus élevé du pouvoir : hautain et timide, prompt à l'insulte, prompt à trembler devant l'insulté, il ne laissa à sa famille qu'indigence et malheur.

Des vertus, du génie même et une grâce particulière faisoient remarquer le comte de Pembroke : on ne lui a reproché que sa passion pour les femmes, à laquelle il sacrifia des moments qu'il auroit dû donner aux adversités de son pays.

Le comte de Montgomery n'avoit réussi à la cour que par sa belle figure et ses talents pour la chasse; on ne l'eût pas aperçu dans un temps ordinaire. Sa médiocrité fut reprochée à Charles : dans les révolutions on fait un crime aux rois de ne pas s'entourer d'hommes égaux aux circonstances.

Un esprit agréable, un savoir universel, étoient le partage du comte de Dorset : il brilla également à la chambre des communes et dans la chambre héréditaire. Malheureusement son caractère fougueux le précipita dans des excès. Brave et passionné, il prodigua son temps à des amours sans honneur et son sang à des combats sans gloire.

Le comte de Carlisle ne profita de la faveur que pour jouir des plaisirs. Il avoit aux affaires un talent naturel qu'il n'employa jamais. Il mourut insouciant, sans avoir été atteint de l'orage qu'il écouta de loin.

Flatteur de Charles dans la prospérité, lord Holland l'abandonna dans l'infortune; lâcheté vulgaire, commune à tant d'âmes vulgaires : il devint un des boute-feux du parlement. Quand les factions commencent, elles saisissent au hasard leurs chefs; elles plongent ensuite dans l'abîme les singes qu'elles avoient pris pour des hommes.

Enfin, l'archevêque de Cantorbéry ferme la liste des conseillers de Charles, dans les temps qui précédèrent les troubles. Il parut à la cour avec cette roideur de caractère qui le rendit incapable de se plier aux circonstances. Haï des grands dont il méprisoit l'art et les mœurs, il n'eut pour se soutenir que l'autorité d'une vie sainte et la renommée d'une intégrité poussée jusqu'à la rudesse. De même qu'il dédaigna de s'abaisser devant la faveur des courtisans, il s'opposa aux excès du peuple, et de la persécution des intrigues il tomba dans la proscription des révolutions.

Charles, appuyé de ce conseil, régna l'espace de douze ans avec une autorité illimitée; il n'en fit pas un mauvais usage sous le rapport administratif, mais il cherchoit en théorie ce qui étoit devenu impossible en pratique, une monarchie absolue. Du gouvernement absolu au gouvernement arbitraire, la conversion est facile : l'absolu est la tyrannie de la loi : l'arbitraire est la tyrannie de l'homme.

Si l'Angleterre avoit voulu souffrir la levée d'un impôt d'ailleurs fort modéré, elle eût vécu sous un assez doux despotisme. Charles avoit des vertus domestiques, du courage, de la modération, de la probité; mais on lui disputoit, la loi à la main, tous ses actes; ils pouvoient être bons, mais ils n'étoient pas légaux. Une seule résistance amenoit l'emploi de la force et un scandale. Au défaut du pouvoir parlementaire, les conseillers du monarque suscitèrent le pouvoir de la chambre étoilée dont on augmenta les attributions : fatal auxiliaire de la couronne.

Le jugement rendu contre Hampden (1636) pour n'avoir pas voulu se soumettre à la taxe du *ship-money*, remua de plus en plus les esprits : une commotion religieuse ébranla l'Écosse. Par ce concours de circonstances, qui produit le renouvellement des empires, le peuple d'Écosse et celui d'Angleterre inclinoient au puritanisme au moment même où les évêques vouloient faire triompher l'église anglicane, et prétendoient introduire quelque chose de la pompe catholique dans le culte protestant.

La nouvelle liturgie est repoussée (1637) à Édimbourg. La foule s'écrie : le *pape!* le *pape!* l'*antechrist!* le royaume se soulève et le *covenant* est signé.

C'est pourtant de cet acte fanatique, mystique, inintelligible, exprimant dans un jargon barbare les idées les plus rétrécies, que sont émanées la liberté, la tolérance et la civilisation constitutionnelle d'Angleterre. C'est ainsi que des horribles comités de 1793 est pour ainsi dire sorti le pacte de notre nouvelle monarchie. Chaque trouble politique chez un peuple est fondé sur une vérité qui survit à ce trouble. Souvent cette vérité est confusément enveloppée dans des mots sauvages et dans des actions atroces; mais dans les grands changements des États, les mots et les actions passent : le fait politique et moral qui reste d'une révolution est toute cette révolution. Quand celle-ci ne réussit pas, c'est qu'elle a été tentée ou trop tôt ou trop tard, en deçà ou au-delà de l'époque où elle eût trouvé les choses et les hommes au degré de maturité propre à sa fructification.

Une assemblée générale de la nation écossoise succéda aux premiers troubles d'Édimbourg. L'épiscopat fut aboli (1638), et l'on commença des levées pour soutenir des opinions avec des soldats.

Sir Thomas Wentworth, membre du troisième parlement, avoit fortement provoqué dans ce parlement la fameuse *pétition des droits*; mais lorsque le fondement de l'indépendance constitutionnelle eut été posé, Wentworth devint le soutien de la prérogative royale attaquée, comme il avoit été le défenseur de la liberté populaire méconnue. Charles l'avoit nommé pair d'Angleterre et vice-roi d'Irlande. Ce monarque, dans les circonstances difficiles où il se trouva engagé, consulta le nouveau lord Wentworth. Ce sujet fidèle donna à son souverain des conseils énergiques. Que sert de recommander la force à la foiblesse ?

Dans toute révolution, il y a toujours quelques moments où rien ne sembleroit plus facile que de l'arrêter; mais les hommes sont toujours faits de sorte, les choses arrangées de manière, qu'on ne profite jamais de ces moments. Au lieu de résister, Charles fit lui-même un *covenant*, comme Henri III avoit fait une ligue. Les covenantaires écossois traitèrent de *satanique* le covenant du roi. Après d'inutiles concessions, le roi réunit des troupes; lord Wentworth lui fournit de l'argent et pouvoit lui amener une seconde armée : il ne s'agissoit que d'avancer; Charles recula : il conclut une trêve (17 juin 1639), lorsqu'il étoit assuré d'une victoire.

Bientôt les Écossois reprirent les armes. Lord Wentworth, créé comte de Strafford, vouloit qu'on portât la guerre dans le cœur du royaume rebelle, et qu'on assemblât un parlement anglois : Charles ne suivit que la moitié de ce conseil.

On auroit pu croire que ce quatrième parlement, rassemblé après un intervalle de douze années, éclateroit en justes reproches : Strafford le ménagea avec tant d'habileté, que les communes se montrèrent d'abord assez dociles. Elles étoient divisées en trois partis : les amis du roi, les partisans de la monarchie constitutionnelle et les puritains : ceux-ci vouloient un changement radical dans les lois et la religion de l'État; ces trois partis furent cependant au moment de se réunir pour voter les subsides. La trahison du secrétaire d'État, sir Henry Vane, que protégeoit la reine, perdit tout.

Le roi et le parlement également trompés par ce

ministre, se crurent brouillés, lorsqu'ils s'entendoient. Charles, avec sa précipitation accoutumée, s'imaginant qu'on lui alloit refuser les subsides, fit pour la dernière fois usage d'une prérogative dont il avoit abusé. Il cassa encore ce quatrième parlement (5 mai 1640), lequel devoit être suivi de l'assemblée qui brisa à son tour la couronne.

A l'instigation des puritains, les Écossois, ayant envahi de nouveau l'Angleterre, surprirent les troupes du roi à Newborn. Charles, arrivé à York pour repousser les Écossois, manda un grand conseil des pairs. Il lui déclara tout à coup que la reine désiroit la réunion d'un cinquième parlement.

Arrêtons-nous ici pour parler de cette reine dont l'influence fut si grande sur la destinée de Charles Ier son mari, et sur celle de Jacques II son fils.

HENRIETTE-MARIE

DE FRANCE.

Sixième enfant et troisième fille de Henri IV, Henriette-Marie naquit le 25 novembre 1609, six mois avant l'assassinat de son père, et mourut vingt ans après le meurtre de son mari. Elle fut tenue sur les fonts de baptême par le nonce, qui devint pape sous le nom d'Urbain VIII. Elle épousa Charles, roi d'Angleterre (11 mai 1625). Le contrat de mariage, rédigé sous les yeux du pape, contenoit des clauses favorables à la religion catholique. Henriette-Marie arriva en Angleterre avec les instructions de la mère Madeleine de Saint-Joseph, carmélite, et sous la conduite du père Bérulle accompagné de douze prêtres de la nouvelle congrégation de l'Oratoire : ceux-ci, renvoyés en France, furent remplacés par douze capucins. Rien ne pouvoit être plus fatal à Charles Ier que le hasard de cette union catholique, d'ailleurs si noble, dans le siècle du fanatisme puritain. La haine populaire se tourna d'abord contre la reine et rejaillit sur le roi.

Il est impossible de pénétrer aujourd'hui dans le secret des raisons qui firent agir Henriette-Marie au commencement des troubles de la Grande-Bretagne : on la trouve placée dans l'intérêt parlementaire jusqu'au moment de l'explosion de la guerre civile ; elle protége sir Henry Vane, qui brouilla le roi et le quatrième parlement ; elle demande la convocation de ce long parlement qui conduisit Charles à l'échafaud ; elle arrache au roi la confirmation de l'arrêt qui frappa Strafford ; ce fut par sa protection que le conseil du roi se remplit des ennemis ou des adversaires de la couronne.

Henriette-Marie étoit-elle en mésintelligence domestique avec le roi, comme le prétendoient les parlementaires ? Bossuet laissa entendre quelque chose d'une division secrète. « Dieu, dit-il, avoit « préparé un charme innocent au roi d'Angleterre « dans les agréments infinis de la reine son épouse. « Comme elle possédoit son affection, car *les nua-* « *ges qui avoient paru au commencement furent* « *bientôt dissipés, etc.* »

Il n'y a plus aujourd'hui de doute sur le genre de division qui régna un moment entre Charles et Henriette-Marie : élevée dans une monarchie absolue, dans une religion dont le principe est inflexible, dans une cour où l'on passe tout aux femmes, dans un pays où l'humeur est mobile et légère, Henriette fut d'abord un enfant capricieux, qui prétendit à la fois faire dominer sa volonté, sa religion et son humeur. Les prêtres, les femmes et les gentilshommes qu'elle avoit amenés avec elle vouloient, les uns exercer leur culte dans tout son éclat, les autres établir leurs modes et se moquer des usages d'une *cour barbare*. Charles, accablé de toutes ces querelles, renvoya en France la suite de la reine. Il se plaint de la conduite d'Henriette-Marie dans des instructions pour la cour de France, datées du 12 juillet 1626.

« Le roi de France et sa mère n'ignorent pas,
« dit-il [1], les aigreurs et les dégoûts qui ont eu lieu
« entre ma femme et moi, et tout le monde sait que
« je les ai supportés jusqu'ici avec beaucoup de pa-
« tience, croyant et espérant toujours que les choses
« iroient mieux, parce qu'elle étoit fort jeune, et que
« cela venoit plutôt des mauvais et artificieux conseils
« de ses domestiques, qui n'avoient que leur propre
« intérêt en vue, que de sa propre inclination. En
« effet, lorsque je me rendis à Douvres pour la re-
« cevoir, je ne pouvois pas attendre plus de marques
« de respect et d'affection qu'elle n'en fit paroître
« en cette occasion. La première chose qu'elle me
« dit fut que, comme elle étoit jeune et qu'elle
« venoit dans un pays étranger, dont elle ignoroit les
« coutumes, elle pourroit ainsi commettre quantité
« d'erreurs, et qu'elle me prioit de ne me point fâcher
« contre elle pour les fautes où elle pourroit tomber
« par ignorance, jusqu'à ce que je l'eusse instruite
« de la manière de les éviter... Mais elle n'a jamais
« tenu sa parole. Peu de temps après son arrivée,
« madame de Saint-Georges... mit ma femme de si
« mauvaise humeur contre moi, que depuis ce temps-
« là on ne peut pas dire qu'elle en ait usé envers moi

---

[1] Je me sers de la traduction de l'excellente édition des *Mémoires de Ludlow*, dans la Collection des *Mémoires relatifs à la révolution d'Angleterre*, par M. GUIZOT.

« deux jours de suite avec les égards que j'ai mérités
« d'elle...

« Je ne prendrai pas la peine de m'arrêter à quan-
« tité de petites négligences, comme le soin qu'elle
« prend d'éviter ma compagnie, si bien que, lors-
« que j'ai à lui parler de quelque chose, il faut que
« je m'adresse d'abord à ses domestiques, autrement
« je suis assuré d'avoir un refus; son peu d'appli-
« cation à l'anglois et d'égards pour la nation en
« général. Je passerai de même sous silence l'affront
« qu'elle me fit avant que j'allasse à cette dernière
« et malheureuse assemblée du parlement; on n'en
« a déjà que trop discouru, et vous en avez l'auteur
« sous vos yeux en France... Après avoir donc sup-
« porté si long-temps avec patience les chagrins que
« je reçois de ce qui devoit faire ma plus grande
« consolation, je ne saurois plus souffrir autour de
« ma femme ceux qui sont la cause de sa mauvaise
« humeur, et qui l'animent contre moi; je devrois
« les éloigner, quand ce ne seroit que pour une
« seule chose, pour l'avoir engagée à aller en dé-
« votion à Tiburn [1]. »

[1] Ce document, trouvé avec les lettres de la reine et du roi dans la cassette de Charles, perdue sur le champ de bataille de Naseby, est évidemment falsifié. On ne conçoit pas d'abord comment un document semblable a été conservé par Charles depuis l'année 1626 jusqu'à l'année 1645 parmi des papiers récents et une correspondance toute relative à la guerre civile. Ensuite ces paroles, *je passerai sous silence l'affront qu'elle me fit avant que j'allasse à cette dernière et malheureuse assemblée du parlement*, si elles signifient quelque chose, présentent un grossier anachronisme. Henriette-Marie débarqua à Douvres le 11 juin 1625; le roi Charles, nouvellement parvenu au trône, ouvrit son premier parle-

On ne peut donc attribuer la mésintelligence de Charles et d'Henriette qu'à une sorte d'incompatibilité d'humeur entre les deux époux. Si le temps et l'adversité l'affoiblirent, la vie de Charles ne fut pas assez longue pour la faire entièrement disparoître. Charles avoit quelque chose de doux, de facile et d'affectueux dans le caractère; sa femme étoit plus impérieuse, et l'on s'apercevoit qu'elle avoit un certain mépris pour la foiblesse de Charles. La reine étoit charmante : quoiqu'elle fût née d'un sang et dans une cour qui n'abondoit pas en austères vertus, les républicains même n'osèrent calomnier ses mœurs. Nous avons des portraits d'elle laissés par lord Kensington, par Ellis et Howell. Un des historiens françois de sa vie nous la dépeint ainsi au moment de son mariage : « Elle n'avoit pas « encore seize ans. Sa taille étoit médiocre, mais

---

ment le 18 du même mois, et en prononça la dissolution le 12 août. Il convoqua un second parlement en 1626; et ce parlement orageux, à cause de l'accusation de Buckingham, fut cassé au mois de juin de cette même année. Charles *n'alla point à cette dernière et malheureuse assemblée du parlement.* Il est évident que les faussaires, ne faisant point attention aux dates, ont voulu parler du long parlement où Charles se transporta en effet le 4 janvier 1642, pour faire arrêter six membres de la chambre des communes, lesquels avoient été avertis des projets du roi par la trahison de la comtesse de Carlisle, jadis maîtresse de Strafford, ensuite attachée à Pym et favorite de la reine. Enfin le roi parle dans ce document des dévotions de la reine à Tiburn : l'esprit de fanatisme accusoit Henriette-Marie d'être allée prier devant la potence à laquelle avoient été pendus quelques prêtres catholiques. Or il est démontré par les pièces diplomatiques angloises que cette imputation étoit dénuée de tout fondement. Charles ne pouvoit pas écrire ce que son gouvernement même ne croyoit pas.

« bien proportionnée. Elle avoit le teint parfaitement
« beau, le visage long, les yeux grands, noirs, doux,
« vifs et brillants, les cheveux noirs, les dents belles,
« la bouche, le nez et le front grands, mais bien
« faits, l'air fort spirituel, une extrême délicatesse
« dans les traits, et quelque chose de noble et de
« grand dans toute sa personne. C'étoit, de toutes les
« princesses ses sœurs, celle qui ressembloit le plus
« à Henri IV son père : elle avoit comme lui le cœur
« élevé, magnanime, intrépide, rempli de tendresse
« et de charité, l'esprit doux et agréable, entrant
« dans les douleurs d'autrui et compatissant aux
« peines de tout le monde. »

Les historiens anglois la représentent petite et
brune, mais remarquable par la beauté de ses traits
et l'élégance de ses manières.

Charles aimoit Henriette avec passion : il ne paroît pas qu'elle éprouvât pour lui le même degré
de tendresse; et pourtant tandis qu'il ne lui témoignoit aucune inquiétude, c'étoit elle qui se plaignoit et qui sembloit un peu jalouse. Dans les lettres
de Charles, imprimées par ordre du parlement,
respire le sentiment le plus touchant d'amour pour
Henriette.

Le 13 février 1643, il lui mande : « Je n'avois
« pas éprouvé jusqu'ici combien il est quelquefois
« heureux d'ignorer, car je n'ai appris le danger
« que tu as couru en mer par la violence de la tem-
« pête, que lorsque j'avois déjà la certitude que tu
« en étois heureusement échappée... L'effroi que m'a
« causé ce danger ne se calmera pas jusqu'à ce que

« j'aie eu le bonheur de te voir, car ce n'est pas à
« mes yeux la moindre de mes infortunes que tu
« aies couru pour moi un si grand péril, et tu m'as
« témoigné en ceci tant d'affection, qu'il n'y a chose
« au monde qui me puisse jamais acquitter, et des
« paroles beaucoup moins que toute autre chose;
« mais mon cœur est si rempli de tendresse pour
« toi et d'une impatience passionnée de reconnois-
« sance envers toi, que je n'ai pu m'empêcher de
« t'en dire quelques mots, laissant à ton noble cœur
« le soin de deviner le reste [1]. »

Il lui écrit d'Oxford, le 2 janvier 1645 : « En dé-
« chiffrant la lettre qui arriva hier, je fus bien sur-
« pris d'y trouver que tu te plains de ma négligence
« à t'écrire... Je n'ai jamais manqué aucune occasion
« de te donner de mes nouvelles... Si tu n'as point la
« patience de t'interdire un jugement défavorable
« sur mes actions jusqu'à ce que je t'en aie marqué
« les véritables motifs, tu cours souvent risque d'a-
« voir le double chagrin d'être attristée par de faux
« rapports et d'y avoir cru trop vite. Ne m'estime
« qu'autant que tu me verras suivre les principes
« que tu me connois. »

Charles lui écrit du même lieu, le 9 avril de la
même année : « Je te gronderois un peu, si je pou-
« vois te gronder, sur ce que tu prends trop tôt
« l'alarme. Songe, je te prie, puisque je t'aime plus
« que toute autre chose au monde, et que ma satis-
« faction est inséparablement unie avec la tienne, si

[1] *Note* des *Mémoires de Ludlow*, collect. Guiz.

« toutes mes actions ne doivent avoir pour but de
« te servir et de te plaire... L'habitude de ta société
« m'a rendu difficile à contenter; mais ce n'est pas
« une raison pour que tu m'en plaignes moins, toi
« le seul remède à cette maladie. Le but de tout
« ceci est de te prier de me consoler par tes lettres
« le plus souvent qu'il te sera possible. Et ne crois-
« tu pas que les détails de ta santé soient des sujets
« agréables pour moi, quand même tu n'aurois pas
« autre chose à m'écrire ? N'en doute pas, ma chère
« âme, ta tendresse est aussi nécessaire à la conso-
« lation de mon cœur que ton secours à mes af-
« faires. »

Lorsqu'on songe que Charles épanchoit ainsi son cœur au milieu des horreurs de la guerre civile, au moment de tomber entre les mains de ses ennemis, on est profondément attendri.

La reine, un an auparavant, lui écrivoit d'York, le 30 mars, ces paroles un peu rudes : « Souvenez-
« vous de ce que je vous ai écrit dans mes trois
« dernières lettres, et ayez plus de soin de moi que
« vous n'en avez eu jusqu'ici, ou faites semblant du
« moins d'en prendre davantage, afin qu'on ne s'a-
« perçoive pas de votre négligence à mon égard. »

Charles crut devoir déclarer, en mourant, à sa jeune fille, la princesse Élisabeth, qu'*il avoit toujours été fidèle* à la reine, et la lettre d'adieux qu'il écrivit à celle-ci se terminoit par ces mots : « Je
« meurs satisfait, puisque mes enfants sont auprès
« de vous. Votre vertu et votre tendresse me répon-
« dent du soin que vous aurez de leur conduite. Je

« ne puis vous laisser des gages plus chers et plus
« précieux de mon amour. Je bénis le ciel de faire
« tomber sa colère sur moi seul. Mon cœur est plein
« pour vous de la même tendresse que vous y avez
« toujours vue. Je vais mourir sans crainte, me sen-
« tant fortifié par le souvenir de la fermeté d'âme
« que vous m'avez fait paroître dans nos périls
« communs. Adieu, madame, soyez persuadée que
« jusqu'au dernier moment de ma vie je ne ferai
« rien qui soit indigne de l'honneur que j'ai d'être
« votre époux[1]. »

Cette dernière lettre de Charles, qui n'est pas assez connue, montre que ses sentiments intimes étoient aussi nobles, et peut-être encore plus touchants que ceux qu'il fit éclater sur l'échafaud.

On peut reprocher à Henriette-Marie du penchant à l'intrigue, penchant qu'elle tenoit du sang des Médicis; elle se livra aussi à des moines sans prudence, et à des favorites qui la trahirent. Elle avoit le courage du sang; le courage politique lui manquoit quelquefois; et quand les orages populaires grondoient, quoique femme de tête et de cœur, elle donnoit des conseils pusillanimes. Bienfaisante et magnanime, elle fit souvent accorder la liberté et la vie à ses ennemis. Elle ne vouloit pas même connoître le nom de ses calomniateurs. « Si
« ces personnes me haïssent, disoit-elle, leur haine
« ne durera peut-être pas toujours, et s'il leur reste
« quelque sentiment d'honneur, ils auront honte de
« tourmenter une femme qui prend si peu de pré-

[1] *Vie de Henriette-Marie.*

« caution pour se défendre. » Les infortunes d'Henriette-Marie avoient été, pour ainsi dire, prédites par François de Sales, qui reste à notre histoire au triple titre de saint, d'homme illustre et d'ami de Henri IV.

Quoi qu'il en soit des altercations religieuses et domestiques qui troublèrent la paix intérieure de Charles et d'Henriette; quoi qu'il en soit des causes qui amenèrent la liaison, jusqu'à présent inexplicable, de la reine et des premiers parlementaires, quand les malheurs de Charles éclatèrent, la fille du Béarnois retrouva comme lui dans la guerre civile le courage et la vertu.

Lorsqu'en 1625 elle alla recevoir la couronne de la Grande-Bretagne, la reine Marie de Médicis sa mère, la reine Anne d'Autriche sa belle-sœur, l'accompagnèrent jusqu'à Amiens. Toutes les villes sur son passage lui rendoient des honneurs extraordinaires : par une pompe digne de la royauté chrétienne, *les prisons étoient ouvertes à son arrivée, et elle voyoit devant elle une infinité de malheureux qui la remercioient de leur liberté et la combloient de bénédictions*[1]. Les trois reines se quittèrent à Amiens. Vingt vaisseaux qui attendoient Henriette de France à Boulogne la transportèrent à Douvres : elle y fut reçue au bruit de l'artillerie et aux acclamations du peuple. Il y eut des combats à la barrière, des jeux et des courses de bagues.

Quand la reine d'Angleterre revint en France, en 1644, elle y rentra en fugitive; les prisons ne

[1] *Vie de Henriette-Marie.*

s'ouvroient plus par le charme de son sceptre; elle se déroboit elle-même aux prisons. Voyageant d'un royaume à l'autre, échappant à des tempêtes pour arriver à des combats, quittant des combats pour retrouver des tempêtes, Henriette étoit saisie par la fatalité qui poursuivoit les Stuarts. On vit cette courageuse femme, canonnée jusque dans la maison qui lui servoit d'abri contre les flots, obligée de passer la nuit dans un fossé où les boulets la couvroient de terre. Une autre fois, le vaisseau qui la portoit étant près de périr, elle dit aux matelots ce mot qui rappelle celui de César : « Une reine ne se noie pas. »

Libre d'esprit au milieu de tous les dangers, elle écrivoit au roi, de Newark, le 27 juin 1643 : « Tout ce qu'il y avoit actuellement de troupes à « Nottingham s'est rendu à Leicester et à Derby, ce « qui nous fait croire qu'elles ont dessein de nous « couper le passage... J'emmène avec moi trois mille « hommes d'infanterie, trente compagnies de cava- « lerie ou de dragons, six pièces d'artillerie et deux « mortiers. Henri Germyn, en qualité de colonel de « mes gardes, commande toutes ces forces; il a sous « lui sir Alexandre Lesley qui commande l'infante- « rie, Gérard la cavalerie, et Robert Legg l'artil- « lerie; Sa Majesté est madame la généralissime, « pleine d'ardeur et d'activité; et en cas que l'on en « vienne à une bataille, j'aurai à commander cent « cinquante chariots de bagages [1]. »

---

[1] *Note* des *Mémoires de Ludlow*, collect. GUIZ.

Après de nouveaux revers, privée de presque toute assistance dans la petite ville d'Exeter que le comte d'Essex se préparoit à assiéger, elle mit au monde, le 16 juin 1644, sa dernière fille.

A peine accouchée, elle fut forcée de fuir de nouveau, n'ayant pour tout aide que son confesseur, un gentilhomme et une de ses femmes, *qui avoient de la peine à la soutenir à cause de son extrême foiblesse.* Elle avoit été obligée d'abandonner à Exeter sa fille nouvellement née : c'étoit cette princesse prisonnière dix-sept jours après sa naissance, cette princesse frappée par la mort à Saint-Cloud dans toute la fleur de la beauté et de la jeunesse, cette duchesse d'Orléans, cette seconde Henriette que la gloire de Bossuet devoit atteindre comme la première.

Une cabane déserte, à l'entrée d'un bois, s'offrit à la fuite d'Henriette-Marie. Elle y demeura cachée pendant deux jours. Elle entendit défiler les troupes du comte d'Essex qui parloient de porter à Londres *la tête de la reine,* laquelle tête avoit été mise à prix pour une somme de 6,000 liv. sterl.

Henriette, arrivée à Plymouth à travers mille périls, s'embarque pour l'île de Jersey : l'amiral Batty la poursuit. Alors, comme la femme de saint Louis, elle fait promettre à un capitaine de la tuer et de la jeter dans la mer avant qu'elle tombât aux mains de ces infidèles d'une nouvelle sorte. Elle aborde avec quelques matelots parmi des rochers sur la côte de la Basse-Bretagne; les paysans, prenant ces étrangers pour des pirates, s'arment contre eux ; Henriette-Marie se fait reconnoître, part pour Paris, arrive au Louvre et tombe dans de nouveaux malheurs.

Outragée par des libelles jusque sur le continent, elle tomboit des mains de la populace féroce de Londres dans celles de la populace insolente de Paris. Ballottée entre deux guerres civiles, sur les bords de la Tamise elle rencontre les crimes sérieux des révolutions, sur les rivages de la Seine les pasquinades sanglantes de la Fronde; là le drame de la liberté, ici sa parodie. Les bouchers et les boulangers d'Angleterre veulent tuer Henriette-Marie dans le palais des Stuarts; les bouchers et les boulangers de France lui refusent des aliments dans le palais des Bourbons, oubliant que leurs pères avoient été nourris par celui dont ils dédaignoient de nourrir la fille.

« Cinq ou six jours avant que le roi sortît de Paris, « dit le cardinal de Retz, j'allai chez la reine d'An- « gleterre, que je trouvai dans la chambre de Made- « moiselle, sa fille, qui a été depuis madame d'Or- « léans. Elle me dit d'abord : Vous voyez, je viens « tenir compagnie à Henriette; la pauvre enfant n'a « pu se lever aujourd'hui faute de feu... La postérité « aura peine à croire qu'une petite-fille d'Henri-le- « Grand ait manqué d'un fagot pour se lever au mois « de janvier dans le Louvre et sous les yeux d'une « cour de France. »

Elle étoit souvent obligée de se promener des après-dînées entières dans les galeries du Louvre pour s'échauffer... Elle appréhendoit non-seulement les insultes du peuple de Paris, mais la dureté de ses créanciers.... Les Parisiens ne la pouvoient souffrir, et un jour que le roi Charles II, son fils, se promenoit sur une terrasse qui donnoit du côté de la rivière, quelques mariniers lui firent des menaces, ce qui l'obligea de se retirer de peur de les aigrir davantage par sa présence[1].

Triste et extraordinaire complication et ressemblance de destinée ! Henriette-Marie, en 1639, avoit reçu à Whitehall sa mère exilée, Marie de Médicis. Les habitants de Londres, déjà soulevés contre la reine d'Angleterre, se portèrent à des excès contre l'ancienne reine de France. La fille de Henri IV, qui se défendoit à peine contre la haine publique, fut obligée de demander une garde pour protéger la veuve de Henri IV : et Anne d'Autriche fut impuissante, à son tour, dans Paris, pour mettre à l'abri la sœur fugitive de Louis XIII et la tante de Louis-le-Grand.

Une fausse nouvelle parvint d'abord à la reine d'Angleterre sur la catastrophe du 30 janvier 1649 : le bruit courut que Charles Ier avoit été délivré sur l'échafaud par le peuple ; mais la lettre d'adieu de l'infortuné monarque, qui fut remise à Henriette le 9 février, dans le couvent des Carmélites à Paris, la tira d'erreur ; elle s'évanouit. Le lendemain, madame de Motteville la vint complimenter de la part de la reine régente. Le malheur donnoit le droit à la reine d'Angleterre de faire des leçons : elle chargea

---

[1] *Vie de Henriette-Marie.*

madame de Motteville de dire à Anne d'Autriche
« que le roi son seigneur (Charles Ier) ne s'étoit
« perdu que pour n'avoir jamais su la vérité... que
« le plus grand des maux qui pouvoient arriver aux
« rois, et celui qui seul dévoroit leurs empires,
« étoit d'ignorer la vérité. »

Cette insistance d'Henriette n'expliqueroit-elle
pas son premier penchant pour les parlementaires,
et son antipathie pour Strafford, dont elle trouvoit
peut-être l'esprit trop absolu? Elle ajouta dans cette
conversation « qu'il falloit prendre garde à irriter
« les peuples. » Si Charles Ier ne s'étoit perdu que
pour n'avoir pas connu la vérité, au dire de la
reine, cette reine ne partageoit donc pas l'entêtement du roi sur l'étendue de la prérogative? Elle
aimoit les parlements : lorsqu'elle songea à quitter
l'Angleterre avec Marie de Médicis sa mère, les
deux chambres lui présentèrent une humble pétition pour la supplier de ne pas s'éloigner. Henriette
répondit en anglois par un gracieux discours qu'elle
resteroit, et qu'il n'y avoit point de sacrifice que le
peuple ne pût attendre d'elle [1].

Après la mort de son mari, elle se donna le surnom de *reine malheureuse*, et elle porta le deuil
toute sa vie.

L'épreuve la plus rude que cette reine eut à soutenir fut de solliciter un douaire de veuve auprès
de l'homme qui l'avoit faite veuve : Cromwell répondit au cardinal Mazarin qu'Henriette de France

---

[1] *Journaux du P.*, iv, 314.

n'avoit jamais été reconnue reine d'Angleterre. Cette réponse sauvage, qui transformoit en concubine d'un prince étranger la fille d'un de nos plus grands rois, étonne moins que la demande même de cette petite fille de Jeanne d'Albret. Lorsque Henriette apprit ce refus, elle dit noblement : « Ce n'est pas à moi, « c'est à la France que cet outrage s'adresse. » Telle étoit, en effet, l'abjection où la politique d'un ministre sans honneur avoit alors réduit notre patrie. Mazarin étoit descendu jusqu'à se faire l'espion de Cromwell auprès de la famille royale exilée : ce fait résulte d'une lettre de Cromwell, qui n'étoit lui-même qu'un grand espion couronné et armé.

Quelque temps auparavant, Henriette-Marie avoit été forcée de demander au parlement de Paris ce qu'elle appeloit une *aumône*.

Retirée à Chaillot, chez des sœurs de la Visitation établies dans une maison bâtie par Catherine de Médicis, Henriette devint bigote : il est assez curieux de lire que Port-Royal lui avoit offert de l'argent et un asile. Dans les histoires de sa vie, tristes sont ces petits contes de religieux et de religieuses, ces conseils de nonnes qui parlent des plus grands événements dont elles entendent à peine le bruit, qui jugent du fond de leurs cellules les choses de la politique, et qui, immobiles dans leurs saints déserts, ne s'aperçoivent pas même que le monde marche et passe au pied des murs de leur cloître. Henriette-Marie essaya de rendre ses enfants à l'église romaine. Charles II, indifférent à tout principe, préféra sa couronne à sa foi : il ne se fit catholique qu'en mourant, lorsqu'il n'avoit plus rien à perdre des biens de la terre. Le duc de Glocester et la princesse d'Orange restèrent zélés protestants; le duc d'York seul (Jacques II) reçut des impressions qui le devoient ramener un jour à Paris, pour y mourir dépouillé comme sa mère. La princesse Henriette, depuis duchesse d'Orléans, fut élevée dans la religion romaine.

A la restauration de Charles II, la veuve de Charles Ier passa en Angleterre et ne put se résoudre à y demeurer. Elle ne connoissoit plus personne; elle alloit pleurant dans les palais de Whitehall, de Saint-James et de Windsor, poursuivie qu'elle étoit par quelques souvenirs. Après avoir vu mourir deux de ses enfants (la princesse d'Orange, veuve de vingt-six ans, et le duc de Glocester) elle s'embarqua avec sa fille Henriette, pour revenir en France. Son vaisseau échoua; Henriette fut saisie d'une rougeole dangereuse, et resta, soignée par sa mère, un mois entier à bord du vaisseau. La compagne éprouvée de l'infortuné Charles maria Henriette au duc d'Orléans, et reçut à Chaillot le bref de la béatification de saint François de Sales : dernières grandeurs de la terre et du ciel qui la visitèrent dans la solitude.

Vers l'an 1663, Henriette-Marie fit un dernier voyage à Londres. Enfin, rentrée pour toujours dans sa patrie, elle tomba malade à Sainte-Colombe, petite maison de campagne située à peu de distance de la Seine. Un grain d'opium qu'elle prit la plongea dans un sommeil dont elle ne se réveilla plus. Elle expira vers minuit, le 10 septembre 1669. Un historien a dit qu'*elle avoit fait un saint usage de ses maux*. Bien que son corps fut porté à Saint-Denis et son cœur à la Visitation de Chaillot, elle seroit morte oubliée, si Bossuet ne s'étoit emparé de ce grand débris de la fortune pour le façonner à la manière de son génie.

Le grand orateur, en envoyant l'oraison funèbre de la reine d'Angleterre et de madame Henriette à l'abbé de Rancé, lui écrivoit : « J'ai laissé ordre de « vous faire passer deux oraisons funèbres qui, « parce qu'elles font voir le néant du monde, peu- « vent avoir place parmi les livres d'un solitaire, et « qu'en tout cas il peut regarder comme deux têtes « de mort assez touchantes. »

DE L'OUVERTURE
DU LONG PARLEMENT

AU COMMENCEMENT DE LA GUERRE CIVILE.

De 1640 à 1647.

———

Ce fut donc par l'avis de la reine que Charles Ier annonça au conseil des pairs réunis à York la convocation d'un parlement.

Pour ne s'occuper que des affaires intérieures, il se falloit débarrasser des Écossois. En vain Strafford s'opposa au traité déshonorant que l'on conclut avec eux; en vain il montra, par une action hardie, combien il étoit facile de les vaincre; le roi n'écouta rien; et se hâta de revenir à Londres. Le quatrième parlement avoit été dissous le 5 mai 1640, et le 3. novembre de la même année s'ouvrit cette cinquième assemblée, si fameuse dans l'histoire sous le nom du *long parlement*.

Charles avoit passé douze années sans appeler les communes; il s'étoit hâté, après ce laps de temps, de les disperser de nouveau; on ne s'étonne donc pas de voir, par une réaction naturelle, les communes irritées établir le bill des parlements triennaux, enlever au roi le pouvoir de proroger ces parlements et de les dissoudre; par ce seul acte, la monarchie constitutionnelle étoit changée en une démocratie royale. Le monarque qui avoit tant combattu pour la *prérogative*, lorsqu'elle n'étoit pas virtuellement attaquée, l'abandonna au moment même où on lui porta les plus rudes coups.

Désespérant d'être utile à un prince si foible, Strafford avoit voulu se retirer du ministère; Charles retint le conseiller fidèle qui, ne le pouvant plus servir, se dévoua.

Un dessein tout-à-fait digne du caractère déterminé de Strafford avoit été conçu : le ministre vouloit dénoncer au parlement même les membres de ce parlement qui avoient appelé l'armée écossoise en Angleterre. Les preuves de l'appel existoient; mais ceux que Strafford prétendoit accabler le devancèrent. Pym présenta, au nom des communes, à la barre de la chambre des pairs, une accusation de haute trahison contre Strafford, qui fut immédiatement saisi et envoyé à la Tour.

Charles alors, croyant adoucir les communes, consentit à tout ce qu'elles voulurent entreprendre contre l'autorité de la couronne; mais en renonçant, comme on vient de le dire, au pouvoir de dissoudre le parlement, il se priva du moyen le plus sûr de sauver son ami.

Les chefs du parti étoient, dans la chambre des lords, le duc de Bedford, lord Say, lord Mandeville et le comte d'Essex.

Le duc de Bedford jouissoit d'un revenu immense, qui provenoit en grande partie des confiscations dont la couronne avoit doté sa famille. Il avoit ce commun bon sens que le vulgaire prend pour de la sagesse : orgueilleux d'une richesse de mauvaise origine, et d'une raison suffisante pour vaquer aux intérêts ordinaires de la vie, regardant les bienfaits des cours, non comme une faveur, mais comme un tribut payé à sa puissance, Bedford, si zélé pour le régime légal, et dont les biens étoient les iniques présents de l'arbitraire, se réservoit, au jour du malheur, le droit d'être ingrat.

Lord Say, violent puritain, n'avoit qu'une fortune médiocre. Son ambition étoit démesurée, son esprit fin, son caractère réservé : les royalistes n'avoient pas d'ennemi plus dangereux.

Sans talents réels, avec de l'urbanité et quelque chose de sincère, lord Mandeville gagna l'affection et la confiance des communes.

Quant au comte d'Essex, dupé des chefs populaires qui flattoient sa vanité, c'étoit un de ces hommes à l'esprit étroit et faux, pour qui l'expérience est nulle; un de ces hommes qui voient le bonheur de l'espèce dans le malheur de l'individu, toujours prêts à recommencer les mêmes fautes, toujours s'ébahissant de ce qui arrive; personnages qui sont les niais d'un parti, comme d'autres en sont les trafiquants ou les héros.

Dans la chambre des communes, Pym étoit chargé de toutes les propositions de lois; il n'avoit d'autre talent que celui des affaires, auxquelles il sembloit donner du poids par une parole lourde et un ton dogmatique; il ne manquoit pas de conscience, et son jugement étoit droit. Il ne désiroit qu'une amélioration dans le gouvernement : chef des réformateurs à la naissance des troubles, il se trouva loin derrière eux quand la révolution eut fait des progrès.

Hampden vint à point pour aider au renversement d'un empire : passé tout à coup d'une vie dissipée aux mœurs les plus sévères, cachant sous les dehors de l'affabilité des desseins vastes, il est probable qu'il conçut l'idée d'une république, quand on ne songeoit encore qu'aux priviléges parlementaires.

Hampden prenoit une partie de sa force dans la flexibilité de ses talents : son éloquence et son esprit étoient à volonté concis ou diffus, clairs ou embarrassés, et cette obscurité, dont il étoit le maître, lui donnoit plus de puissance en le rattachant aux défauts de son siècle. Tantôt il résumoit les débats du parlement avec une précision admirable, quand ces débats menoient au triomphe de son opinion; tantôt il embrouilloit la question de manière à la faire ajourner, si elle paroissoit se résoudre contre son avis. Poli et modeste avec art, paroissant se défier de son jugement et céder à celui d'autrui, il finissoit toujours par emporter ce qu'il désiroit. Intrépide à l'armée, profond dans la connoissance des hommes, lui seul devina Cromwell, alors que la foule n'apercevoit encore rien dans ce destructeur du trône des Stuarts. Sylla pénétra de même l'âme de César : les aigles voient de loin et de haut. On a cru pourtant qu'Hampden fut tenté par la proposition à lui faite d'être gouverneur du prince

LE LONG PARLEMENT. 189

de Galles, s'il vouloit, avec Pym et Hollis, s'engager à sauver Strafford [1].

Sombre, vindicatif, implacable, Saint-John formoit, avec Pym et Hampden, le triumvirat qui dominoit la nation. Ces trois hommes se servoient encore du fanatisme de Fiennes et des talents de sir Henry Vane.

Celui-ci joignoit à une dissimulation profonde un esprit prompt et une parole mordante : dans la laideur bizarre de sa physionomie on croyoit lire des destinées extraordinaires. Emporté par une imagination inquiète et ardente, libertin à Londres, puritain à Genève, séditieux à Boston, Vane excitoit partout des troubles; il enflammoit les esprits pour des principes dont il se jouoit. Après avoir traîné une vie d'aventures sur tous les rivages, il revint dans son pays où la révolution sembloit attirer et demander son fatal génie.

Strafford ayant été mis en accusation, le parlement crut qu'il étoit temps de recourir aux grandes mesures populaires. On fit sortir des prisons et promener en triomphe trois écrivains condamnés pour des libelles. Dans les temps de troubles, la licence de la presse est souvent confondue avec la liberté de la presse, et l'on se sert ensuite de la crainte qu'inspire la première pour enchaîner la seconde : Milton prit la plume en faveur de celle-ci. On trouve pour la première fois le grand nom de l'Homère anglois confondu parmi ceux des pam-

[1] Whitelocke.

phlétaires du temps, comme on lit le nom d'Olivier Cromwell sur la liste des colonels ou des capitaines de cavalerie de l'armée parlementaire.

Des pétitions étoient colportées de maison en maison, et revêtues de la signature d'honnêtes citoyens dont la bonne foi étoit surprise. Quiconque, à la chambre basse, se montroit modéré perdoit son siége : on trouvoit cent causes de nullité à son élection; et quiconque entroit violemment dans les idées du jour restoit député, sa nomination fût-elle entachée de tous les vices. Le pouvoir passé entièrement aux communes, il fut aisé de prévoir la mort de Strafford.

Cet homme n'eut qu'un défaut, et ce défaut le perdit : il méprisoit trop les conseils et les obstacles. Fait par la nature pour commander, la moindre contradiction lui étoit insupportable. L'empire appartient sans doute aux talents, la souveraineté réside dans le génie; mais c'est un malheur quand le sentiment d'une supériorité incontestable est révélé à celui qui la possède dans une seconde place, alors qu'il lui est impossible d'atteindre à la première. Ce qui seroit grandeur et puissance légitime au plus haut degré de l'ordre social, devient, un degré plus bas, orgueil et tyrannie.

Amené devant la chambre des pairs, Strafford sans assistance, sans préparation, sans connoître même les accusations dont il étoit chargé, luttant seul contre la foiblesse du roi, la fougue des communes, le torrent de l'inimitié populaire, Strafford se défendoit avec tant de présence d'esprit, que ses juges n'osèrent d'abord prononcer la sentence.

Toutes les paroles de l'illustre infortuné furent calmes, dignes, pathétiques et modestes. Son discours, qui nous est resté, n'est point souillé du jargon de l'époque. Strafford, dans son adversité, se montra aussi supérieur aux Pym et aux Fiennes par la beauté du génie que par la grandeur de l'âme. La conclusion de sa défense, citée partout, arracha des pleurs à ses ennemis.

« Milords, j'ai retenu ici vos seigneuries beau-
« coup plus long-temps que je ne l'aurois dû; je
« serois inexcusable si je n'avois parlé pour l'inté-
« rêt de ces gages qu'une sainte, maintenant dans le
« ciel, m'a laissés (il montroit ses enfants, et ses
« pleurs l'interrompirent); ce que je perds moi-même
« n'est rien; mais, je l'avoue, ce que mes indiscré-
« tions vont faire perdre à mes enfants m'affecte
« profondément : je vous prie de me pardonner cette
« foiblesse. J'aurois voulu dire quelque chose de
« plus, mais j'en suis incapable à présent : ainsi je
« me tairai...

« Et maintenant, milords, je remercie Dieu de
« m'avoir instruit, par sa grâce, de l'extrême vanité
« des biens de la terre, comparés à l'importance de
« notre salut éternel. En toute humilité et en toute
« paix d'esprit, milords, je me soumets à votre sen-
« tence. Que cet équitable jugement soit pour la vie
« ou pour la mort, je me reposerai plein de grati-
« tude et d'amour dans les bras du grand Auteur
« de mon existence. »

Socrate fut moins soumis : il accusa ses juges à

la fin de son apologie. « Il est temps, leur dit-il, « que je me retire, vous, *pour vivre*, moi, pour « mourir. »

Ce ne fut qu'à force de menaces que l'on parvint à faire condamner Strafford dans la chambre des pairs : malgré ces violences, dix-neuf voix sur quarante-six l'osèrent encore absoudre.

L'accusé, dans sa défense, avoit surtout foudroyé Pym, l'accusateur, réduit à balbutier une misérable réplique. L'animosité des communes contre Strafford n'étoit peut-être si grande que parce que le noble pair avoit fait partie de la chambre populaire, et qu'il s'étoit montré lui-même ardent adversaire de la couronne. Les chefs plébéiens le regardoient comme un déserteur. L'envie s'attachoit aussi à l'élévation du ministre de Charles : le mérite oublié plaît; récompensé, il offusque.

Enfin, il faut dire encore que les partis ont un merveilleux instinct pour découvrir et pour perdre les hommes de taille à les combattre. Dans les grandes révolutions, le talent qui heurte de front ces révolutions est écrasé; le talent qui les suit peut seul s'en rendre maître : il les domine, lorsque ayant épuisé leurs forces, elles n'ont plus pour elles le poids des masses et l'énergie des premiers mouvements. Mais cette sorte de talent complice appartient à des personnages plus grands par la tête que par le cœur, car ils sont long-temps obligés de se cacher dans le crime pour s'emparer de la puissance.

Charles dans son palais, tremblant pour les jours

de la reine, nomma une commission chargée de ratifier *tous* les bills portés à la sanction royale. Parmi ces bills se trouvoit celui qui condamnoit Strafford : dernière et misérable foiblesse d'un prince qui cherchôit à couvrir son ingratitude à ses propres yeux, en comprenant dans un acte *général* de l'autorité suprême l'acte *particulier* qui donnoit la mort à un ami! On sait que le monarque fut déterminé à permettre l'exécution de la sentence par la chose même qui l'auroit dû affermir dans la résolution de s'y opposer. Le magnanime Strafford écrivit une lettre à Charles pour dégager la conscience de son roi, et lui donner la permission de le faire mourir.

« Ma vie, lui mandoit-il, ne vaut pas les soins
« que Votre Majesté prend pour me la conserver :
« je vous la donne avec empressement en échange
« des bontés dont vous m'avez comblé, et comme
« un gage de réconciliation entre vous et votre peu-
« ple. Jetez seulement un regard de compassion sur
« mon pauvre fils et sur ses trois sœurs. »

De tous les conseillers de la couronne, Juxon, évêque de Londres, eut seul le courage de dire au roi qu'il ne devoit pas souscrire à la condamnation, s'il ne trouvoit pas Strafford coupable. Exemple frappant de la justice divine! ce fut ce même Juxon, cet équitable et courageux prélat, qui assista Charles Ier à l'échafaud.

Lorsque Strafford apprit que son supplice avoit été autorisé, il se leva avec étonnement de son siége, et s'écria dans le langage de l'Écriture : « Ne

« mettez point votre confiance dans la parole des « princes ni dans les enfants des hommes. » Strafford avoit-il cru au courage du roi ? un reste d'amour de la vie s'étoit-il caché au fond du cœur d'un grand homme ?

Charles n'apaisa point les esprits en laissant verser le sang de son ministre : une lâcheté n'a jamais sauvé personne. Les princes de la terre, que des fautes ou des crimes exposent souvent à perdre la couronne, feroient mieux de la compromettre quelquefois pour des causes saintes.

Au surplus l'infortuné Stuart ne cessa de se reprocher sa foiblesse : condamné à son tour, il déclara que sa mort étoit un juste talion de celle de Strafford. Cette confession publique, prononcée à haute voix sur l'échafaud, est une des plus hautes leçons de l'histoire : la postérité n'a pas absous l'ami, mais elle a pardonné au monarque en faveur de la sincérité du repentir et de la grandeur de l'expiation.

Strafford s'étoit certainement rendu coupable d'actes arbitraires en Irlande; mais l'Irlande avoit été gouvernée de tout temps par l'autorité militaire et par des lois exceptionnelles. D'ailleurs les limites des priviléges de la couronne et des droits du parlement étoient encore si confuses, que l'on se pouvoit ranger du côté d'un de ces deux pouvoirs d'après des antécédents d'une égale autorité. Cinquante ans plus tard, Strafford eût été sévèrement mais justement condamné; à l'époque de l'arrêt prononcé sur lui, les lois qu'on lui appliqua étoient ou non faites, ou contestées, ou détruites par d'autres lois. Le bill d'*attainder* renferma implicitement le délit et la peine; la sentence fut à la fois un jugement et une loi, laquelle loi avoit un effet rétroactif : il y eut donc violence et iniquité.

Strafford se prépara au supplice avec le plus grand calme[1]. Le 23 mai 1641, au matin, on le conduisit au lieu de l'exécution : en passant au pied de la tour où l'archevêque Laud, accusé comme lui, étoit renfermé, il éleva la voix et pria le prélat de le bénir. Le vieillard parut à la fenêtre; ses cheveux étoient blancs; des larmes baignoient son visage; deux ecclésiastiques le soutenoient. Strafford se mit à genoux : Laud passa ses mains à travers les barreaux; il essaya de donner une bénédiction que l'âge, l'infortune et la douleur ne lui permirent pas d'achever; il défaillit dans les bras de ses deux assistants.

Strafford se releva, prit la route de l'échafaud où le vieil évêque le devoit suivre. Le ministre de Charles marcha au supplice d'un air serein, au milieu des insultes de la populace. Avant de poser le front sur le billot, il prononça ces paroles : « Je « crains qu'une révolution qui commence par verser le sang ne finisse par les plus grandes calamités et ne rende malheureux ceux qui l'entreprennent. » Il livra sa tête et passa à l'éternité (1641).

La révolution précipite son cours; le roi part pour l'Écosse; la conspiration irlandoise éclate et

[1] J'invite à lire, dans la collection des lettres de Strafford, la lettre qu'il écrivit à son fils avant d'aller à l'échafaud.

est suivie d'un des plus horribles massacres dont il soit fait mention dans l'histoire; les chefs du parti puritain saisissent cette occasion pour hâter la marche des événements. Charles revient de l'Écosse; le parlement lui présente des remontrances séditieuses et fait emprisonner les évêques.

Irrité de tant d'affronts, le roi va lui-même accuser de haute trahison dans la chambre des communes les six membres les plus fameux de la faction puritaine. Ceux-ci, prévenus de cette imprudente démarche par une indiscrétion de la reine, se réfugient dans la cité. Une insurrection éclate; les bruits les plus absurdes se répandent : tantôt c'est la rivière que les *cavaliers* doivent faire sauter en l'air par l'explosion d'une mine; tantôt ce sont ces mêmes *cavaliers* (les royalistes) qui viennent mettre le feu à la demeure des *têtes rondes* (les parlementaires). Menacée d'un décret d'accusation, la reine force le roi à donner sa sanction à la loi qui privoit les évêques du droit de voter. Henriette quitte l'Angleterre; Charles se retire à York, après avoir refusé d'apposer sa signature au bill relatif à la milice; bill qui tendoit à mettre le pouvoir militaire aux mains de la chambre élective : de part et d'autre on se prépare à la guerre.

On remarque dans la conduite du roi, depuis son avénement au trône jusqu'à l'époque de la guerre civile, cette incertitude qui prépare les catastrophes. Entêté de la *prérogative*, il se la laissa d'abord arracher par lambeaux, et la livra ensuite toute à la fois; il étoit brave : il pouvoit en appeler à l'épée, et il ne recourut aux armes que quand ses ennemis eurent acquis le pouvoir de résister; toutes les voies constitutionnelles lui étoient ouvertes pour agir au nom de la constitution; même contre le parlement, et il n'entra point dans ces voies. Enfin, Charles lutta inutilement contre la force des choses; son temps l'avoit devancé : ce n'étoit pas sa nation seule qui l'entraînoit, c'étoit le genre humain; il voulut ce qui n'étoit plus possible. La liberté conquise s'alla perdre d'abord dans le despotisme militaire, qui la dépouilla de son anarchie; mais enlevée aux pères, elle fut substituée aux fils, et resta en dernier résultat à l'Angleterre.

Dans les combats de plume qui précédèrent des combats plus sanglants, le parti de Charles eut presque toujours raison par le fond et par la forme : ce parti posa très nettement les questions relatives aux formes du gouvernement; il prouva que la constitution angloise étoit composée de monarchie, d'aristocratie et de démocratie (c'étoit la première fois que l'on s'exprimoit ainsi); il prouva que les demandes du parlement tendoient à dénaturer la constitution monarchique et à jeter la Grande-Bretagne dans l'état populaire, le pire de tous les états. Falkland et Clarendon écrivoient pour le roi; tous deux étoient ennemis déclarés des mesures arbitraires de la cour.

Pourquoi un parti si raisonnable dans ses doctrines ne fut-il pas écouté? c'est qu'on ne le crut pas sincère, et qu'ensuite il étoit froid; il se trouvoit placé du côté d'un pouvoir qui tendoit à conserver, tandis que les passions étoient du côté d'un pouvoir qui vouloit détruire. Enfin ce parti étoit dépassé dans ses sentiments de liberté par les puritains, qui marchoient à la république. Plus tard on retourna aux principes de Clarendon et de Falkland, mais il fallut dévorer vingt ans de calamités. Ainsi nous sommes revenus en 1814 aux doctrines de 1789 : nous aurions pu nous épargner le luxe de nos maux.

Cependant (il est triste de le dire), les crimes et les misères des révolutions ne sont pas toujours des trésors de la colère divine, dépensés en vain chez les peuples. Ces crimes et ces misères profitent quelquefois aux générations subséquentes par l'énergie qu'ils leur donnent, les préjugés qu'ils leur enlèvent, les haines dont ils les délivrent, les lumières dont ils les éclairent. Ces crimes et ces misères, considérés comme leçons de Dieu, instruisent les nations, les rendent circonspectes, les affermissent dans des principes de liberté raisonnables; principes qu'elles seroient toujours tentées de regarder comme insuffisants, si l'expérience douloureuse d'une liberté sous une autre forme n'avoit été faite.

Falkland a laissé un de ces souvenirs mêlés de mélancolie et d'admiration qui attendrissent l'âme. Il étoit doué du triple génie des lettres, des armes et de la politique. Il fut fidèle aux muses sous la tente, à la liberté dans le palais des rois, dévoué à un monarque infortuné, sans méconnoître les fautes de ce monarque. Accablé des maux de son pays, fatigué du poids de l'existence, il se laissa aller à une tristesse qui se faisoit remarquer jusque dans la négligence de ses vêtements. Il chercha et trouva la mort à la bataille de Naseby : on devina son dessein de quitter la vie au changement de ses habits : il s'étoit paré comme pour un jour de fête.

Le chancelier Clarendon, qui, de son côté, servit si bien Charles Ier, vint, dans la suite, mourir à Rouen, exilé par Charles II, qui lui devoit en partie sa couronne. Sous le règne de ce dernier prince, on condamna à être brûlé par la main du bourreau le mémoire justificatif du vertueux magistrat dont les écrits mêlés à ceux de Falkland avoient fait triompher la cause royale.

L'étendard royal planté à Nottingham donna, dit Hume, le signal de la discorde et de la guerre civile à toute la nation. Clarendon remarque que les parlementaires avoient commis le premier acte d'hostilité en s'emparant des magasins de Hull. L'observation est juste, mais le parlement avoit agi dans ses intérêts : lorsque dans les troubles des empires on en est venu à l'emploi de la force, il s'agit moins de la première attaque que de la dernière victoire.

La fortune se déclara d'abord pour le roi : la reine lui amena des secours. Il assembla à Oxford les membres du parlement qui lui étoient demeurés fidèles, afin de combattre le parlement de Londres : ainsi sous la Ligue nous avions le parlement de Tours et celui de Paris ; « mais depuis, dit Bossuet,

« des retours soudains, des changements inouïs, la
« rébellion long-temps retenue, à la fin tout-à-fait
« maîtresse ; nul frein à la licence ; les lois abolies,
« la majesté violée par des attentats jusqu'alors in-
« connus ; l'usurpation et la tyrannie sous le nom de
« liberté. »

CROMWELL.

Tous ces revers tinrent à un homme : non que Cromwell fût l'adversaire de Charles (dans ce cas encore la lutte eût été trop inégale), mais Cromwell étoit la destinée visible du moment. Charles, le prince Rupert, les partisans du roi, remportoient-ils quelque avantage, cet avantage devenoit inutile par la présence de Cromwell. Moins les talents de cet homme étoient éclatants, plus il paroissoit surnaturel : bouffon et trivial dans ses jeux, lourd et ténébreux dans son esprit, embarrassé dans sa parole, ses actions avoient la rapidité et l'effet de la foudre. Il y avoit quelque chose d'invincible dans son génie, comme dans les idées nouvelles dont il étoit le champion.

Olivier Cromwell, fils de Robert Cromwell et d'Élisabeth Stewart, naquit à Huntingdon, le 24 avril v. s., la dernière année du seizième siècle. Robert eut dix enfants, et Olivier fut le second de ses fils. Les frères d'Olivier moururent en bas âge. Milton a exalté et d'autres ont ravalé la famille du Protecteur : il a dit lui-même, dans un de ses discours, qu'il n'étoit ni bien ni mal né, ce qui étoit modeste, car sa naissance étoit bonne, et ses alliances surtout remarquables. Les premiers biographes de Cromwell, particulièrement les premiers biographes françois, l'envoient servir d'abord sur le continent, et le font comparoître devant le cardinal de Richelieu, qui prédit la grandeur future du jeune Anglois : ces fables sont aujourd'hui abandonnées. Cromwell reçut les premiers rudiments des lettres à Huntingdon, sous un docteur Thomas Beard, ministre dans cette petite ville. Le docteur fut un mauvais maître, quoiqu'il composât des pièces de théâtre pour ses écoliers; Cromwell ne sut jamais correctement l'orthographe.

Envoyé à Cambridge au collége de Sydney-Sussex (23 avril 1616), il étudia sous Richard Howlet, apprit un peu de latin : Waller veut qu'il sût bien l'histoire grecque et romaine. Il aimoit les livres, écrivoit facilement de mauvaise prose et de méchants vers.

Son père étant mort, sa mère le rappela auprès d'elle. Pendant deux années, Olivier fut la terreur de la ville d'Huntingdon par ses excès. Envoyé à Lincoln-Inn pour s'instruire dans les lois, au lieu de s'y appliquer, il se plongea dans la débauche. Revenu de Londres en province, il se maria à Élisabeth Bourchier, fille de sir James Bourchier, du comté d'Essex. Elle étoit laide et assez vaine de sa naissance : une seule lettre d'elle, qui nous reste, montre qu'elle avoit reçu l'éducation la plus négligée [1].

---

[1] Il ne faut pourtant pas confondre les fautes d'orthographe et de langue, dans les manuscrits de la première partie du dix-septième siècle, avec l'orthographe et les langues de cette époque qui n'étoient pas fixées et varioient encore dans chaque pays, selon les provinces.

Cromwell, qui n'avoit que vingt et un ans au moment de son mariage, changea subitement de mœurs, entra dans la secte puritaine, et fut saisi de l'enthousiasme religieux, tantôt feint, tantôt vrai, qu'il conserva toute la vie. Nous verrons plus tard les contrastes de son caractère.

Une succession ayant donné quelque aisance à Cromwell, il devint *gentleman farmer* dans l'île d'Ély, et fut élu membre du troisième parlement de Charles en 1628. Il ne se fit remarquer que par son ardeur religieuse et par ses déclamations contre les évêques de Winchester et de Winton. Sa voix étoit aigre et passionnée, ses manières rustiques, ses vêtements sales et négligés. Cromwell étoit d'une taille ordinaire (cinq pieds cinq pouces environ); il avoit les épaules larges, la tête grosse et le visage enflammé.

Après la dissolution du parlement de 1628, Cromwell disparoît; on ne le retrouve qu'à la convocation du parlement de 1640. On sait seulement que les censures de l'intolérance de la Chambre Étoilée, ayant déterminé beaucoup de citoyens à passer à la Nouvelle-Angleterre, Hampden et son cousin Olivier Cromwell résolurent de s'expatrier. Ils avoient choisi pour le lieu de leur résidence, dans des pays sauvages, une petite ville puritaine, fondée en 1635, sous le nom de Say-Brook, par lord Brook et lord Say. Cromwell et Hampden étoient déjà à bord d'un vaisseau sur la Tamise, lorsque cette proclamation les contraignit de débarquer : « Il est défendu à tous marchands, maîtres

« et propriétaires de vaisseaux de mettre en mer
« un vaisseau ou des vaisseaux avec des passagers,
« avant d'en avoir obtenu licence spéciale de quel-
« ques-uns des lords du conseil privé de Sa Majesté,
« chargés des plantations d'outre-mer. »

Hampden et Cromwell, au lieu de s'aller ensevelir dans les déserts de l'Amérique, furent retenus en Angleterre par les ordres de Charles Ier : il n'y a pas, dans les annales des hommes, un exemple plus frappant de la fatalité.

Obligé de rester en Angleterre par la volonté du roi qu'il devoit conduire à l'échafaud, Cromwell, ne sachant où jeter son inquiétude, s'opposa au desséchement très utile des marais de Cambridge, de Huntingdon, Northampton et Lincoln, desséchement entrepris par le comte de Bedford. Les personnages puissants qu'il attaquoit lui donnèrent le surnom dérisoire de *lord des marais*; mais le parti populaire et puritain, à cause même de cette attaque contre de nobles hommes, choisirent Cromwell, membre de la chambre des communes pour Cambridge, au parlement du 5 mai 1640. Ce quatrième parlement ayant été subitement dissous, l'obscur député reparut enfin, la même année, dans ce long parlement qui devoit faire sa puissance et qu'il devoit détruire.

La révolution qui commençoit sa marche ne se trompoit pas sur son chef, bien que ce chef fût encore le membre le plus ignoré de ces fameuses communes. Au premier cri de la guerre civile, le génie du protecteur s'éveilla. Volontaire d'abord, et puis colonel parlementaire, Cromwell leva un régiment de fanatiques qu'il soumit à la plus sévère discipline : le moine devient facilement soldat. Pour vaincre le principe d'honneur qui animoit les *cavaliers*, Cromwell enrôla à son service le principe religieux qui enflammoit les *têtes rondes*. Il fut bientôt l'âme de tout : il refondit et reconstitua l'armée; et sachant se faire exempter des bills qu'il inspiroit au parlement, il restoit pouvoir arbitraire au milieu d'une faction toute démocratique.

DU COMMENCEMENT
DE LA GUERRE CIVILE

A LA CAPTIVITÉ DU ROI.

De 1642 à 1647.

Cromwell s'éleva principalement en adoptant un parti : il se plaça à la tête des *indépendants*, secte sortie du sein des puritains, et dont l'exagération fit la force. Les membres *indépendants* du parlement devinrent les tribuns de la république : les généraux et les officiers de l'armée furent remplacés par des généraux et des officiers *indépendants*. On établit auprès de chaque corps des commissaires qui contrecarroient les mesures des capitaines modérés ; l'esprit des troupes s'exalta jusqu'au plus haut degré du fanatisme.

En vain Charles, auquel il restoit encore une ombre de puissance, voulut traiter à Huxbridge : la négociation fut rompue et la guerre renouvelée. Montross obtint quelques succès inutiles en Écosse. « Le comte de Montross, Écossois et chef de la mai« son de Graham, dit le cardinal de Retz, est le seul « homme du monde qui m'ait jamais rappelé l'idée « de certains héros que l'on ne voit plus que dans

« les Vies de Plutarque; il avoit soutenu le parti du
« roi d'Angleterre dans son pays, avec une gran-
« deur d'âme qui n'en avoit point de pareille en ce
« siècle. »

Montross n'étoit point un homme de Plutarque ; c'étoit un de ces hommes qui restent d'un siècle qui finit dans un siècle qui commence : leurs anciennes vertus sont aussi belles que les vertus nouvelles, mais elles sont stériles; plantées dans un sol usé, les mœurs nationales ne les fécondent plus.

Tandis qu'on s'égorgeoit dans les champs de l'Angleterre, les membres des communes livroient des batailles à Londres, abattoient des têtes sans exposer les leurs. L'archevêque Laud, prisonnier depuis plus de trois ans, fut tiré de son cachot, par la vengeance de Prynne, pour aller au supplice (10 janvier 1645). Ce prélat inflexible avoit fait beaucoup de mal à Charles, en l'entêtant de la suprématie épiscopale, en persuadant au roi d'entreprendre ce qu'il n'avoit pas la force d'accomplir. Laud, courbé sur son bâton pastoral, étoit naturellement si près du terme de sa course, qu'on auroit pu se dispenser de hâter le pas du vieux voyageur. « Agé de soixante-seize ans, vénérable par ses ver-
« tus... il regarda la mort sans tomber dans la pusil-
« lanimité des vieillards qui, du bord de leur tom-
« beau, font des vœux au ciel pour en obtenir
« quelques malheureux moments qu'ils veulent at-
« tacher au grand nombre de leurs années [1]. »

---

[1] *Vie de Henriette de France.*

Battu de toutes parts, défait complétement à Naseby (juin 1645), Charles crut trouver un asile parmi ses véritables compatriotes : il quitta Oxford où il s'étoit réfugié, et s'alla rendre à l'armée écossoise, avec les chefs de laquelle il avoit secrètement traité. On le conduisit à Newcastle, où s'ouvrirent de nouvelles négociations. Des commissaires du gouvernement anglois arrivèrent : tout le monde pressoit Charles d'accepter les conditions proposées : les Écossois ou les *saints* (c'est ainsi qu'ils se nommoient), les *presbytériens* effrayés des *indépendants*, l'ambassadeur de France, Bellièvre, la reine même absente, mais se faisant entendre par l'intermédiaire de Montreuil. Charles refusa l'arrangement, parce qu'il blessoit les principes de sa croyance. A cette époque la foi étoit partout, excepté chez un petit nombre de libertins et de philosophes ; elle imprimoit aux fautes et quelquefois aux crimes des divers partis quelque chose de grave, de moral même, si l'on ose dire, en donnant à la victime de la politique la conscience du martyr, et à l'erreur la conviction de la vérité.

Un ministre écossois, prêchant devant Charles, commença le psaume 51 : *Pourquoi, tyran, te vantes-tu de ton iniquité ?* Charles se leva et entonna le psaume 56 : *Seigneur, prends pitié de moi, car les hommes me veulent dévorer.* Le peuple attendri continua le cantique avec le souverain tombé : l'un et l'autre ne s'entendoient plus qu'à travers la religion.

Ces marques de pitié s'évanouirent ; les *saints*

d'Écosse en vinrent à un marché avec les *justes* d'Angleterre, et l'armée covenantaire livra Charles au parlement anglois, pour la somme de 800,000 livres sterling. « Les gardes fidèles de nos rois, dit « Bossuet, trahirent le leur. » Lorsque Charles fut instruit de la convention, il prononça ces belles et dédaigneuses paroles : « J'aime mieux être au pou- « voir de ceux qui m'ont acheté chèrement que de « ceux qui m'ont lâchement vendu. »

Prisonnier des hommes qui alloient bientôt l'immoler, Charles fut conduit au château de Holmby (9 février 1647). Il reçut partout des témoignages de respect : la foule accouroit sur son passage; on lui amenoit des malades afin qu'il les touchât pour les rendre à la santé; vertu qu'il étoit censé posséder comme *roi de France*, comme héritier de saint Louis. Plus Charles étoit malheureux, plus on le croyoit doué de cette vertu bienfaisante : étrange mélange de puissance et d'impuissance! On supposoit au royal captif une force surnaturelle, et il n'avoit pas celle de briser ses chaînes; il pouvoit fermer toutes les plaies, excepté les siennes. Ce n'étoit pas sa main, c'étoit son sang qui devoit guérir cette maladie de liberté dont l'Angleterre étoit travaillée.

Les *presbytériens*, libres de crainte du côté du roi, essayèrent de licencier l'armée où dominoient les *indépendants*; les *indépendants* l'emportèrent : ils formèrent entre eux dans leurs camps une espèce de parlement militaire aux ordres de Cromwell. Les officiers composoient la chambre haute, les soldats, qu'on nommoit *agitateurs*, la chambre basse : c'est ainsi que la constitution républicaine de Rome passa aux légions de l'empire. Soixante-deux membres indépendants du vrai parlement, ayant à leur tête les orateurs, allèrent rejoindre l'armée militante, prêchante et délibérante, laquelle vint à Londres et chassa qui bon lui plut de Westminster. En même temps, le cornette Joyce, qui jadis tailleur avoit quitté l'aiguille pour l'épée, enleva le roi du château d'Holmby, le conduisit prisonnier de l'armée à Newmarket, et de là à Hamptoncourt.

Les hommes qui se jettent les premiers dans les révolutions sont partis d'un point de repos; ils ont été formés par une éducation et par une société qui ne sont point celles que les révolutions produisent. Dans les plus violentes actions de ces hommes, il y a quelque chose du passé, quelque chose qui n'est pas d'accord avec leurs actions, c'est-à-dire des impressions, des souvenirs, des habitudes qui appartiennent à un autre ordre de temps. Ces athlètes expirent successivement dans la lice à des distances inégales, selon le degré de leurs forces, ou, s'arrêtant tout à coup, refusent d'avancer. Mais auprès d'eux sont nés d'autres hommes, factieux engendrés par les factions; aucune impression, aucun souvenir, aucune habitude ne contrarie ceux-ci dans les faits du présent; ils accomplissent par nature ce que leurs devanciers avoient entrepris par passion : aussi vont-ils beaucoup au-delà de ces premiers révolutionnaires qu'ils immolent et remplacent.

DEPUIS

LA CAPTIVITÉ DU ROI

JUSQU'A L'ÉTABLISSEMENT DE LA RÉPUBLIQUE.

De 1647 à 1649.

PRÈS d'une moitié de la propriété angloise avoit été séquestrée par le parlement, sous le prétexte de l'attachement que les propriétaires conservoient aux opinions royalistes. Le clergé anglican étoit errant dans les bois ; des victimes entassées dans les pontons, sur la Tamise, périssoient de maladie, et quelquefois de faim. On avoit établi des comités investis du droit de vie et de mort, lesquels, sans forme de procès, dépouilloient les citoyens. Ces comités exerçoient des vengeances, vendoient la justice, et protégeoient le crime.

Tous ces maux rendirent l'entreprise de l'armée contre le parlement extrêmement populaire, car, dans le mouvement des ambitions et dans le ressentiment des misères publiques, on n'examina pas jusqu'à quel point le succès de la révolution n'avoit pas tenu à des rigueurs que l'humanité, l'équité et la morale ne pouvoient d'ailleurs justifier.

Après avoir chassé les *presbytériens* du parlement, l'armée entama, à l'exemple de ce même parlement, des négociations avec le roi.

Cromwell pensa-t-il d'abord à se réunir à Charles ? on l'a cru. John Cromwell, un de ses cousins, lui avoit entendu dire à Hamptoncourt : « Le roi est « injustement traité, mais voici ce qui lui fera rendre « justice ; » il montroit son épée. Il est certain qu'Ireton et Cromwell eurent des pourparlers fréquents à Hamptoncourt, avec les agents du roi. Charles offroit, dit-on, à Cromwell l'ordre de la Jarretière et le titre de comte d'Essex ; mais Cromwell prévit tant d'opposition de la part des *agitateurs* et des *niveleurs*, qu'il se décida à les suivre. L'esprit républicain, en forçant un simple citoyen à refuser un cordon, lui donna une couronne : Cromwell fût redevenu sujet obscur, mais vertueux ; la liberté lui imposa le crime, le despotisme et la gloire.

Cromwell jouoit vraisemblablement un double jeu ; si les négociations avec Charles réussissoient, elles le menoient à la fortune ; si elles échouoient, il trouvoit, en abandonnant le roi, d'autres honneurs : d'un côté la prudence et l'intérêt lui conseilloient de se rapprocher de Charles ; de l'autre, sa haine plébéienne et son ambition démesurée l'en écartoient. Ainsi s'expliqueroit mieux l'ambiguité de la conduite de Cromwell, que par la profonde hypocrisie d'une trahison non interrompue, et inébranlablement décidée d'avance à se porter aux derniers excès.

Dans ces négociations tant de fois reprises et rompues avec les divers partis, Charles lui-même fut généralement accusé de fausseté. Il avoit le tort de trop écrire et de trop parler : ses billets, ses lettres, ses déclarations, ses propos, finissoient par être connus de ses ennemis, qui, à cet effet, se servoient souvent de moyens peu honorables. Après la bataille de Naseby (14 juin 1645), on trouva dans une cassette perdue des lettres et des papiers importants : ils furent lus dans une assemblée populaire à Guildhall, et publiés ensuite avec des notes, par ordre du parlement, sous ce titre : *Le portefeuille du roi ouvert, etc.* Ces papiers et ces lettres (du roi et de la reine) prouvoient trop que Charles ne regardoit pas sa parole comme engagée, qu'il songeoit à appeler des armées étrangères, et qu'il étoit toujours entêté des maximes du pouvoir absolu [1].

C'est encore ainsi qu'avant de quitter Oxford pour se livrer aux Écossois, il avoit écrit à Digby que si les *presbytériens* ou les *indépendants* ne se joignoient à lui, ils s'égorgeroient les uns les autres, et qu'alors il deviendroit roi.

---

[1] J'ai déjà cité ces papiers et ces lettres. Malgré la candeur des *saints*, et les *certifiés conformes*, il ne m'est pas prouvé que le texte soit religieusement conservé. Outre les raisons matérielles et morales que je pourrois apporter de mon opinion, je remarquerai que ce fut Cromwell, le plus grand des fourbes, qui vainquit les scrupules des parlementaires et les détermina à faire publier ces documents. Sous le Directoire, n'a-t-on pas falsifié et interpolé les *Mémoires* même de Cléry? Sous Buonaparte même on employoit ces odieux moyens, bien indignes de son génie et de sa puissance. Pendant les Cent-Jours, ne publia-t-on pas à Paris les lettres altérées de Mgr le duc d'Angoulême à S. A. R. Mme la duchesse d'Angoulême, et jusqu'à une fausse édition de mon *Rapport fait au roi dans son conseil à Gand?* Les partis sont sans conscience : tout leur est bon pour réussir.

Lorsque saisi à Holmby par l'armée, Charles fut conduit à Hamptoncourt, il adressa à la reine une lettre dans laquelle, après s'être expliqué sur sa position, il ajoutoit : « En temps et lieu je saurai « agir comme il le faudra avec ces coquins-là. Je « leur donnerai un cordon de chanvre au lieu d'une « jarretière de soie. » Ireton et Cromwell, qui traitoient avec le roi, retirèrent cette lettre des panneaux d'une selle où elle avoit été renfermée. Comme homme, Charles étoit naturellement sincère; comme roi, l'orgueil du sang et du pouvoir le rendoit méprisant et trompeur. Montross, allant au supplice, employa plus noblement cette image des cordons. « Le feu roi, dit-il, m'a fait l'honneur de me gra- « tifier de l'ordre de la Jarretière; mais la corde « rend ma position plus illustre. »

Les *niveleurs*, à la politique desquels Cromwell dut sa puissance, étoient une autre faction engendrée par les *indépendants*, et poussant les principes de ceux-ci à leur dernière conséquence.

Effrayé par des menaces, ne pouvant s'entendre avec l'armée et le parlement qui traitoient séparément avec lui, le roi eut la foiblesse de s'échapper de Hamptoncourt, laissant sur sa table une déclaration adressée aux deux chambres, et divers papiers. Huntingdon prétend que Cromwell avoit écrit une lettre au gouverneur de Hamptoncourt pour l'avertir du danger de Charles.

Ce prince croyoit sa cause bien abandonnée, puisqu'il n'essaya pas de s'enfoncer dans l'Angleterre et d'y retrouver son parti, quoiqu'il eût un moment la pensée de se retirer à Berwick. Après avoir marché toute la nuit, accompagné seulement du valet de chambre Legg, et de deux gentilshommes, Ashburnham et Berckley, il arriva sur la côte; il ne vit qu'une mer déserte. Celui qui commande à l'abîme, et qui le mit à sec pour laisser passer son peuple, n'avoit pas même permis qu'une barque de pêcheur se présentât pour ouvrir un chemin sur les flots au monarque fugitif. Charles alla frapper à la porte du château de Tichfield, où la comtesse douairière de Southampton lui donna l'hospitalité; il prit ensuite le parti désespéré de solliciter la protection du gouverneur de l'île de Wight, le colonel Hammond, créature de Cromwell.

Prévenu par Jacques Ashburnham et par Berckley, Hammond refusa de promettre sa protection à Charles, et demanda à être conduit vers lui. Le roi, apprenant l'arrivée inattendue du gouverneur, se crut encore une fois victime d'une de ces trahisons dont il avoit l'habitude. Il s'écria : « Jacques, tu m'as perdu ! » Ashburnham fondant en larmes proposa à Charles de poignarder Hammond qui attendoit à la porte. Charles refusa de consentir à l'assassinat d'Hammond, assassinat qui l'eût peut-être sauvé.

Le roi devint une seconde fois prisonnier de la faction militaire, au château de Carisbrook. Cromwell, qui par ses tergiversations étoit devenu suspect au parlement et aux soldats, assembla les officiers : dans un conseil secret il fut résolu, quand l'armée auroit achevé de s'emparer de tous les pouvoirs, de mettre le roi en jugement pour crime de tyrannie ; crime que cette indépendante armée employoit à son profit, le regardant sans doute comme un de ses priviléges ou l'une de ses libertés.

Or le parlement, tout mutilé qu'il étoit déjà, essayoit de résister encore ; il continuoit de traiter avec le roi. Lorsque les commissaires de cette assemblée devenue impuissante furent introduits au château de Carisbrook, ils demeurèrent frappés de respect à la vue de cette tête blanchie et *découronnée,* comme l'appelle Charles dans quelques vers qui nous restent de lui. Les débats entre les commissaires et le roi s'ouvrirent sur des points de discipline religieuse et l'on ne s'entendit point : tel étoit le génie de l'époque ; on sacrifioit tout à l'entêtement d'une controverse. Cependant les libertés publiques, et notamment la liberté de la presse, pour lesquelles on prétendoit tout faire, étoient sacrifiées aux partis tour à tour triomphants. Des brochures intitulées, *Cause de l'armée, Accord du peuple,* étoient déclarées, par les parlementaires, attentatoires à l'autorité du gouvernement ; la force militaire, de son côté, obtenoit, sur la demande du général Fairfax, que tout écrit seroit soumis à la censure, et que le censeur seroit désigné par le général. Les *factions,* même les *factions républicaines,* n'ont jamais voulu la liberté de la presse : c'est le plus grand éloge que l'on puisse faire de cette liberté.

Cependant les *niveleurs* poussèrent si loin leur politique de théorie, qu'ils donnèrent des craintes sérieuses à Cromwell. Il se présente tout à coup à l'un de leurs rassemblements avec le régiment *rouge* qu'il commandoit, et dont les soldats étoient surnommés *côtes de fer*. Il tue deux démagogues de sa main, en fait pendre quelques autres, dissipe le reste. Que disoient les lois de ces homicides arbitraires, dans ce temps de liberté légale ? Rien.

Les Écossois, honteux d'avoir livré leur maître, courent aux armes; Cromwell les bat et fait prisonnier leur général, le duc d'Hamilton; des royalistes, obligés de capituler dans la ville de Colchester, sont exposés au marché comme un troupeau de nègres, et encaqués pour la Nouvelle-Angleterre : Charles II, rendu à sa puissance, oublia de les racheter : l'ingratitude des rois fit de la postérité de ces infortunés prisonniers des hommes libres, sur le même sol où ils avoient été vendus comme esclaves des rois.

L'armée victorieuse demanda, d'abord en termes couverts, et ensuite patemment, le jugement du roi. Diverses garnisons du royaume appuyèrent cette demande. Louis XVI fut victime de la violence d'un corps politique. Charles Ier ne succomba qu'à l'animosité de la faction militaire : ses accusateurs, une partie de ses juges, et jusqu'à ses bourreaux, furent des officiers

Épouvanté de tant de démarches audacieuses, le parlement presse les négociations avec l'auguste prisonnier, afin d'opposer le pouvoir de la couronne au pouvoir de la soldatesque : pour toute réponse Cromwell marche sur Londres.

En même temps l'ordre est expédié au colonel Hammond, dans l'île de Wight, d'aller rejoindre le général Fairfax et de remettre la garde de la personne du roi au colonel Ewers.

Le parlement défend à Hammond d'obéir; Hammond se seroit soumis aux ordres de l'autorité civile; mais trouvant les soldats de la garnison disposés à la révolte, il partit pour le camp, où on l'arrêta. Le roi fut saisi, conduit de l'île de Wight au château de Hurst, et bientôt à Windsor. Charles avoit envoyé son *ultimatum* aux communes, et avoit promis à Hammond d'attendre vingt jours dans l'île de Wight la réponse définitive du parlement; il ne tenta donc point de s'échapper, ce qu'il auroit pu faire aisément : sa fidélité à sa parole le conduisit à l'échafaud; l'honneur du prince fit le crime de la nation.

Les *indépendants* avoient précédemment expulsé de la chambre élective les presbytériens les plus probes; ils en alloient être chassés à leur tour. Ce fut la seule circonstance où ces fameuses communes montrèrent du courage : à la face de l'armée qui assiégeoit les portes de Westminster, elles déclarèrent que les conditions venues de l'île de Wight étoient suffisantes et qu'on pouvoit conclure un traité avec le roi. Les grandes résolutions tardives ne réussissent presque jamais, parce que, n'appartenant ni à l'inspiration de la vertu, ni à l'impulsion du caractère, elles ne sont que le résultat d'une position désespérée qui fait un moment surmonter la peur; alors, ou l'on manque du courage suffisant pour soutenir ces résolutions, ou des moyens nécessaires pour les exécuter.

L'équitable histoire doit remarquer que ce vote des communes fut principalement l'ouvrage de Prynne, de ce presbytérien si persécuté par le parti de la couronne et de l'épiscopat, de cet homme qui, pour l'indépendance de ses opinions, avoit subi deux fois la mutilation, trois fois l'exposition au pilori, huit années de prison et des amendes considérables.

Le lendemain de la résolution parlementaire, le colonel Pride, charretier par état, arrêta quarante-sept membres des communes lorsqu'ils se présentèrent aux portes de Westminster. Le jour suivant, l'entrée de la chambre fut refusée à quatre-vingt-dix-huit autres; Prynne déclara qu'il ne se retireroit jamais volontairement, et l'on fut obligé de l'entraîner de force. Après diverses épurations, le long parlement se trouva réduit à soixante-dix-huit membres, et bientôt à cinquante-trois par des retraites volontaires : trois cent quarante votants avoient été présents à la délibération relative aux négociations avec le roi. La poignée de séditieux conservée par la dérision des soldats retint le nom de parlement : le mépris populaire y ajouta le surnom de *rump* qui lui est resté.

Le *rump* rejeta tout projet d'accommodement avec Charles; il parla aussi de forger un de ces plans de république qui ébaudissent les dupes, et dont les fripons profitent. Le bill pour mettre Charles en jugement, et pour ériger à cet effet

une cour de justice, fut proposé et voté dans la prétendue chambre des communes. La chambre haute, dont il n'existoit plus que l'ombre, et qui ne comptoit que seize pairs dans son sein, rejeta à l'unanimité le double bill. Le *rump* rendit aussitôt cet arrêt : « Attendu que les membres des com-
« munes sont les véritables représentants du peuple,
« de qui après Dieu émane tout pouvoir, la loi naît
« des communes, et n'a besoin pour être obliga-
« toire ni du concours des pairs, ni de celui du
« roi. »

Un acte fut passé, autorisant cent quarante-cinq juges nommés dans cet acte, ou trente seulement parmi eux, à se former en haute cour, afin de faire le procès à Charles Stuart, roi d'Angleterre. Coke fut l'avocat général et Bradshaw eut la présidence de cette cour dont Cromwell faisoit partie. Il ne se trouva, à l'ouverture de la procédure que soixante-six membres, et soixante seulement au prononcé de la sentence.

Le roi fut conduit de Windsor au palais de Saint-James, et de là à la barre de la cour qui siégeoit au bout de la grande salle de Westminster. Le président Bradshaw étoit assis dans un fauteuil de velours cramoisi, et les soixante-six commissaires, rangés des deux côtés du président, sur des banquettes recouvertes d'écarlate : un autre fauteuil, en face du président, avoit été préparé pour l'*accusé*. Lorsqu'on annonça l'arrivée du roi, Cromwell se précipita à une fenêtre pour le voir, et s'en retira tout aussi vite, pâle comme la mort.

Charles entra d'un pas ferme, le chapeau sur la tête, une canne à la main; il s'assit d'abord, puis se leva et promena sur ses juges un regard assuré ; c'étoit le 20 janvier 1649, jour qui devoit avoir son anniversaire : le 20 janvier 1793, fut lue à Louis XVI, prisonnier au Temple, la sentence de mort.

Amené quatre fois devant ses meurtriers, Charles montra une noblesse, une patience, un sang-froid, un courage qui effacèrent le souvenir de ses foiblesses. Il déclina la compétence de la cour, et, la tête couverte, parla en roi.

Bradshaw opposa à Charles la souveraineté du peuple; il accusa le prince d'avoir violé la loi, opprimé les libertés publiques et versé le sang anglois. Cette controverse politique n'étoit qu'une plaidoirie dérisoire devant la mort séant au tribunal. On entendit des témoins qui prouvèrent que le roi avoit commandé ses troupes dans diverses affaires : en France, on n'auroit pas tué un roi pour s'être battu.

Lady Fairfax montra la généreuse audace particulière aux femmes : de la tribune où elle assistoit au procès elle osa contredire les commissaires. On la menaça de faire tirer les soldats sur les tribunes.

Les juges, se reconnoissant bourreaux, avoient déposé une épée sur la table à laquelle étoient assis les deux secrétaires du tribunal. Charles, passant devant cette table, toucha le glaive du bout de la canne qu'il tenoit à la main, et dit : « Il ne me fait pas peur. » Il disoit vrai.

Il avoit pareillement touché avec cette canne l'épaule de l'avocat général Coke, en lui adressant le cri parlementaire *hear! hear!* (écoutez! écoutez!) lorsque Coke commença la plaidoirie. La pomme d'argent de la canne tomba. Amis et ennemis en conclurent que le roi seroit décapité.

Charles, entendant autour de lui les exclamations : « Justice! justice! Exécution! exécution! » sourit de pitié.

Un misérable, peut-être un des juges, lui crache au visage : il s'essuie tranquillement. « Les pauvres « soldats, dit-il ensuite à Herbert (le Cléry du de-« vancier de Louis XVI), les pauvres soldats ne m'en « veulent pas; ils sont excités à ces insultes par « leurs chefs, qu'ils traiteroient de la même manière « pour un peu d'argent. » Un de ces soldats, qui lui témoignoit quelque commisération, fut rudement frappé par un officier. « La punition me semble « passer l'offense, » dit Charles.

La religion soutenoit le monarque : il pensoit partager ses ignominies avec le Roi des rois, et cette comparaison élevoit son âme au-dessus des misères de la vie. Il ne s'attendrit qu'en entendant le peuple s'écrier derrière les gardes : « Que Dieu préserve Votre Majesté! » Ce ne sont pas les outrages, ce sont les marques de bonté qui brisent le cœur des malheureux.

Dans les intervalles des séances, les commissaires se retiroient pour délibérer entre eux dans *la chambre peinte*. C'est ce qui arriva surtout le troisième jour du jugement, lorsque le roi proposa de s'expliquer devant un comité composé de lords et de membres des communes, ayant à faire, disoit-il, une proposition propre à rendre la paix à son peuple. Bradshaw repoussa la demande du roi : le colonel Downes, un des juges, réclama; la cour alla délibérer dans la chambre voisine; Cromwell l'emporta sur le colonel : il fut décidé qu'on n'admettroit point la proposition du roi. Charles avoit dessein, du moins on l'a cru, de déclarer qu'il abdiquoit la couronne en faveur du prince de Galles.

Avant et pendant l'instruction du procès, on essaya, par toutes sortes de jongleries, d'échauffer l'esprit du peuple.

Un prédicateur annonça en chaire « qu'il venoit
« d'avoir une révélation; que pour assurer le bon-
« heur du peuple, il étoit urgent d'abolir la mo-
« narchie; que le roi étoit visiblement Barrabas, et
« l'armée le Christ; qu'il ne falloit pas imiter les
« Juifs, délivrer le voleur au lieu du juste; que plus
« de cinq mille *saints* étoient dans l'armée, et des
« saints tels qu'il n'y en avoit pas de plus grands
« dans le paradis; qu'ainsi justice devoit être faite
« du grand Barrabas de Windsor. » Ce prédicant, venu de la Nouvelle-Angleterre, s'appeloit Peters; singulière ressemblance de nom avec cet autre Peters qui contribua à la perte de Jacques second.

On vit dans ce moment critique ce que l'on a vu trop souvent : la probité commune, suffisante dans le temps de calme, insuffisante au moment du péril. Cette espèce d'honnêtes gens qui avoient voulu la révolution de bonne foi, manquèrent d'énergie pour la retenir dans de justes bornes. Whitelocke, de ce troupeau des foibles, déclare qu'on rejetoit la *sale besogne* du procès fait au roi sur l'armée; chose naturelle, selon lui, puisque l'armée avoit demandé l'accusation. Whitelocke avoit raison; mais l'armée n'entendoit pas la chose comme cela : elle prétendoit rendre les parlementaires exécuteurs de ses hautes œuvres. Whitelocke, commissaire du sceau, s'alla cacher à la campagne avec son collègue Weddrington; Elsing, clerc du parlement, résigna sa charge.

John Cromwell, alors au service de Hollande, vint en Angleterre de la part du prince de Galles et du prince d'Orange pour tâcher de sauver le roi. Introduit, avec beaucoup de peine, auprès d'Olivier son cousin, il chercha à l'effrayer de l'énormité du crime prêt à se commettre; il lui représenta, à lui Olivier Cromwell, qu'il l'avoit vu jadis à Hamptoncourt dans des opinions plus loyales. Olivier répliqua que les temps étoient changés, qu'il avoit jeûné et prié pour Charles, mais que le ciel n'avoit point encore donné de réponse. John s'emporta et alla fermer la porte; Olivier crut que son cousin le vouloit poignarder : « Retournez à votre auberge, lui dit-il, et ne vous « couchez qu'après avoir entendu parler de moi. » A une heure du matin, un messager d'Olivier vint dire à John que le conseil des officiers avoit *cherché le Seigneur,* et que le Seigneur vouloit que le roi mourût. Dans une autre occasion on avoit entendu

Cromwell s'écrier : « Il s'agit de ma tête ou de celle « du roi; mon choix est fait. »

L'ordre pour l'exécution de l'arrêt de mort fut signé dans la *salle peinte*, par une soixantaine de membres qui le scellèrent de leurs sceaux; l'original de cet ordre existe : plusieurs noms des signataires sont écrits de manière à ce qu'on ne les puisse lire; d'autres sont effacés et remplacés par des noms en interligne. La lâcheté du présent et la crainte de l'avenir avoient commandé ces viles précautions d'une conscience épouvantée.

Cromwell apposa son nom à l'ordre d'exécution avec ces bouffonneries qu'il avoit coutume de mêler aux actions les plus sérieuses; soit qu'il fût ou qu'il voulût avoir l'air d'être au-dessus de ces actions, soit que son caractère se composât du burlesque et du grand, l'un servant de délassement à l'autre.

On avoit vu Cromwell dans sa première jeunesse si mauvais sujet, que les maîtres des tavernes fermoient leur porte lorsqu'il passoit dans les rues d'Huntingdon. Une fois, chez un de ses oncles, il obligea les assistants à fuir d'un bal par le choix d'un parfum dont il avoit frotté ses gants et ses habits. Plus tard, s'occupant d'une constitution pour l'Angleterre, il jeta un coussin à la tête de Ludlow, qui lui lança un autre coussin dans les jambes comme il s'enfuyoit. Des *saints* le surprirent un jour occupé à boire. «Ils croient, dit-il à ses « joyeux amis, que nous *cherchons le Seigneur,* et « nous cherchons un tire-bouchon. » Le tire-bouchon étoit tombé.

Cromwell donc, en signant l'ordre de l'exécution de Charles Ier, barbouilla d'encre le visage de Henri Martyn, qui signoit après lui; le régicide Martyn rendit jeu pour jeu à son camarade de forfait : cette encre étoit du sang; elle leur laissa la marque qu'on voyoit au front de Caïn.

Le colonel Ingoldsby, parent d'Olivier, nommé commissaire à la haute cour, où il ne siégea pas, entra par hasard dans la *chambre peinte* au moment de la signature; Cromwell le presse de joindre son nom aux noms déjà inscrits; le colonel s'y refuse. Les commissaires se saisissent d'Ingoldsby; Cromwell lui met de force la plume entre les doigts avec de grands éclats de rire, et, lui conduisant la main, le contraint de tracer le mot *Ingoldsby*.

Au surplus, cette nargue abominable se retrouve souvent dans l'histoire. Les plus grands révolutionnaires de France étoient bavards, indiscrets, et affectoient de verser le sang avec la même indifférence que l'eau. Une conscience paralysée et une conscience vertueuse produisent la même paix; elles portent légèrement la vie, avec cette différence : l'une ne sent pas le fardeau du remords, l'autre le poids de l'adversité.

Cromwell joua auprès de Fairfax une autre comédie : celui-ci vouloit, avec son régiment, tenter de délivrer le roi. Cromwell, secondé d'Ireton, s'efforça de persuader à Fairfax que le Seigneur avoit rejeté Charles. Ils l'engagèrent à implorer le ciel pour en obtenir un oracle, cachant toutefois à leur honorable dupe qu'ils avoient déjà signé l'ordre de l'exécution.

Le colonel Harrison, aussi simple que Fairfax, mais dans d'autres idées que lui, fut laissé par le gendre et le beau-père auprès de Fairfax : il fit durer les prières jusqu'au moment où la nouvelle arriva que la tête du roi étoit tombée.

Les lords Richmond, Lindsay, Southampton, Herforth, jadis ministres de Charles, demandèrent à subir la mort pour leur maître, comme seuls responsables, selon l'esprit de la constitution, des actes de la couronne. Les factions ne reconnurent point cette noble responsabilité : le crime donna un bill d'indemnité aux ministres. L'Écosse menaça; la France et l'Espagne firent des représentations, assez froides à la vérité; la Hollande agit plus vivement, en vain.

Charles avoit écouté sa sentence sans donner d'autre signe d'émotion qu'une contraction dédaigneuse des lèvres lorsqu'il s'entendit déclarer tyran, traître, meurtrier, ennemi de la république, et condamné comme tel à avoir la tête tranchée. Les soixante-treize commissaires restant des cent quarante-quatre nommés, se levèrent tous en signe d'adhésion à l'arrêt, qui fut lu à haute voix. Charles témoigna le désir de parler après la lecture; on lui interdit la parole : il n'étoit plus vivant aux yeux de la loi.

Pendant les trois jours accordés au prisonnier pour se préparer à la mort, le seul bruit de la terre qui lui parvint dans sa solitude, fut celui des ouvriers qui dressoient l'échafaud. Deux enfants de Charles restoient entre les mains des républicains, la princesse Élisabeth et le duc de Glocester, âgé de trois ans; on les lui amena. Il prit ce dernier sur ses genoux et lui dit : « Ils vont couper la tête à ton « père; peut-être te voudront-ils faire roi; mais tu « ne peux pas être roi tant que tes frères aînés, « Charles et Jacques, seront vivants. » L'enfant répondit : « Je me laisserai plutôt mettre en pièces. » Le père embrassa bientôt l'orphelin, en répandant des larmes de tendresse. Cromwell, qui se réservoit la couronne, vouloit faire du duc de Glocester un marchand de boutons. Le jeune roi Louis XVII, et sa sainte et noble sœur, reçurent depuis, dans le Temple, les bénédictions de Louis XVI.

Un comité nommé par la haute cour avoit choisi le lieu de l'exécution; l'échafaud fut bâti devant le palais de Whitehall, et élevé au niveau de la salle des *banquets.* En conséquence de cette disposition, Charles se devoit trouver de plain-pied avec son trône nouveau, lorsqu'il sortiroit par les fenêtres. La main de Dieu avoit écrit sur la muraille de cette salle des festins la ruine de l'empire des Stuarts [1].

Le roi avoit demandé l'assistance de l'évêque Juxon, vertueux défenseur de Strafford; elle lui fut accordée à la sollicitation de Peters, ce prédicant fanatique qui ressembloit assez aux curés de Paris sous la Ligue. Herbert, qui ne quittoit point

---

[1] Quelques Mémoires disent qu'on avoit pratiqué une ouverture dans le mur.

son maître, couchoit sur un grabat auprès de son lit.

Dans la nuit du 29 au 30 janvier, le roi dormit profondément jusqu'à quatre heures du matin. Alors il réveilla Herbert et lui dit : « Le jour de « mon second mariage est arrivé; il me faut des « vêtements dignes de la pompe. » Il indiqua les habits qu'il vouloit porter; il mit deux chemises à cause de la rigueur de la saison : « Si je tremblois, « dit-il, mes ennemis l'attribueroient à la peur. »

Charles s'étoit aperçu qu'Herbert avoit eu un sommeil agité; il lui en demanda la cause : « J'ai « rêvé, dit le serviteur, que je voyois entrer l'ar- « chevêque Laud dans votre chambre; vous lui avez « ordonné de s'approcher de vous, et vous lui avez « parlé d'un air triste. L'archevêque a poussé un « profond soupir, et s'est retiré en se prosternant. » Charles, frappé de ce songe, répliqua : « L'arche- « vêque est mort; s'il étoit vivant, je lui aurois dit « quelque chose qui l'auroit fait soupirer. »

Le monarque passa quelques heures en prières avec l'évêque, et reçut la communion de la main de ce véritable ami de Dieu. Le républicain Ludlow travestit cette scène pathétique : il raconte que Juxon, appelé par Charles, mit en hâte son attirail épiscopal, et que le prélat, n'ayant rien de préparé sur la matière, lut à son pénitent un de ses vieux sermons. Les Mémoires de Cléry falsifiés par ordre des intéressés altèrent les paroles du roi-martyr, et tournent en moquerie les actions de la vertu et du malheur.

Herbert rentra dans la chambre du roi, et bientôt le colonel Hacker vint annoncer qu'il étoit temps de partir pour Whitehall.

Charles vêtu de deuil, le collier de Saint-Georges sur la poitrine, un chapeau orné d'un panache noir sur la tête (ainsi Falkland s'étoit paré pour mourir), sortit à pied du palais de Saint-James, le 30 janvier 1649 (vieux style), vers les huit heures du matin. Il traversa le parc entre deux détachements de soldats : ses serviteurs et ses geôliers, le colonel Thomlinson lui-même, chef de sa garde funèbre, l'accompagnoient tête nue; le respect étoit égal à la grandeur de la victime.

Le roi entra dans son palais de Whitehall : on lui avoit préparé un dîner; il ne prit qu'un peu de pain et de vin, encore par le conseil de Juxon. Deux heures s'écoulèrent avant qu'il fût appelé au supplice : on n'a pu que former des conjectures sur ce délai mystérieux.

Les ambassadeurs de Hollande n'étoient arrivés à Londres que le 25 janvier; ils n'eurent audience des communes que le 29 au soir, la veille même de la catastrophe.

Seymour étoit avec eux; il apportoit deux lettres du prince de Galles, l'une adressée au roi, l'autre à Fairfax, et de plus un blanc-seing du prince : Seymour avoit ordre de déclarer que les parlementaires pouvoient écrire sur ce blanc-seing toutes les conditions qu'ils jugeroient à propos d'imposer pour le rachat de la vie du prisonnier; le nom de l'héritier de la couronne qui se trouveroit au bas de ces conditions deviendroit le garant de leur acceptation pleine et entière. Cet incident put jeter de l'incertitude dans les esprits ; et s'il fût arrivé quelques jours plus tôt, il auroit peut-être sauvé le roi. Quoi qu'il en soit, il est certain qu'on délibéra au pied de l'échafaud ; le sacrifice fut suspendu deux heures par une raison qu'on ignore. On trouve une preuve singulière de l'hésitation des conjurés jusqu'au dernier moment.

Fairfax étoit à Whitehall pendant l'exécution ; il avoit refusé d'être du nombre des juges ; il s'étoit opposé à l'arrêt, et lady Fairfax encore plus que lui ; il avoit menacé de soulever les soldats de son régiment ; il ne fut trompé, comme nous l'avons vu, que par les jongleries de Cromwell. Herbert le rencontra entouré de quelques officiers dans un corridor de Whitehall ; Fairfax l'apercevant, lui dit aussitôt : « Comment se porte le roi ? » La question parut étonnante à Herbert. Fairfax croyoit donc qu'on négocioit ? il ignoroit donc où en étoient les choses ? La droiture sans les lumières a les résultats de la méchanceté : si elle n'accomplit pas les faits, elle les laisse accomplir, et sa conscience même lui est un piége.

Peut-être aussi le retard provint-il de la difficulté de trouver des bourreaux et de les habiller pour la scène. Le jugement des régicides fait voir qu'on ne se servit pas de l'exécuteur ordinaire, que tous les soldats d'un régiment, appelés sous serment secret à cette œuvre, dénièrent leurs bras, et que Hulet (officier accusé au procès d'avoir été le bourreau) soutint, dans sa défense, qu'on l'avoit retenu prisonnier à Whitehall pour avoir refusé la hache d'honneur des régicides.

Le colonel Thomlinson eut l'humanité de permettre à Seymour de donner à Charles la lettre de son fils. Seymour reçut les dernières instructions du roi pour le prince de Galles. A peine s'étoit-il retiré que le colonel Hacker entra : il venoit annoncer au monarque le dernier moment.

Charles suivit sans hésiter le colonel. Il traversa, accompagné de Juxon, une longue galerie bordée de soldats : ceux-ci étoient bien changés; leur contenance annonçoit la part qu'ils prenoient enfin à une si haute infortune. Le roi sortit par l'extrémité de la galerie, et se trouva soudain sur l'échafaud : dix heures et demie sonnoient.

L'échafaud étoit tapissé de noir. Deux bourreaux masqués, mystérieux fantômes qui augmentoient la terreur de la catastrophe, se tenoient debout auprès du billot sur lequel on voyoit briller la hache : tous les deux étoient uniformément vêtus d'un habit de boucher, espèce de sarrau étroit de laine blanche; l'un, à cheveux et à barbe noirs, portoit un chapeau retroussé; l'autre avoit une longue barbe grise; sa tête étoit couverte d'une perruque également grise, dont les poils épars pendoient sur son masque. Quatre anneaux de fer étoient scellés dans l'échafaud; on y devoit passer des cordes pour forcer le roi à poser la tête sur le billot, en cas qu'il eût fait résistance [1], comme les

[1] *'Regicide's trial.*

anciens sacrificateurs attachoient le taureau à l'autel. Des régiments de cavalerie et d'infanterie, en casaques rouges, environnoient l'échafaud : un peuple innombrable, placé hors de la portée de la voix de son souverain, se pressoit en silence au-delà des troupes.

Charles, du haut du monument funèbre, dominoit ce formidable spectacle : il y avoit dans ses regards quelque chose d'intrépide et de serein. Ne se pouvant faire entendre de la foule, il parla de toutes sortes d'affaires aux personnes qui l'environnoient. Il ne se montroit ni effrayé ni pressé de mourir ; on l'eût pris pour un homme occupé dans sa chambre de l'action la plus commune, tandis que ses serviteurs préparent le lit de son repos.

On vendit le soir, dans les rues de Londres, une relation populaire des derniers moments du roi : elle abonde en ces petits détails où se plaisent les Anglois. Dans ces portraits faits sur le modèle vivant, il y a une naïveté, une nature que toutes les copies du monde ne peuvent reproduire. Voici cette relation : on y remarquera la liberté d'esprit de Charles, les discours de ce prince mêlés de controverse religieuse et politique : le royal orateur sembloit oublier qu'il étoit là pour mourir ; seulement ses parenthèses relatives à la hache montroient qu'il se souvenoit de tout. On sera encore frappé, dans ce récit, de la douleur des assistants et du respect même du bourreau : Hulet, le masque à la barbe grise, ne porta le coup que par l'ordre de celui qui seul avoit le droit de le commander.

Nous nous servons de la traduction françoise de cette pièce, faite en 1649, et qui est aussi naïve que l'original.

RELATION VÉRITABLE

DE LA MORT DU ROI DE LA GRANDE-BRETAGNE,

AVEC

LA HARANGUE FAITE PAR SA MAJESTÉ SUR L'ÉCHAFAUD

IMMÉDIATEMENT AVANT SON EXÉCUTION.

« Le vingt-neuvième jour de janvier, sur les dix heures du matin, le roi fut conduit de Saint-James, à pied, par-dedans le parc, au milieu d'un régiment d'infanterie, tambour battant et enseignes déployées, avec sa garde ordinaire, armée de pertuisanes, quelques-uns de ses gentilshommes devant et après lui, la tête nue; le sieur Juxon, docteur en théologie, ci-devant évêque de Londres, le suivoit, et le colonel Thomlinson, qui avoit la charge de Sa Majesté, parlant à lui la tête nue, depuis le parc de Saint-James, au travers de la galerie de Whitehall, jusques en la chambre de son cabinet[1], où il couchoit ordinairement et faisoit ses prières : où étant arrivé il refusa de dîner, pour autant que (ayant communié une heure avant) il avoit bu ensuite un verre de vin et mangé un morceau de pain.

« De là il fut accompagné par ledit sieur Juxon, le colonel Thomlinson et quelques autres officiers qui avoient charge de le suivre, et de sa garde du

[1] Le roi avoit demandé le cabinet et la petite chambre prochaine. (*Cette note et les suivantes sont de l'auteur de la relation.*)

corps, environné de mousquetaires depuis la salle à banqueter joignant laquelle l'échafaud[1] étoit dressé, tendu de deuil, avec la hache et le chouquet au milieu. Plusieurs compagnies de cavalerie et d'infanterie étoient rangées aux deux côtés de l'échafaud, avec confusion de peuple pour voir ce spectacle. Le roi étant monté sur l'échafaud jeta les yeux attentivement sur la hache et le chouquet, et demanda au colonel Hacker s'il n'y en avoit point de plus haut, puis parla comme il s'ensuit, adressant ses paroles particulièrement au colonel Thomlinson :

« J'ai fort peu de chose à dire, c'est pourquoi je
« m'adresse à vous, et vous dirai que je me tairois
« fort volontiers, si je ne craignois que mon silence
« ne donnât sujet à quelques-uns de croire que je
« subis la faute comme je fais le supplice; mais je
« crois que pour m'acquitter envers Dieu et mon
« pays, je dois me justifier comme bon chrétien et
« bon roi, et finalement comme homme de bien.

« Je commencerai premièrement par mon inno-
« cence; et en vérité je crois qu'il ne m'est pas né-
« cessaire de vous entretenir long-temps sur ce sujet.
« Tout le monde sait que je n'ai jamais commencé
« la guerre avec les deux chambres du parlement, et
« j'appelle Dieu à témoin (auquel je dois bientôt
« rendre compte) que je n'ai jamais eu intention
« d'usurper sur leurs priviléges; au contraire ils
« commencèrent eux-mêmes en se saisissant des

---

[1] C'étoit proche ou en ce lieu-là même que fut tué un bourgeois et trente blessés; premier sang de cette dernière guerre.

« arsenaux; ils confessent qu'ils m'appartiennent,
« mais ils jugèrent qu'il étoit nécessaire de me les
« ôter; et pour le faire court, si quelqu'un veut re-
« garder les dates des commissions de leurs députés
« et des miens comme des déclarations, il verra
« évidemment qu'ils ont commencé ces malheureux
« désordres, et non pas moi : de sorte que j'espère
« que Dieu vengera mon innocence... Non, je ne le
« veux pas! j'ai de la charité; à Dieu ne plaise que
« j'en impute la faute aux deux chambres du parle-
« ment; il n'est pas besoin ni de l'une ni de l'autre;
« j'espère qu'ils sont exempts de ce crime, car je
« crois que les mauvais ministres d'entre eux et moi
« ont été les causes principales de tout ce sang ré-
« pandu. Tellement que, par manière de parler,
« comme je m'en trouve exempt, j'espère (et prie
« Dieu qu'ainsi soit) qu'ils le soient aussi. Néan-
« moins à Dieu ne plaise que je sois si mauvais chré-
« tien que je ne confesse que les jugements de Dieu
« sont justes contre moi; car souventes fois il pu-
« nit justement par une injuste vengeance; cela se
« voit ordinairement. *Je dirai seulement qu'un in-*
« *juste arrêt*[1] *que j'ai souffert être exécuté, est puni*
« *à présent par un autre injuste donné contre moi-*
« *même.* Ce que j'ai dit jusqu'ici est pour vous faire
« voir mon innocence.

« Maintenant, pour vous faire voir que je suis un
« bon chrétien, voilà un honnête homme (montrant
« au doigt le sieur Juxon), lequel portera témoi-

---

[1] L'arrêt de mort du comte de Strafford.

« gnage que j'ai pardonné à tout le monde, et en
« particulier à ceux qui sont auteurs de ma mort;
« quels y sont, Dieu le sait, je prie Dieu de leur
« pardonner. Mais ce n'est pas tout; il faut que ma
« charité passe plus avant : je souhaite qu'ils se re-
« pentent; car véritablement ils ont commis un
« grand péché en cette occurrence. Je prie Dieu
« avec saint Étienne qu'ils n'en reçoivent pas la pu-
« nition; non-seulement cela, mais encore qu'ils
« puissent prendre la vraie voie d'établir la paix
« dans le royaume; car la charité me recommande
« non-seulement de pardonner aux personnes par-
« ticulières, mais aussi de tâcher jusqu'à mon der-
« nier soupir de mettre la paix dans le royaume.

« Ainsi, messieurs, je le souhaite de toute mon
« âme, et espère qu'il y a quelques-uns ici[1] qui le
« feront connoître plus loin, afin d'aider à la paci-
« fication du royaume.

« Maintenant, messieurs, il vous faut faire voir
« comme vous êtes en un mauvais chemin, et vous
« remettre en un meilleur. Premièrement, pour vous
« montrer que vous vous détournez de la justice, je
« vous dirai que tout ce que vous avez jamais fait,
« à ce que j'en ai pu concevoir, a été par voie de
« conquête; certainement c'est une fort mauvaise
« voie : car une conquête, messieurs, n'est jamais
« juste, s'il n'y a quelque bonne et légitime cause,
« soit pour quelque tort reçu, ou en ayant droit

---

[1] Se tournant vers quelques gentilshommes qui écrivoient ce qu'il disoit.

« légitime; et alors si vous outrepassez cela, la pre-
« mière contestation que vous en avez rend votre
« cause injuste à la fin, quoiqu'elle fût juste au
« commencement; mais si ce n'est que par conquête,
« c'est une grande volerie, comme un pirate re-
« procha un jour à Alexandre qu'il étoit le grand
« voleur; et pour lui, qu'il se contentoit d'avoir le
« nom de petit. De sorte, messieurs, que je trouve
« la voie que vous prenez fort mauvaise à présent.
« Messieurs, pour vous mettre en un bon chemin,
« soyez assurés que vous ne ferez jamais bien, et
« que Dieu ne vous assistera jamais, que vous ne
« donniez à Dieu ce qui appartient à Dieu, et au
« roi ce qui appartient au roi (je veux dire à mes
« successeurs) et au peuple. Je suis autant pour le
« peuple qu'aucun de vous. Il vous faut donner à
« Dieu ce qui appartient à Dieu, en réglant son
« église droitement (selon l'Écriture), laquelle est à
« présent en désordre. Pour vous en dire la voie en
« détail présentement, je ne le puis faire; je vous
« dirai seulement qu'il seroit bon d'assembler un
« synode national, où chacun pourroit disputer avec
« toute liberté, et que les opinions qui paroîtroient
« évidemment bonnes fussent suivies.

« Quant au roi, en vérité, je ne veux pas... » puis
se tournant vers un gentilhomme qui touchoit la
hache, dit : « Ne gâtez pas la hache[1]. » « Quant au roi,
« les lois du royaume vous en instruisent claire-
« ment, et partant, d'autant que cela me touche

---

[1] Voulant dire qu'il n'en gâtât pas le tranchant.

« en particulier, je ne vous en dis qu'un mot en
« passant.

« Pour le peuple, certainement je désire autant
« sa liberté et franchise que qui que ce soit; mais il
« faut que je vous dise qu'elle consiste à être con-
« servée par les lois, par lesquelles ils soient assurés
« de leur vie et de leurs biens : ce n'est pas qu'il
« faille qu'ils aient part au gouvernement, messieurs,
« cela ne leur appartient pas. Un souverain et un
« sujet sont bien différents l'un de l'autre, et par-
« tant jusques à ce que vous fassiez cela (je veux
« dire que vous mettiez le peuple en cette sorte de
« liberté), certainement ils n'en auront jamais.

« Messieurs, c'est pour ce sujet que je suis ici. Si
« j'eusse voulu donner lieu à un arbitrage, afin de
« changer les lois suivant la puissance du glaive,
« j'eusse pu éviter ceci, et partant je vous dis (et
« prie Dieu qu'il en détourne son châtiment de
« dessus vous) que je suis martyrisé pour le peuple.

« Véritablement, messieurs, je ne vous tiendrai
« pas plus long-temps; je vous dirai seulement que
« j'eusse bien pu demander quelque peu de temps
« pour mettre ceci en meilleur ordre, et le digérer
« mieux; partant j'espère que vous m'excuserez.

« J'ai déchargé ma conscience; je prie Dieu que
« vous preniez les voies les plus propres pour le
« bien du royaume et votre propre salut. »

« Alors le sieur Juxon dit au roi : « Plaît-il à Votre
« Majesté (encore que l'affection qu'elle a pour la
« religion soit assez connue) de dire quelque chose
« pour la satisfaction du peuple? »

— « Je vous remercie de tout mon cœur, mon-
« seigneur, parce que je l'avois presque oublié. Cer-
« tainement, messieurs, je crois que ma conscience
« et ma religion est fort bien connue de tout le
« monde, et partant je déclare devant vous tous que
« je meurs chrétien, professant la religion de l'église
« anglicane, en l'état que mon père me l'a laissée,
« et je crois que cet honnête homme (en montrant le
« sieur Juxon) le témoignera. »

« Puis, se tournant vers les officiers, dit : « Mes-
« sieurs, excusez-moi en ceci, ma cause est juste et
« mon Dieu est bon; je n'en dirai pas davantage. »

« Puis il dit au colonel Hacker : « Ayez soin, s'il
« vous plaît, que l'on ne me fasse point languir. »

« Et alors un gentilhomme approchant auprès de
la hache, le roi lui dit : « Prenez garde à la hache,
« je vous prie; prenez garde à la hache. »

« Ensuite de quoi, le roi parlant à l'exécuteur,
dit : « Je ferai ma prière fort courte, et lorsque j'é-
« tendrai les bras... »

« Puis le roi demanda son bonnet de nuit au sieur
Juxon, et l'ayant mis sur sa tête, il dit à l'exécuteur:
« Mes cheveux vous empêchent-ils ? » Lequel le pria
de les mettre sous son bonnet; ce que le roi fit étant
aidé de l'évêque et de l'exécuteur. Puis le roi, se
tournant derechef vers le sieur Juxon, dit : « Ma
« cause est juste, et mon Dieu est bon. »

« *Le sieur Juxon* : « Il n'y a plus qu'un pas, mais
« ce pas est fâcheux; il est fort court, et pouvez
« considérer qu'il vous portera bien loin prompte-
« ment; il vous transportera de la terre au ciel, et

« là vous trouverez beaucoup de joie et de récon-
« fort. »

« *Le roi :* « Je vais d'une couronne corruptible à
« une incorruptible, où il ne peut pas y avoir de
« trouble; non, aucun trouble du monde. »

« *Juxon :* « Vous changez une couronne temporelle
« à une éternelle; un fort bon change. »

« Le roi dit à l'exécuteur : « Mes cheveux sont-ils
« bien ? » Le roi ôta son manteau, et donna son cordon bleu, qui est l'ordre de Saint-Georges, audit
sieur Juxon, disant : « Souvenez-vous... »

« Puis le roi ôta son pourpoint, et étant en che-
misette, remit son manteau sur ses épaules; puis,
regardant le chouquet, dit à l'exécuteur : « Il vous
« le faut bien attacher. »

« *L'exécuteur :* « Il est bien attaché. »

« *Le roi :* « On le pouvoit faire un peu plus haut. »

« *L'exécuteur :* « Il ne sauroit être plus haut, sire. »

« *Le roi :* « Quand j'étendrai les bras ainsi, alors... »
« Après quoi ayant dit deux ou trois paroles tout bas,
debout, les mains et les yeux levés en haut, s'age-
nouilla incontinent, mit son col sur le chouquet, et
lors l'exécuteur remettant encore ses cheveux sous
son bonnet, le roi dit (pensant qu'il alloit frapper) :
« Attendez le signe. »

« *L'exécuteur :* « Je le ferai s'il plaît à Votre Majesté. »

« Et une petite pause après, le roi étendit les bras.
L'exécuteur sépara la tête de son corps d'un seul
coup, et quand la tête du roi fut tranchée, l'exécuteur la prit dans sa main et la montra aux spec-

tateurs, et son corps fut mis en un coffre couvert, pour ce sujet, de velours noir. Le corps du roi est à présent dans sa chambre à Whitehall. »

Sic transit gloria mundi.

(*Fin de la relation.*)

Clarendon raconte que le corps du roi, qui se voyoit le soir de l'exécution *dans sa chambre à Whitehall,* ne put être retrouvé à la restauration de Charles II. Cependant Herbert avoit positivement écrit que l'inhumation avoit eu lieu à Windsor, dans le caveau du chœur de la chapelle de Saint-Georges, où reposoient les restes de Henri VIII et de Jeanne Seymour. Des ouvriers travaillant dans cette chapelle, en 1813, ouvrirent par hasard le caveau. Le prince régent, aujourd'hui Georges IV, ordonna des recherches; on découvrit un cercueil de plomb; sur ce cercueil étoit une plaque portant ces mots : CHARLES ROI; ce qui étoit conforme en tout au récit d'Herbert.

Une entaille fut pratiquée dans le couvercle, et, après l'enlèvement d'une toile imprégnée d'une matière grasse, on vit apparoître le visage d'un mort, dont les traits brouillés et confus ressembloient au portrait de Charles Ier. D'après le procès-verbal de sir Henri Halford, la tête du cadavre, séparée du tronc, avoit les yeux à demi ouverts, et l'on put teindre un mouchoir blanc d'un sang encore assez liquide. Ce témoin extraordinaire, de retour de la tombe après le meurtre de Louis XVI, est venu déposer des fautes des rois, des excès des peuples, de la marche du temps, de l'enchaînement des événements et de la complicité du crime de 1649 avec celui de 1793.

Une omission frappe dans la relation populaire de l'exécution de Charles : cette relation ne parle point du masque des bourreaux. Ludlow, le régicide, se tait aussi sur ce fait. La petite feuille dont il s'agit ne put être vendue dans les rues de Londres qu'après avoir passé à la *censure* des hommes de la *liberté*. Or, des bourreaux sous le masque étoient ou une affreuse saturnale, ou l'aveu qu'un meurtre avoit été accompli sur une tête qu'aucune créature à visage d'homme n'avoit le droit de toucher.

Pour arriver à la fatale exécution, Cromwell avoit eu besoin de ces ris et de ces larmes qui, se contrariant en lui, déjouoient leur mutuelle hypocrisie ; il redevint franc après le coup : il se fit ouvrir le cercueil, et s'assura, en touchant la tête de son roi, qu'elle étoit véritablement séparée du corps ; il remarqua qu'un homme aussi bien constitué auroit pu vivre de longues années. Le terrible Cromwell, obscur et inconnu comme le destin, en avoit dans ce moment l'orgueil inexorable : il se délectoit dans la victoire par lui remportée sur un monarque et sur la nature.

Les meurtriers, ses compagnons, ne partageoient pas dans ce moment son assurance et sa joie. Tous s'étoient hâtés de quitter la scène sanglante. Le principal bourreau, Hulet, capitaine au régiment de cavalerie du colonel Hewson, se jeta, pour traverser la Tamise, dans le bateau d'un marinier appelé Smith : celui-ci fut contraint par des mousquetaires de le prendre à son bord. S'étant éloigné du rivage, Smith dit au sinistre passager : « Êtes-« vous le bourreau qui a coupé la tête du roi ? » — « Non, répondit Hulet, vrai comme je suis un « pécheur devant Dieu. » Et il trembloit de tout son corps. Smith, toujours ramant, reprit : « Êtes-vous « le bourreau qui a coupé la tête du roi ? » Hulet nia de nouveau, raconta qu'on l'avoit retenu prisonnier à Whitehall, mais qu'on s'étoit emparé de ses *instruments.* Smith lui dit : « Je coulerai bas mon « bateau si vous ne me dites la vérité. » La tête du roi avoit été payée 100 livres sterl. à Hulet. « Je prou-« verai que c'est toi qui as porté le coup, » lui dit l'avocat général Turner, lors du procès des régicides, « et je t'arracherai ton masque [1]. »

[1] *Regicide's trial.*

LA RÉPUBLIQUE
ET LE PROTECTORAT.

De 1649 à 1658.

Deux effets furent produits en Angleterre par l'exécution de Charles.

D'une part, les hommes de bien furent consternés ; il y eut des douleurs profondes, des morts subites causées par ces douleurs ; et comme la nation étoit religieuse, il y eut aussi des remords. L'*Eikon Basiliké* fit regretter Charles Ier, de même que le testament de Louis XVI a fait admirer ce dernier roi. L'*Eikon Basiliké* n'étoit point de Charles : le docteur Gauden en est aujourd'hui reconnu l'auteur. Milton eut l'odieuse commission d'éclaircir ce point de critique : toute la sublimité de son génie, appuyé de la vérité du fait, ne put néanmoins triompher d'une imposture, ouvrage d'un esprit commun, mais fondée sur la vérité du malheur.

Que reste-t-il aujourd'hui de toutes ces douleurs en Angleterre ? Une cérémonie établie par Charles second, et qui se célèbre le 30 janvier de chaque année. On est censé jeûner, et l'on ne jeûne point ; les spectacles sont fermés, et l'on se divertit dans les salons et dans les tavernes ; la bourse est aussi fermée, au grand ennui des spéculateurs, qui se soucient fort peu de trouver sur le chemin de leur fortune ou de leur ruine la tête d'un roi. Les siècles n'adoptent point ces legs de deuil; ils ont assez de maux à pleurer, sans se charger de verser encore des larmes héréditaires.

D'une autre part, la confusion se répandit dans les trois royaumes, après la mort de Charles Ier. Chacun avoit un plan de république et de religion. Les Millenaires, ou les hommes de la cinquième monarchie, demandoient la loi agraire et l'abolition de toute forme de gouvernement, afin d'attendre le gouvernement prochain du Christ; il n'y avoit d'après eux d'autre charte que l'Écriture. Les Antoniniens prétendoient que la loi morale étoit détruite, que chacun se devoit conduire désormais par ses propres principes, et non plus d'après les anciennes notions de justice et d'humanité; ils réclamoient la liberté de tout faire : la fornication, l'ivrognerie, le blasphème, sont, disoient-ils, selon les voies du Seigneur, puisque c'est le Seigneur qui parle en nous. Ils n'étoient pas loin de devenir Turcs, et se plaisoient à la lecture du Coran nouvellement traduit. Les quakers, et surtout les quakeresses, passoient aussi pour une secte mahométane. Des politiques, s'élevant contre toute espèce de culte, vouloient que le pouvoir ne reconnût aucune religion particulière; d'autres prétendoient refondre les lois civiles et effacer complétement le passé. Dépouillés de leurs biens et de leurs honneurs, les épiscopaux gémissoient dans l'oppression, et les presbytériens voyoient le fruit d'une révolution qu'ils avoient semée, recueilli par les indépendants, les agitateurs et les niveleurs.

Ces niveleurs étoient de plusieurs espèces : les uns, les *fouilleurs* et *déracineurs,* s'emparoient des bruyères et des champs en friche; les autres, les *guerriers* et les *turbulents,* soulevoient les soldats ou devenoient voleurs de grands chemins : tous demandoient la dissolution du long parlement et la convocation d'un parlement nouveau. Dans cette désorganisation complète de la société, au milieu des potences et des échafauds qui s'élevoient pour punir le crime et la vertu, on n'avoit aucun parti arrêté : par une sorte de bonne foi que l'anarchie laissoit libre, il étoit très commun d'entendre des républicains parler de mettre Charles second à la tête de la république, et des royalistes déclarer qu'une république étoit peut-être ce qu'il y avoit de mieux.

Il restoit cependant à Londres deux principes de gouvernement et d'administration : le *rump,* et le conseil des officiers qui avoit déjà subjugué le *rump.*

On examina d'abord si la chambre des pairs faisoit partie intégrante du pouvoir législatif : malgré l'opinion de Cromwell qui, dans ses intérêts, vouloit garder la pairie, il fut décidé que la chambre héréditaire étoit inutile et dangereuse; sa suppression fut décrétée. La monarchie éprouva le même sort : le maire de Londres refusa de proclamer l'acte d'abolition de la royauté.

Le royaume d'Angleterre se trouvant transformé en république, un nouveau grand sceau fut gravé; il représentoit d'un côté la chambre des communes, avec cette inscription : *Le grand sceau de la république d'Angleterre;* sur le revers on voyoit une croix et une harpe, armes de l'Angleterre et de l'Irlande, avec ces mots : *Dieu avec nous;* dans l'exergue on lisoit : *L'an premier de la liberté, par la grâce de Dieu.* 1649. C'est une mauvaise date pour la liberté que celle d'un crime.

Cinq membres des communes furent chargés (Ludlow en étoit un) de composer un conseil de Quarante, auquel seroit dévolu le pouvoir exécutif. Ce comité des Cinq présenta trente-cinq candidats; on leur adjoignit le comité des Cinq. Celui-ci fut en outre chargé d'examiner la conduite des parlementaires qui n'avoient pas siégé à Westminster durant le procès du roi.

Il étoit convenable d'immoler des victimes en l'honneur des funérailles du prince : le duc d'Hamilton, le earl de Holland et lord Capell, prisonniers, furent décapités; le premier contre le droit des gens, les deux derniers contre le droit de la guerre. Tous les partis regrettèrent lord Capell; Cromwell fit de lui un éloge magnifique, mais il prétendit qu'on le devoit sacrifier à cause même de sa vertu. Le noble pair, étant sur l'échafaud, s'adressa à l'exécuteur : « Avez-vous coupé la tête « de mon maître ? » — « Oui, » répondit l'exécuteur. « Où est l'instrument qui porta le coup ? » Le bourreau montra la hache. « Êtes-vous sûr que ce soit

« la même ? » reprit lord Capell. Sur sa réponse affirmative, le royaliste prit la hache, la baisa avec respect, la rendit au meurtrier public, en lui disant : « Misérable ! n'étois-tu pas effrayé ? » Le bourreau repartit : « Ils me forcèrent de faire mon métier. J'eus trente livres sterl. pour ma peine. »

Eh bien ! le bourreau mentoit, il se vantoit d'une victoire qui n'étoit pas la sienne ; il n'avoit souillé ni sanctifié ses mains et sa hache dans le sang de son roi. Cet homme, qui se nommoit Brandon, n'étoit que le bourreau ordinaire ; on ne l'avoit point appelé (ou peut-être avoit-il refusé par frayeur son ministère) à la grande exécution. La peur cessant, la vanité revint ; Brandon songea à sauver ses droits et son *honneur :* le soir même de la mort de Charles, Brandon tint dans un cabaret le propos qu'il redit à lord Capell, se parant du crime qu'il n'avoit pas commis [1].

Lord Capell livra sa tête après avoir déclaré qu'il mouroit pour Charles Ier, pour son fils Charles II et pour tous les héritiers légitimes de la couronne.

Le *rump*, feignant de céder à l'opinion publique, s'occupa, en apparence, de sa dissolution, et rechercha les principes d'après lesquels un parlement nouveau pourroit être élu. Le *rump* n'étoit pas sincère ; il ne songeoit qu'à se perpétuer en attendant les événements, grands débrouilleurs de la politique.

Cependant le comte d'Ormond, lord Inchiquin

---

[1] *Trial of twenty-nine regicides*, p. 33.

et le général Preston avoient soulevé l'Irlande, où Monk, qui défendoit Dundalk pour le parlement, avoit capitulé.

Cromwell, malgré les prétentions de Lambert et de Fairfax, fut nommé au gouvernement militaire et civil d'Irlande. Il partit accompagné d'Ireton, son gendre, après avoir cherché *le Seigneur* devant Harrison et expliqué les Écritures.

Il aborde à l'île dévouée avec dix-sept mille vétérans et une garde particulière de quatre-vingts hommes, tous officiers. Trédall est emporté d'assaut; Cromwell monte lui-même à la brèche : tout périt du côté des Irlandois. Le commandant, sir Arthur Ashton, est tué. Ce vieux militaire avoit une jambe artificielle; elle passoit pour être d'or : les soldats républicains se disputèrent cette jambe royaliste, qui n'étoit que le trésor de bois de l'honneur et de la fidélité.

Wexford est saccagé, Goran rendu par les soldats; les officiers sont fusillés. Kilkenny, Youghall, Coke, Kingsale, Colonmell, Dungarvan et Carrik se soumettent. Cromwell et Ireton portent à l'Irlande, comme ils l'avoient annoncé, l'extermination et l'enfer.

Cromwell, au milieu de ses victoires, est rappelé pour repousser les Écossois : ceux-ci s'étoient décidés à reconnoître les droits de Charles second; et bien qu'ils eussent pendu le royaliste Montross, parce qu'il n'étoit pas covenantaire, ils étoient eux-mêmes royalistes. Rien de plus commun que ces inconséquences des partis dans les discordes civiles.

Les négociations entre Charles II et les Écossois avoient été plusieurs fois interrompues. Charles enfin, privé de toutes ressources, s'étoit rendu à Édimbourg : là il avoit repris le sceptre de Marie Stuart, à la charge de publier cette déclaration déshonorante :

« Que son père avoit péché en prenant femme « dans une famille idolâtre ;

« Que le sang versé dans les dernières guerres « devoit être imputé à son père ;

« Qu'il avoit une profonde douleur de la mau-« vaise éducation qu'on lui avoit donnée, et des « préjugés qu'on lui avoit inspirés contre la cause « de Dieu, et dont il reconnoissoit à présent l'in-« justice ;

« Que toute sa vie précédente n'avoit été qu'un « cours suivi d'inimitié contre l'œuvre de Dieu ;

« Qu'il se repentoit de la commission donnée à « Montross, et de toutes ses actions qui avoient pu « scandaliser ;

« Qu'il protestoit devant Dieu qu'il étoit à pré-« sent sincère dans cette déclaration et qu'il s'y « tiendroit jusqu'à son dernier soupir, tant en Écosse « qu'en Angleterre et en Irlande. »

Cependant Charles II n'étoit ni sans honneur ni sans courage. Jeune encore, il avoit combattu pour son père, à la tête des forces de terre et de mer. Mais c'étoit bien le prince le moins fait qu'il y eût au monde pour entendre six sermons de presbytériens par jour. Lorsque, accablé de ces prédications, il cherchoit quelque distraction, il ne pouvoit sor-

LA RÉPUBLIQUE ET LE PROTECTORAT. 253

tir d'Édimbourg, sans passer sur les membres mutilés de Montross, attachés aux portes de la ville. Montross, en mourant, avoit souhaité que son corps fût mis en autant de morceaux qu'il y avoit de villes dans les trois royaumes, afin qu'on rencontrât partout des témoins de sa fidélité. Un de ses bras fut exposé sur un gibet à Aberdeen; les habitants l'enlevèrent secrètement et le cachèrent : après la restauration, ils le mirent dans une cassette couverte de velours cramoisi brodé d'or, et le portèrent en triomphe dans toute leur ville.

Cromwell marcha contre les Écossois à la tête de dix-huit mille hommes. Il les attaqua à Dunbar, et les défit (3 septembre 1650). L'année suivante, après avoir conquis une partie de l'Écosse, il s'attacha aux pas de Charles II, qui s'étoit avancé en Angleterre avec une armée : il l'atteignit à Worcester. Le génie si fatal au père n'est pas moins fatal au fils; le combat se livre le 3 septembre 1651, jour anniversaire de la bataille de Dunbar : deux mille royalistes sont tués; huit mille prisonniers sont encore vendus comme esclaves. On retrouve cette habitude de trafiquer des hommes jusque sous Jacques II.

Le jeune roi fuit seul, se coupe les cheveux, de peur, comme Absalon ou comme les rois chevelus, d'être reconnu au bel ornement de sa tête. Ce prince nous a laissé le récit de ses aventures : son déguisement en bûcheron, sa tentative pour entrer dans le pays de Galles avec le pauvre Pendrell, sa journée passée avec le colonel Careless au haut du chêne qui retint le nom de chêne royal, ses aventures chez un gentilhomme appelé Lane, dans le comté de Strafford, son voyage à Bristol, voyage qu'il fit à cheval menant en croupe la fille de son hôte, son arrivée chez M. Norton, sa rencontre d'un des chapelains de la cour qui regardoit jouer aux quilles, et d'un vieux serviteur qui le nomma en fondant en larmes; son passage chez le colonel Windham, le danger qu'il courut par la sagacité du maréchal qui, visitant les pieds des chevaux, affirma qu'un de ces chevaux avoit été ferré dans le nord; enfin l'embarquement de Charles à Brighthelmstone et son débarquement en Normandie, firent, de ce moment de la vie de ce prince, un moment de gloire romanesque qui lutta avec la gloire historique de Cromwell. Ludlow se contente de dire que Charles s'enfuit avec une mistress Lane.

Cromwell revint triompher à Londres. Le parlement envoya une députation au-devant de lui. Le général fit présent à chaque commissaire d'un cheval et de deux prisonniers : toujours même mépris des hommes parmi ces républicains. Les historiens n'ont pas remarqué ce trait de mœurs qui distingue les Anglois d'alors de tous les peuples chrétiens de l'Europe civilisée, et les rapproche des peuples de l'Orient. Monk, laissé en Écosse par Cromwell, l'acheva de soumettre. Le royaume de Marie Stuart fut réuni par acte du *rump* à l'Angleterre, ce que n'avoient pu faire les plus puissants monarques de la Grande-Bretagne.

Autant le corps législatif étoit méprisé, autant

le conseil exécutif avoit montré de vigueur et de talent : c'est ce qu'on a vu en France, sous les fameux comités émanés de la Convention. Les terres du clergé avoient été mises en vente ainsi que les domaines de la couronne, et ceux-ci tant en Angleterre qu'en Écosse. Les propriétés nationales, proposées d'abord au prix de dix années de leur affermage annuel, s'élevèrent avec les succès de la république au taux de quinze, seize et dix-sept années de leur revenu net : on vendoit les bois à part. Les royalistes dont les biens avoient été séquestrés ou confisqués en obtenoient le retour ou la main-levée moyennant une finance plus ou moins forte payée argent comptant. Une taxe de 120 mille livres sterling par mois suffisoit, avec ces différentes sommes, au besoin des services de l'État.

Toutes les puissances de l'Europe, et l'Espagne la première, avoient reconnu la république. L'Irlande étoit domptée, l'Écosse soumise et réunie à l'Angleterre; une flotte, commandée par le fameux Robert Blake devenu amiral de colonel qu'il étoit, gardoit les mers autour des îles Britanniques; une autre, sous le pavillon d'Édouard Popham, croisoit sur les côtes du Portugal. Les Indes occidentales, les Barbades et la Virginie, soulevées d'abord, furent réduites à l'obéissance. Le fameux acte de navigation proposé par le conseil d'état au parlement en 1651, rendu exécutoire le 1er décembre de cette même année, n'est point, comme on l'a écrit mille fois, l'ouvrage de l'administration de Cromwell, mais de la république avant l'établissement du protectorat. Cet acte fit éclater la guerre entre la Hollande et la Grande-Bretagne en 1652. Blake, Aiskew, Monk et Dean soutinrent en onze combats, depuis le 17 mai 1652, vieux style, jusqu'au 10 août 1653, l'honneur du pavillon anglois contre Tromp, Ruyter, Van Galen et de Witte.

Les classes populaires que les révolutions font monter à la surface des sociétés donnent un moment aux vieux peuples une énergie extraordinaire; mais ces classes, chez qui l'ignorance et la pauvreté ont conservé la vigueur, se corrompent vite au pouvoir, parce qu'elles y arrivent avec des besoins violents et des appétits long-temps excités par la misère et l'envie; elles prennent et exagèrent les vices des grands qu'elles remplacent, sans avoir l'éducation qui du moins tempère ces vices. Une nation ainsi renouvelée par l'invasion d'une sorte de barbares indigènes, ne conserve que peu de jours son énergie; n'étant plus jeune par nature, elle n'est jeune que par accident; or, les mœurs ne se renouvellent pas comme les pouvoirs, et tant que les premières ne sont pas changées, il n'y a rien de durable.

Cromwell s'aperçut que ce reste d'assemblée, soumis d'abord et humilié, commençoit à être jaloux du pouvoir que lui, Cromwell, avoit acquis. L'autorité dictatoriale des camps avoit dégoûté le futur usurpateur de l'autorité légale : son ambition, comme son caractère et son génie, le poussoit à la souveraine puissance.

Il avoit manœuvré long-temps entre les divers

partis, tour à tour presbytérien, niveleur et même royaliste, mais s'appuyant toujours sur l'armée où l'esprit républicain dominoit, autant que cet esprit peut exister au milieu des armes. Les officiers vouloient l'égalité et la liberté, avec la fortune, les honneurs et le pouvoir absolu : c'est ainsi que sous la tente, depuis les légions romaines jusqu'aux Mamelouks, on a toujours compris la république.

Cromwell, après ses victoires, ayant repris son siége au parlement (16 septembre 1651), pressa la rédaction du bill pour mettre fin à ce parlement interminable : il ne le put obtenir qu'à la majorité de deux voix, quarante-neuf contre quarante-sept; encore l'exécution du bill fut-elle remise au 3 novembre 1654.

Ce bill procédoit à la réforme radicale parlementaire, si souvent et si inutilement demandée depuis. La chambre des communes devoit être composée à l'avenir de quatre cents membres, sans compter les députés de l'Irlande et de l'Écosse. Les bourgs pourris disparoissoient; on ne donnoit le droit d'élire qu'aux villes et aux bourgs principaux; deux cents livres sterling en meubles ou immeubles étoient la propriété exigée du citoyen pour l'exercice du droit électoral.

Cromwell ne désiroit la dissolution du *rump* que dans l'espoir d'obtenir le suprême pouvoir, au moyen de députés choisis par son influence, et dévoués à ses intérêts. Afin de préparer les idées à un changement de choses, il avoit encouragé des discussions sur l'excellence du gouvernement monarchique ; mais n'ayant pu amener le *rump* à prononcer la dissolution, il prit un chemin plus court pour y parvenir.

Le rusé général avoit eu l'adresse de remplir toutes les places de ses créatures : les soldats lui étoient dévoués. Depuis la bataille de Worcester, qu'il appela, dans sa lettre au parlement, la *victoire couronnante*, il dissimuloit à peine ses projets. La modération, besoin de tout homme qui, près d'arriver au pouvoir, s'y veut maintenir, étoit devenue l'arme de Cromwell : il avoit fait publier une amnistie générale et se montroit favorable aux royalistes ; il les trouvoit par principe moins opposés que les autres partis à l'autorité d'un seul, et à son tour il avoit besoin de fidélité.

Les communes qui se sentoient attaquées essayèrent de se défendre : tantôt elles se plaignoient des calomnies que Cromwell faisoit semer contre elles; tantôt elles songeoient encore à se perpétuer d'une manière moins directe, en procédant à l'élection des places vacantes au parlement. Cromwell ne s'endormoit pas; il présidoit à des assemblées, à des colloques, à des traités entre les partis, et trompoit tout le monde. Le colonel Harrison, franc républicain, mais aveugle d'esprit, prétendoit toujours que le général, loin de se vouloir faire roi, ne songeoit qu'à préparer le règne de Jésus. « Que Jésus vienne « donc vite, répondit le major Streater, ou il arri- « vera trop tard. » Cromwell, de son côté, déclaroit que le psaume cx^e l'encourageoit à mettre la nation en république; et à cette fin il engageoit le comité d'officiers à présenter des pétitions qui devoient amener, par l'opposition des parlementaires, la destruction de la république. Une de ces pétitions demandoit le paiement des arrérages de l'armée et la réforme des abus; une autre sollicitoit la dissolution immédiate du parlement et la nomination d'un conseil pour gouverner l'État jusqu'à la prochaine convocation du parlement nouveau. Emportées par leur ressentiment, les communes déclarèrent que quiconque présenteroit à l'avenir de pareilles doléances seroit coupable de haute trahison. On vint apprendre cette résolution à Cromwell qui s'y attendoit. Il s'écria, animé d'une feinte colère, au milieu des officiers : « Major-général Vernon ! je me « vois forcé de faire une chose qui me fait dresser « les cheveux sur la tête. » Il prend trois cents soldats, marche à Westminster, laisse les trois cents soldats en dehors, et pénètre seul dans la chambre : il étoit député.

Il écoute un moment en silence la délibération, puis appelant Harrison, membre comme lui de l'assemblée, il lui dit à l'oreille : « Il est temps de « dissoudre le parlement. » Harrison répondit : « C'est « une dangereuse affaire, songez-y bien. »

Cromwell attend encore; puis se levant tout à coup, il accable les communes d'outrages, les accuse de servitude, de cruauté, d'injustice : « Cédez la « place, s'écrie-t-il en fureur, le Seigneur en a fini « avec vous ! il a choisi d'autres instruments de ses « œuvres. » Sir Peters Wentworth veut répondre; Cromwell l'interrompt : « Je ferai cesser ce bavar-

« dage. Vous n'êtes pas un parlement; je vous dis
« que vous n'êtes pas un parlement. »

Le général frappe du pied : les portes s'ouvrent ;
deux files de mousquetaires, conduits par le lieutenant-colonel Worsley, entrent dans la chambre
et se placent à droite et à gauche de leur chef. Vane
veut élever la voix : « O sir Henry Vane! sir Henry
« Vane! dit Cromwell : le Seigneur me délivre de
« sir Henry Vane ! » Désignant alors tour à tour quelques-uns des membres présents : « Toi, dit-il, tu es
« un ivrogne, toi un débauché (c'étoit Martyn, ce
« régicide dont il avoit barbouillé le visage d'encre),
« toi un adultère, toi un voleur. » Ce qui étoit vrai.
Harrison fait descendre l'orateur de son fauteuil en
lui tendant la main. Le troupeau épouvanté sort
pêle-mêle; tous ces hommes s'enfuient sans oser
tirer l'épée que la plupart portoient au côté. « Vous
« m'avez forcé à cela, disoit Cromwell; j'avois prié
« le Seigneur nuit et jour de me faire mourir plutôt
« que de me charger de cette commission. »

Alors, montrant du doigt aux soldats la masse
d'armes : « Emportez ce jouet[1]. » Il sort le dernier,
fait fermer les portes, met les clefs dans sa poche,
et se retire à Whitehall. Le lendemain on trouva
suspendu à la porte de la chambre des communes
un écriteau ainsi conçu : *Chambre à louer, non
meublée.* Ainsi fut chassé de Westminster le parlement : la liberté y resta.

Remarquons les justices du ciel : ces députés qui

[1] Whitelocke dit : *Cette marotte.*

avoient tué leur prince légitime, prétendant qu'il avoit violé les droits du peuple; ces députés qui avoient eux-mêmes précipité violemment de leurs siéges un grand nombre de leurs collègues, furent dispersés par un de leurs complices, bien autrement coupable que Charles envers les droits de la nation. Mais souvent ce que l'on conteste à la légitimité, on l'accorde à l'usurpation : les hommes dans leur orgueil se consolent de l'esclavage lorsqu'ils ont eux-mêmes choisi leur maître parmi leurs égaux.

Buonaparte à Saint-Cloud fit sauter les républicains par les fenêtres, avec moins de fermeté et moins de décision politique que Cromwell n'en mit à dissoudre le long parlement. L'Angleterre républicaine accepta le joug : les tempêtes avoient enfanté leur roi; elles s'y soumirent.

La véritable république ne dura en Angleterre que quatre ans et trois mois, à compter de la mort du roi (30 janvier 1649), jusqu'à la dislocation totale du *rump* (20 avril 1653). Cette courte république ne fut pas sans gloire au dehors ni même sans vertu, sans liberté et sans justice au dedans. Les membres des communes s'exclurent, il est vrai, mutuellement de l'assemblée législative; mais ils ne se décimèrent point, ne s'assassinèrent point tour à tour comme les conventionnels. La république françoise exista douze années, de 1792 à 1804, à l'érection de l'empire, temps de gloire et de conquête au dehors, mais de crimes, d'oppression et d'iniquités au dedans. Cette différence entre deux révolutions qui ont cependant produit, en dernier résultat, la même liberté, vient du sentiment religieux qui animoit les novateurs de la Grande-Bretagne, et des principes d'irréligion qu'affichoient les artisans de nos discordes. Quelques vertus peuvent exister dans la superstition, il n'y en a point dans l'impiété. Les révolutionnaires anglois, fanatiques, connurent le repentir; les révolutionnaires françois, athées, ont tous été sans remords : ils étoient insensibles à la fois comme la matière et comme le néant.

LE PROTECTORAT.

De 1653 à 1658.

Il étoit facile à Cromwell de convoquer un parlement libre; il ne le voulut pas : il cherchoit le pouvoir, non la liberté. L'Angleterre d'ailleurs étoit lasse de parlements; après l'anarchie on respiroit pour le despotisme. Le conseil des officiers qui avoit présenté la pétition décisive s'arrogea le droit d'élection; il choisit (toujours à la suggestion de Cromwell) dans le parti millénaire les hommes les plus obscurs, les plus ignorants, les plus fanatiques : cent quarante-quatre personnages, ainsi triés, furent revêtus du pouvoir souverain. Le major-général Lambert, qui se disoit républicain et qui n'étoit que servile, Harrison, sincère démocrate et d'un esprit borné, prêtoient les mains à toutes ces violences. Harrison, sectaire de la *cinquième monarchie*, demandoit seulement que le nouveau conseil fût composé de soixante-dix membres, pour mieux ressembler au sanhédrin des Juifs. Dans le club législatif des cent quarante *saints*, il falloit avoir de longs noms composés et tirés de l'Écriture, comme dans nos clubs on s'appeloit *Scævola* et *Brutus*. Des deux frères Barebone, l'un, le corroyeur, s'appeloit *Loue-Dieu*; l'autre, *si Christ n'étoit pas mort pour vous, vous seriez damné, Barebone.* Ce Barebone, dont le nom signifie en françois *décharné*, donna son nom aux cent quarante-quatre : au parlement *croupion* succéda le parlement *damné Barebone*, ou le *damné décharné*.

Sur une liste de jurés du comté de Sussex on voit les noms de White d'Emer, *combats pour la bonne cause de la foi;* de Pimple de Whitam, *tue le péché;* de Harding de Lewes, *plein de la grâce.* Lorsque les *saints* entroient en séance à Westminster, ils récitoient des prières, cherchoient le Seigneur des journées entières, et expliquoient l'Écriture : cela fait, ils s'occupoient des affaires, dont ils se croyoient saisis. Cromwell ouvrit la session des *décharnés* par un discours qu'il accompagna de pieuses larmes, remerciant le ciel d'avoir assez vécu pour assister au commencement du règne des *saints* sur la terre. Au fond de toutes ces folies, les nouvelles mœurs se formoient, et les institutions prenoient racine. Ces caractères n'étoient si ridicules que parce qu'ils étoient originaux; or tout ce qui est fortement constitué a un principe de vie. Les courtisans de Charles second purent rire, mais ces fanatiques de bonne foi laissèrent une arrière-postérité qui a fait raison des courtisans.

Whitelocke prétend que quelques hommes éclairés et d'un rang élevé se trouvoient dans le parlement Barebone. Ludlow représente les *décharnés* comme un troupeau d'honnêtes niais, ressemblant assez à nos théophilanthropes. Whitelocke étoit un parlementaire timide, qui avoit fui de peur de condamner Charles Ier, et qui se rangeoit toujours du parti du plus fort; Ludlow étoit un parlementaire décidé, meurtrier du roi et ennemi de Cromwell.

Cinq mois s'étoient à peine écoulés lorsque les cent quarante-quatre *saints*, ne pouvant plus gouverner au milieu de la risée publique, chargèrent Rouse, leur orateur, créature de Cromwell, de remettre l'autorité entre les mains de celui qui les en avoit revêtus. Cromwell l'avoit prévu : il accepta en gémissant le poids de l'autorité souveraine.

Quelques pauvres d'esprit qui n'étoient pas de la faction militaire s'obstinèrent à siéger, malgré la désertion de l'orateur et du sergent qui avoit emporté la masse. Le capitaine White entra dans la chambre, et demanda à ces saints entêtés ce qu'ils faisoient là (12 décembre 1653). « Nous cherchons « le Seigneur, » répondirent-ils. « Allez donc ailleurs, « s'écria White; le Seigneur n'a pas fréquenté ce lieu « depuis longues années; » et il les fit chasser par ses sbires. Le véritable principe républicain existoit pourtant alors dans l'armée angloise plus que dans les autorités civiles; mais il ne peut y avoir d'alliance durable entre le pouvoir constitutionnel et l'autorité militaire : quand la liberté se réfugie à l'autel de la victoire, elle y est bientôt immolée; on la sacrifie pour obtenir le vent de la fortune.

Tous les différents partis, excepté celui des *saints* et celui des républicains véritables, le parti du roi, le parti de l'épiscopat, le parti militaire, le parti des gens de loi qui avoient craint la réforme des coutumes et la simplification du code de procédure ; tous les intérêts, toutes les ambitions, toutes les corruptions, toutes les lassitudes applaudissoient aux entreprises de Cromwell : il fut complimenté par l'armée, la flotte, les autorités civiles. On attendoit avec anxiété et curiosité ce qu'il alloit faire du pouvoir : sa fabrique étoit toute prête et ses ouvriers à l'œuvre.

Le conseil des officiers est convoqué. Le major-général Lambert lit un écrit intitulé : *Instrument de gouvernement.* C'étoit une constitution qui plaçoit la puissance législative dans un parlement et dans un *protecteur.* Il y étoit statué que les membres de ce parlement seroient choisis par le peuple ; qu'ils siégeroient tous les ans cinq mois selon le bon plaisir du *protecteur ;* que le *protecteur* auroit le *veto* suspensif ; qu'il nommeroit à tous les emplois civils et militaires ; que dans l'intervalle des sessions, la nation seroit gouvernée par le *protecteur* et par un conseil composé de vingt et un membres au plus, de treize au moins.

On supplia Cromwell d'accepter le protectorat : il se rendit gracieusement aux vœux de ses peuples. Le maire et les aldermen de Londres furent requis de se trouver à une parade d'installation à la salle de Westminster. Le Protecteur prêta serment à *l'instrument de gouvernement* qui étoit son œuvre. Le général Lambert, un genou en terre, lui présenta une épée dans le fourreau ; les commissaires lui remirent les sceaux ; le maire de Londres lui donna une épée nue, et le sujet des Stuarts alla, monarque absolu des trois royaumes, coucher dans le palais du roi qu'il avoit assassiné.

Le premier parlement convoqué par Cromwell ne répondit pas à son attente : il s'y manifesta un esprit de liberté que l'oppression militaire n'avoit pu étouffer. En vain le Protecteur, à l'ouverture de ce parlement, parla des excès de cette liberté, déclama contre ce qui lui avoit donné la puissance, les agitateurs, les niveleurs, les millénaires et les diverses autres sectes ; en vain il s'éleva contre une égalité chimérique, et loua la division des classes en nobles, gentilshommes et bourgeois : son discours étoit raisonnable au fond, d'accord même avec l'opinion nationale, encore arrêtée aux principes de l'ancienne société ; mais ce n'étoit pas là la question pour les communes. Elles ne s'occupèrent que du pouvoir du Protecteur, et de la mauvaise origine de ce pouvoir. Le parlement ne voyoit pas qu'il étoit tout aussi illégitime que le protectorat ; l'un et l'autre n'existoient qu'en vertu d'une prétendue constitution faite par qui n'avoit pas eu droit de la faire.

Cromwell en péril n'hésita pas : violer la représentation nationale étoit devenu, depuis l'épuration du long parlement, une sorte de jurisprudence politique. Le protecteur plaça des gardes à la porte de Westminster ; ils avoient ordre de ne laisser entrer que les députés consentant à souscrire un engagement en vertu duquel ils reconnoîtroient l'autorité du parlement et *d'un seul*. Cent trente membres signèrent tout d'abord ; plusieurs autres membres s'empressèrent ensuite d'imiter la turpitude de leurs collègues. Rien n'est plus rempli d'émulation que la bassesse : il y a des espèces de vils héros que les succès de la lâcheté empêchent de dormir.

Cromwell, devenu Protecteur, prit le titre d'Altesse. Des médailles furent frappées en son honneur; l'une le représentoit en buste avec cette inscription : *Oliverius Dei gratia, Reipublicæ Angliæ, Scotiæ et Hiberniæ Protector;* au revers étoit l'écusson d'Angleterre; autour on lisoit ces mots, gravés depuis sur les monnoies du temps : *Pax quæritur bello.* D'autres médailles offrent un grand olivier, à l'ombre duquel s'élèvent deux petits oliviers, symboles du Protecteur et de ses deux fils. L'inscription porte: *Non deficient olivarii.* La flatterie ne parloit pas aussi bien latin qu'au temps de Tibère.

Lorsque les officiers vinrent complimenter Cromwell sur sa modestie à n'avoir accepté que le titre de *Protecteur,* il porta la main à son épée : « Elle « m'a élevé, leur dit-il; si je veux monter plus haut, « elle me maintiendra au rang qu'il me plaira d'oc-« cuper. »

Quelles que soient néanmoins la pusillanimité des hommes et la crainte du pouvoir, il est impossible d'éteindre, dans une assemblée délibérante, tout principe vital. Les membres des communes, malgré leur engagement signé, tout en examinant avec modération l'*instrument de gouvernement,* se réservèrent la nomination du successeur de Cromwell; ils rejetèrent le principe du protectorat héréditaire, à la majorité de deux cents voix contre soixante.

Les cinq mois de la session expirés, Cromwell rassembla le parlement (22 janvier 1655) dans la *chambre peinte*. Il se répandit en outrages, traita les députés de parricides pour lui avoir contesté son autorité, à lui régicide; il leur déclara que si la république devoit souffrir, meilleur étoit qu'elle fût dépendante des riches que des pauvres, qui, selon Salomon, lorsqu'ils oppriment, ne laissent rien après eux. Cromwell avoit été blessé de la discussion relative à l'hérédité du protectorat : il vouloit dissimuler sur ce point; mais entraîné, comme le sont tous les hommes, à parler de la chose même où il se sentoit foible, il déclama lui-même contre le protectorat héréditaire, laissant par-là aux principaux officiers, et particulièrement au major-général Lambert, l'espoir de lui succéder.

Le parlement dissous, Cromwell en convoqua un autre pour lever, disoit-il, l'argent nécessaire au service de l'armée et de la flotte, pour confirmer *l'instrument de gouvernement,* et enfin pour légaliser l'autorité des *majors-généraux.* Ces majors étoient des commissaires militaires, chargés de lever sur les biens des royalistes, à cause de quelques mouvements insurrectionnels, une contribution arbitraire d'un dixième de la valeur de ces biens. Cromwell corrompit autant qu'il le put les élections, et cassa celles qui lui étoient le moins favorables.

De tout cela sortit enfin un parlement qui, sous le nom d'*humble pétition et avis*, invitoit le Protecteur à prendre le titre de roi et à former *une autre chambre*, c'est-à-dire une espèce de chambre des pairs, composée de soixante-dix membres à la nomination de Cromwell.

Cromwell se crut obligé de refuser la couronne par un long et obscur discours, où l'on découvroit à la fois ses regrets de repousser le diadème, et sa satisfaction de remettre au théâtre la parade de César. Il avoit plusieurs fois fait traiter devant lui la question du *meilleur gouvernement*; c'étoit à peu près à la même époque que le grand Corneille écrivoit la scène de Cinna.

Buonaparte n'hésita pas à se couronner, soit qu'ayant plus de gloire il eût plus d'audace, soit que la France, plus malheureuse dans sa révolution que l'Angleterre ne l'avoit été dans la sienne, craignît moins de perdre la liberté.

Le nouveau parlement confirma et conféra de nouveau à Cromwell le titre de Protecteur, avec la faculté de nommer son successeur, ce qui, par le fait, rendoit le protectorat héréditaire. Ce parlement fut encore renvoyé à cause des alarmes qu'il inspira à son maître; peut-être Cromwell en vouloit-il secrètement à ces députés trop naïfs, de ne lui avoir pas mis de force la couronne sur la tête. L'usurpation se livroit ainsi à ces fréquentes dissolutions qui avoient perdu la légitimité; mais le bras de Cromwell étoit autrement puissant que celui de Charles; ce bras pouvoit soutenir debout des ruines qu'une force ordinaire n'auroit pu empêcher de tomber.

Mettez à part l'illégalité des mesures de Cromwell, illégalité dont, après tout, il étoit peut-être obligé d'user pour maintenir son illégale puissance, l'usurpation de ce grand homme fut glorieuse. Au dedans il fit régner l'ordre : comme beaucoup de despotes, il étoit ami de la justice en tout ce qui ne touchoit pas à sa personne, et la justice sert à consoler les peuples de la perte de la liberté. Le fanatique, le régicide Cromwell, parvenu au pouvoir, fut tolérant en religion et en politique; il fit passer le bill de la liberté de culte et de conscience; il employa des royalistes avoués : Hale, magistrat intègre, zélé partisan des Stuarts, fut placé à la tête de la magistrature; Monk, qui commanda les armées et les flottes du Protecteur, étoit un royaliste fait jadis prisonnier sur le champ de bataille par les parlementaires : il s'en souvint lors de la restauration.

Cromwell aimoit et protégeoit la noblesse angloise. Cette noblesse ne périt point, comme de nos jours la noblesse françoise, parce qu'elle ne sépara pas tout-à-fait sa cause de la cause générale, et qu'en même temps la révolution de 1640, entreprise en faveur de la liberté, et non de l'égalité, n'étoit point dirigée contre l'aristocratie. Les Falkland, les Strafford, les Clarendon avoient été membres de l'opposition dans ces fameux parlements qui contribuèrent à restreindre les priviléges excessifs de la couronne : il y eut une chambre des pairs jusqu'à la mort de Charles Ier. Essex, Denbigh, Manchester, Fairfax et tant d'autres se distinguèrent dans le service parlementaire de terre et de mer; une foule de lords entrèrent dans l'administration, se firent élire membres des communes aux parlements de la république et du protectorat, parurent dans les conseils, et jusqu'à la cour de Cromwell. Il n'y eut point d'émigration systématique; quelques individus nobles périrent, mais le corps patricien, ayant suivi et même devancé le mouvement de la nation, resta tout entier dans cette nation.

L'administration de Cromwell fut active, vigilante, vigoureuse, mais trop fondée sur la corruption de la police, pour qui Cromwell avoit un penchant décidé, et à laquelle il sacrifioit des sommes considérables. Tous les services étoient payés régulièrement un mois d'avance; de grosses pensions, accordées à des hommes considérables, créoient des intérêts, si elles ne pouvoient créer des devoirs.

Au dehors, Cromwell acheva d'humilier la Hollande et de faire reconnoître la supériorité du pavillon anglois; les nations étrangères recherchèrent l'alliance du Protecteur. Richelieu avoit favorisé les premiers troubles de l'Angleterre; il les avoit pris pour des orages passagers qui, en occupant chez eux des ennemis, donnoient du repos à la France : il ne s'étoit pas aperçu qu'il s'agissoit d'une révolution qui, en accroissant la vigueur d'un peuple, ne laisseroit à Mazarin que des mépris à dévorer;

nourriture d'ailleurs analogue au tempérament du cardinal.

Dunkerque fut par Mazarin livré à Cromwell; Blake prit la Jamaïque; l'Espagne fut contrainte d'offrir de grandes réparations. On a remarqué que Cromwell s'abandonna à sa passion religieuse plus qu'il ne suivit une saine politique, en s'alliant avec la France contre l'Espagne. Cette remarque faite après coup n'a rien de profond aujourd'hui; il est curieux seulement de la trouver dans les *Mémoires de Ludlow*. Ludlow, il est vrai, vit les triomphes de Louis XIV, et survécut long-temps à Cromwell, dont il étoit l'ennemi.

Le Protecteur traita l'Irlande domptée en pays de conquête. Les malheureux Irlandois furent transportés par milliers aux colonies; un grand nombre périt dans les supplices. Des lois draconiennes et étrangères remplacèrent ces vieilles coutumes nées du sol, dont l'autorité se perpétuoit par traditions devant quelque image de la Vierge sur une bruyère, au son d'une musette. Les terres furent vendues : on donnoit mille acres de terrain pour 1,500 liv. sterling dans le canton de Dublin, pour 1,000 dans celui de Kilkenny, pour 800 dans le comté de Wexford, et pour 600 dans les divers comtés de la province de Leinster. Des colonies militaires eurent en partage les terres situées aux environs de Slego, de Colke et de Collel. Les naturels du sol devinrent les serfs des soldats anglois dans le Connaught.

Olivier étendit son autorité protectrice jusque sur les Vaudois, dans les montagnes de la Suisse.

Le frère de l'ambassadeur de Portugal à Londres tua un Anglois; Cromwell le fit décapiter. Le fier usurpateur signant un traité mit son nom au-dessus de celui de Louis XIV. En 1657, il envoya son portrait à la reine Christine, avec un distique qui disoit que le front de Cromwell *n'étoit pas toujours l'épouvante-roi*.

C'est de cet orgueil du Protecteur qu'est née la superbe affectée par nos voisins pendant un siècle et demi, et qui n'a disparu qu'avec les victoires de notre révolution : elles nous ont remis au niveau de la révolution angloise.

Pourtant Cromwell ne fut pas heureux; toute sa puissance ne put empêcher la vérité de faire entendre sa voix. Quand il descendoit en lui-même, il trouvoit toujours qu'il avoit tué le roi ou la liberté; il lui falloit opter entre l'un ou l'autre remords.

Le Protecteur racontoit que dans son enfance une femme lui étoit apparue; elle lui avoit annoncé, comme les magiciennes de Macbeth, qu'il seroit roi. La conscience de Cromwell lui présenta, lorsqu'il étoit encore innocent, la vision de la royauté; quand il devint coupable, elle lui en envoya le fantôme. Placé entre les royalistes et les républicains qui le menaçoient également, Olivier étoit peu satisfait du titre équivoque dont la légitimité et la liberté l'avoient obligé de se contenter. Plusieurs conspirations des *cavaliers* éclatèrent : celles de Bagnal, fils de lady Terringham, de Penruddock, du capitaine Grove, du docteur Hervet, et de sir

Henry Slingsby. Quelques hommes de la *cinquième monarchie* s'agitèrent aussi : un cornette, nommé Day, étoit de l'assemblée républicaine de Coleman-Street, où l'on traitoit Cromwell de coquin et de traître. Quelques régicides suspects furent enfermés dans ce château de Carisbrook, qui avoit servi de prison à Charles Ier. Les juges, et surtout les jurés, contrarioient le despotisme du Protecteur, qui retrouvoit la liberté retranchée derrière cette barrière. Olivier étoit alors obligé de chercher les tribunaux naturels à son gouvernement, les conseils de guerre et les commissions.

Les brochures politiques, une pétition signée de plusieurs officiers, un libelle intitulé le *Memento*, surtout le fameux écrit *Killing no murder* (tuer n'est pas assassiner), achevèrent de troubler le repos de Cromwell. Le colonel Titus, sous le nom de *William Allen*, étoit l'auteur du dernier pamphlet. Dans une dédicace ironique adressée à *Son Altesse Olivier Cromwell*, Titus invitoit son Altesse à mourir pour le bonheur et la délivrance des Anglois; il lui disoit que sa mort étoit le vœu général, la prière commune de tous les partis, qui ne s'entendoient que sur ce point. Titus signoit W. A., *de présent votre esclave et vassal*.

Enfin la famille de Cromwell étoit pour lui un autre sujet de tourment et d'angoisse.

Il rencontroit parmi les siens deux espèces d'oppositions aussi violentes l'une que l'autre : ses trois sœurs épousèrent trois hommes qui tous trois votèrent la mort de Charles Ier. Il eut deux fils et quatre filles. Richard, Protecteur après lui, étoit royaliste ; Henry, lord lieutenant d'Irlande, partageoit une partie des talents et des opinions de son père, mais avec plus de modération que lui.

Sa fille aînée, lady Briget, étoit républicaine; elle fut mariée d'abord au fameux Ireton, et après la mort de celui-ci au lieutenant-général Fleetwood. Lady Élisabeth, sa seconde fille et sa fille chérie, avoit épousé lord Claypole, homme ennemi de la tyrannie : lady Élisabeth étoit ardente royaliste.

Lady Marie, dont l'opinion est peu connue, épousa lord Falconbridge qui fut actif dans la restauration. Enfin lady Francis, la plus jeune des filles du Protecteur, se maria clandestinement, en apparence, à Robert Rich, petit-fils du comte de Warwick. Robert ne vécut que trois mois, et sa veuve épousa sir John Russel.

La destinée de cette dernière fille de Cromwell fut assez singulière. Lord Broghill avoit eu la pensée de la donner en mariage à Charles II. Lady Francis consentoit à cet étrange projet; Cromwell, assez tenté, ne le repoussoit qu'en disant : « Char- « les II est trop damnablement débauché pour me « pardonner la mort de son père. » Il est difficile de juger si Charles n'auroit pas, par politique ou par légèreté, approuvé cette union parricide. L'affaire manqua; lady Francis s'éprit d'inclination pour Jerry White, tout à la fois chapelain et bouffon de Cromwell, lequel White, surpris aux genoux de lady Francis par le Protecteur, fut obligé, pour se sauver, d'épouser une des femmes de chambre de sa maîtresse. Le mariage d'abord clandestin de lady Francis avec Robert Rich fut ensuite célébré publiquement (11 novembre 1657). Le Protecteur se souvenant, à ce mariage, des jeux de sa première jeunesse, arracha la perruque de son gendre, et répandit des confitures liquides sur les robes des femmes : du moins, cette fois on put rester dans la salle du bal.

Ainsi Cromwell dans sa famille trouvoit tantôt des républicains et des républicaines qui détestoient sa grandeur; tantôt des royalistes qui lui reprochoient ses crimes. Lady Claypole ne le laissoit pas respirer; Richard s'étoit jeté aux pieds de son père pour obtenir la vie de Charles Ier. La femme du Protecteur, bien que vaine, portoit avec crainte sa fortune : décemment traitée, mais peu aimée de son mari, elle auroit voulu qu'on s'arrangeât avec le souverain légitime. Enfin la mère de Cromwell, qu'il chérissoit et respectoit, l'avoit aussi supplié de sauver le roi : elle trembloit pour les jours de son Olivier; elle le vouloit voir une fois le jour au moins, et si elle entendoit l'explosion d'une arme à feu, elle s'écrioit : « Mon fils est mort! »

Ces tracasseries intérieures et de tous les moments, qui troublent la vie d'un homme bien plus que les grands événements politiques, ne se pouvoient perdre dans les distractions que cherchoit Cromwell : il s'étoit attaché à lady Dysert, duchesse de Lauderdale; les *saints* se scandalisèrent. On trouvoit aussi que Cromwell faisoit de trop longues prières avec mistress Lambert. Plusieurs bâtards, qui se sont peut-être vantés faussement de leur naissance, ont prouvé que ce rigide Cromwell, ce sévère ennemi de la débauche et de la licence, ce prophète qui communiquoit directement avec Dieu, étoit tombé dans la foiblesse commune à presque tous les grands hommes, d'autant plus attaqués et plus fragiles qu'ils ont plus de gloire.

Tous les monarques avoient renoncé à divertir leur orgueil du spectacle de la dégradation humaine, blessés peut-être encore qu'ils étoient de quelques vérités cachées sous de basses bouffonneries ; ils n'entretenoient plus dans leur cour ces misérables appelés *fous*. Cromwell en avoit quatre, soit que ce tueur de rois aimât à s'environner de ce qui avoit dégradé les rois, régicide encore envers leur mémoire ; soit que n'osant porter leur sceptre, il affectât d'imiter leurs mœurs ; soit enfin qu'il trouvât dans son penchant naturel aux scènes grotesques un rapport avec ces joies royales. Mais tous les bouffons de la terre n'auroient pu chasser du cœur de Cromwell la tristesse qui s'y étoit glissée. Sa cour, ou plutôt sa maison, étoit à la fois une espèce de caserne et un séminaire, où quelques pompes bruyantes venoient, deux ou trois fois l'an, dérider le front des prédicants et des vieux soldats. Depuis la publication du pamphlet *Killing no murder*, on ne vit plus Cromwell sourire ; il se sentoit abandonné par l'esprit de la révolution, d'où lui étoit venue sa grandeur. Cette révolution qui l'avoit pris pour guide ne le vouloit plus pour maître ; sa mission étoit accomplie ; sa nation et son siècle n'avoient plus besoin de lui : le temps ne s'arrête point pour admirer la gloire ; il s'en sert et passe outre [1].

Ce grand renégat de l'indépendance soupçonnoit jusqu'à ses gardes, qu'il faisoit relever trois et quatre fois par jour, et dont lui-même, déguisé, épioit les propos. Il passoit sa vie à entendre les rapports de ses nombreux espions ; il n'osoit plus se montrer en public que revêtu d'une cuirasse cachée sous ses habits, misérable cilice de la peur. Il portoit des pistolets chargés dans ses poches. Un jour qu'il essayoit un attelage de chevaux frisons, il tomba, et l'un de ses pistolets partit. Quand il voyageoit, c'étoit avec une rapidité extrême : on n'apprenoit qu'il avoit passé en un lieu que quand il n'y étoit plus. Dans ce palais de Whitehall, témoin de la grande immolation, Cromwell erroit la nuit, comme un spectre poursuivi par un autre spectre ; il ne couchoit presque jamais deux fois de suite dans la même chambre, tourmenté en cette demeure par ses remords, comme la veuve de Charles y fut dans la suite désolée par ses souvenirs.

La mort de lady Claypole vint ajouter à la noire mélancolie de Cromwell : cette femme, encore jeune, consumée à Hamptoncourt d'une douloureuse maladie, succomba en accablant son père de reproches, et en l'appelant pour ainsi dire après elle.

---

[1] Cette dernière phrase se retrouve dans mon Discours non prononcé sur la liberté de la presse ; je l'avois enlevée à ce passage des *Quatre Stuarts* : je l'ai laissée ici à sa première place.

Il ne tarda pas à la suivre; depuis quelque temps il souffroit d'une humeur à la jambe : la fièvre le prit dans le même château où sa fille avoit rendu le dernier soupir; on le transporta à Londres. Fidèle à son caractère, Cromwell déclara qu'il avoit eu des révélations, qu'il guériroit pour être utile à son pays. Les chapelains de Whitehall annonçoient le prochain rétablissement du prophète : il mourut pourtant. Il expira dans sa cinquante-neuvième année, le 3 septembre 1658, anniversaire des victoires de Dunbar, Worcester, et de l'ouverture du premier parlement protectoral.

« Cromwell alloit ravager toute la chrétienté, dit
« Pascal, la famille royale étoit perdue et la sienne
« à jamais puissante, sans un petit grain de sable qui
« se mit dans son urètre; Rome même alloit trembler
« sous lui; mais ce petit gravier, qui n'étoit rien
« ailleurs, mis dans cet endroit, le voilà mort, sa
« famille abaissée et le roi rétabli. »

Il n'y a de vrai dans cette remarque de Pascal que le néant de la gloire et de la nature humaine. Une de ces tempêtes qui précèdent, accompagnent ou suivent les équinoxes, éclata au moment de la mort du Protecteur : le poëte Waller, qui chantoit tout le monde, annonça en fort beaux vers que les derniers soupirs de Cromwell avoient ébranlé l'île des Bretons; que l'Océan s'étoit soulevé en perdant son maître; que Cromwell, comme Romulus, avoit disparu dans un orage. Les faits se réduisoient à une fièvre et à un coup de vent.

Cromwell eut quelque chose de Hildebrand, de

Louis XI et de Buonaparte ; il eut du prêtre, du tyran et du grand homme : son génie remplaça pour son pays la liberté. Il y avoit trop de puissance en Cromwell pour qu'il pût créer une autre puissance ; il tua toutes les institutions qu'il trouva ou qu'il voulut donner.

La plupart des souverains de l'Europe mirent des crêpes funèbres pour pleurer la mort d'un régicide : Louis XIV porta le deuil de Cromwell auprès de la veuve de Charles Ier. Une couronne, même usurpée, absout-elle d'un crime ?

Ce nom de Cromwell, qui produisoit la lâcheté européenne, faisoit passer en Angleterre le pouvoir absolu entre les mains du foible Richard : tant il y a de puissance dans la gloire ! Cromwell laissa l'empire à son fils ; mais ces génies en qui commence un autre ordre de choses, soit en bien, soit en mal, sont solitaires ; ils ne se perpétuent que par leurs œuvres, jamais par leurs races.

Le Protecteur vécut l'âge des hommes de sa nature : leur règne le plus court est ordinairement de neuf à dix ans, et le plus long de vingt à vingt-deux. Ces calculs historiques, que rien ne semble démentir, reposent sans doute sur quelque vérité naturelle : il se peut faire que la force physique d'un homme placé au plus haut point des révolutions se trouve épuisée dans une période de trois ou quatre lustres.

Achevons de suite, en anticipant même un peu sur les faits, ce qui a rapport à Cromwell.

Thurloe déclaroit que Cromwell étoit monté au

ciel, embaumé des larmes de son peuple : Cromwell, plus franc au moment où la grande vérité, la mort, se présente aux hommes, avoit dit : « Plu-« sieurs m'ont trop estimé, d'autres souhaitent ma « fin. » La bassesse de la flatterie qui survit à l'objet de l'adulation n'est que l'excuse d'une conscience infirme : on exalte un maître qui n'est plus, pour justifier par l'admiration la servilité passée.

Richard fit de magnifiques funérailles à son père. Le corps embaumé du Protecteur fut exposé pendant deux mois au palais de Sommerset, dans une salle tendue de velours noir, et où l'on ne comptoit pas moins de mille flambeaux. Portant un vêtement de brocard d'or fourré d'hermine, une figure en cire, l'épée au côté, un sceptre dans la main droite, un globe dans la gauche, représentoit le Protecteur; elle étoit couchée sur un lit funèbre. Une épitaphe racontoit en abrégé l'histoire de Cromwell et de sa famille. « Il mourut, disoit « l'épitaphe, avec grande assurance et sérénité « d'âme, dans son lit. » Paroles qui s'appliquoient mieux à Charles Ier, excepté les trois dernières.

La figure en cire fut ensuite mise debout sur une estrade, comme pour annoncer une résurrection, ou, comme disoient les *indépendants* indignés de ces pompes *papistes*, pour représenter le passage d'une âme du purgatoire dans le paradis. Le 23 novembre, l'image de cire fut couchée de nouveau, mais dans un beau cercueil qu'enlevèrent dix gentilshommes pour le placer sur un char; le tout s'en alla en pompe à Westminster : lord Claypole menoit le cheval de Cromwell. Le cercueil fut déposé dans la chapelle de Henri VII. On ne voit plus aujourd'hui l'effigie de Cromwell à Westminster, mais celle de Monk : on y cherche vainement aussi les cendres du Protecteur.

On se plut à dire et à écrire, au moment de la restauration de Charles II, que Cromwell, prévoyant les outrages qu'on pourroit faire à ses restes, avoit ordonné qu'on précipitât son corps dans la Tamise, ou qu'on l'enterrât sur le champ de bataille de Naseby, à neuf pieds de profondeur : Barkstead, régicide, lieutenant de la Tour, et protégé de Cromwell, auroit, disoit-on, fait exécuter cet ordre par son fils. On racontoit enfin que les corps de Charles Ier et de Cromwell, échangés, avoient été transportés de l'un à l'autre tombeau, de sorte que Charles II, dans sa vengeance, auroit pendu au gibet le corps de son propre père, au lieu de celui de l'assassin de son père. Ces noires imaginations angloises disparoissent devant les faits : si l'on ne vit que l'image de cire du Protecteur à la pompe funèbre, c'est que l'état des chairs, malgré l'embaumement, obligea de porter le cadavre à Westminster avant la cérémonie publique : l'enterrement précéda les funérailles. Le corps de Charles Ier, retrouvé de nos jours à Windsor, prouve que le meurtrier n'étoit pas allé dormir dans la couche du meurtri, et que satisfait de lui avoir ravi la couronne, il lui laissa son cercueil.

S'il falloit des témoignages de plus, nous dirions que l'on conserve la plaque de cuivre doré trouvée sur la poitrine de Cromwell lors de l'ouverture de sa tombe à Westminster. Cette plaque, renfermée dans une boîte de plomb, fut remise à Norfolk, sergent d'armes de la chambre des communes. Elle porte cette inscription :

Oliverius Protector reipublicæ Angliæ, Scotiæ, et Hiberniæ, natus 25° aprilis anno 1599°, inauguratus 16° decembris 1653°, mortuus 3° septembris anno 1658°, hic situs est.

Une autre preuve de l'exhumation nous reste : la redoutable histoire a gardé dans *le trésor de ses chartes* la quittance du maçon qui brisa, par ordre, le sépulcre du Protecteur, et qui reçut une somme de 15 schellings pour sa besogne. Nous donnerons cette quittance dans la langue originale, afin que les fautes mêmes de l'ignorant ouvrier attestent l'authenticité de la pièce.

May the 4th day, 1661, recd then in full, of the worshipful serjeant Norforke, fiveteen shillinges, for taking up the corpes of Cromell, et Ierton et Brasaw.
            Rec. by me John LEWIS.

« Mai le 4me jour, 1661, reçu alors en totalité, du respec-
« table sergent Norfoke, quinze schellings, pour enlever le
« corps de *Cromell,* et *Ierton* et *Brasaw.*
            « Reçu par moi John LEWIS. »

On voit par la date de cette pièce, 4 mai 1661, que John Lewis avoit fait un long crédit au gouvernement : les os de Cromwell furent exposés à Tyburn le 30 janvier de la même année.

La France garde aussi quelques quittances des assassins du 2 septembre 1792, lesquels déclarent avoir reçu 5 francs *pour avoir travaillé pour le peuple*. Sur l'une de ces quittances est demeurée la trace des doigts sanglants du signataire.

Enfin voici la pièce officielle qui rend compte de l'exhumation. Nous la traduisons littéralement.

Janvier 30 (1661), vieux style.

« Les odieuses carcasses de O. Cromwell, H. Ireton et
« J. Bradshaw, traînées sur des claies jusqu'à Tyburn, et
« étant arrachées de leur cercueil : là pendues aux diffé-
« rents angles de ce triple arbre (*triple tree*) jusqu'au cou-
« cher du soleil ; alors descendues, décapitées et leurs
« troncs infects jetés dans un trou profond au-dessous de
« la potence. Leurs têtes furent après cela exposées sur
« des pieux au sommet de Westminster-Hall. »

Il est donc certain qu'Olivier mort fut déposé à Westminster : il n'y resta pas long-temps. Qu'avoit-on à craindre de lui ? Son squelette pouvoit-il emporter les têtes des squelettes couronnés, s'emparer de la poussière des rois, usurper leur néant ? Quoi qu'il en soit, le 30 janvier 1661, anniversaire du régicide, les restes du Protecteur pendillèrent au haut d'un gibet.

Cromwell avoit visité Stuart dans son cercueil ; il l'avoit touché de sa main ; il s'étoit assuré que le chef étoit séparé du tronc : Charles II vint en son temps, et appuyé aussi d'une chambre des communes ; il rendit aux os du Protecteur la visite faite à ceux de Charles Ier ; vengeance malavisée, car, si d'un côté on ne peut empêcher de vivre ce qui est immortel, de l'autre on ne donne pas la mort à la mort.

Les dispendieuses funérailles qui n'ajoutoient rien à la grandeur de l'homme, et qui ne légitimoient pas l'usurpateur, ruinèrent Richard Cromwell; il fut obligé de demander aux communes un bill suspensif des lois, afin de n'être pas arrêté pour les dettes contractées à l'occasion des obsèques de son père. L'Angleterre, qui ne paya pas l'enterrement de celui qu'elle avoit reconnu pour maître, s'est chargée depuis des frais d'inhumation d'un simple ministre des finances.

Que devint la famille de Cromwell?

Richard eut un fils et deux filles; le fils ne vécut pas. Henri habita une petite ferme, où Charles II entra un jour par hasard, en revenant de la chasse. Il est possible qu'un héritier direct d'Olivier Cromwell par Henri soit maintenant quelque paysan irlandois inconnu, catholique peut-être, vivant de pommes de terre dans les tourbières d'Ulster, attaquant de nuit les Orangistes, et se débattant contre les lois atroces du Protecteur. Il est possible encore que ce descendant inconnu de Cromwell ait été un Franklin ou un Washington en Amérique.

Lady Claypole mourut sans enfants. Nous savons par une mauvaise plaisanterie d'un chapelain de Cromwell, que lady Falconbridge fut également privée de postérité. Restent lady Rich, depuis lady John Russel, et lady Ireton, qui épousa en secondes noces le général Fleetwood. Nous trouvons une mistress Cook de Newington en Middlesex, petite-fille du général Fleetwood, qui communiqua une lettre de Cromwell à William Harris, biographe du Protecteur.

La famille de Buonaparte ne se perdra pas comme celle de Cromwell : le perfectionnement de l'administration civile ne permettroit plus cette disparition. D'ailleurs rien ne se ressemble sous ce rapport dans la position et la destinée des deux hommes.

Le Protecteur ne sortit point de son île : les troubles de 1640 commencèrent et finirent dans la Grande-Bretagne. Nos discordes se sont mêlées à celles du monde entier; elles ont bouleversé les nations, renversé les trônes. Ce qui distingue les derniers mouvements politiques de la France de tous les mouvements politiques connus, c'est qu'ils furent à la fois un affranchissement pour nous et un esclavage pour nos voisins, une révolution et une conquête. Demandez aux Arabes de la Libye et de la mer Morte; demandez aux nababs des Indes le nom de Cromwell, ils l'ignorent. Demandez-leur le nom de Napoléon, ils vous le diront comme celui d'Alexandre.

Cromwell immola Charles Ier et prit sa place; Buonaparte, retournant dix siècles en arrière, ne s'empara que de la couronne de Charlemagne; il fit et défit des rois, mais n'en tua point.

Cromwell prit à femme Élisabeth Bourchier; il eut pour principal gendre un procureur : tous les enfants d'Élisabeth Bourchier retombèrent dans l'état obscur de leur mère, quand leur père fameux disparut.

Buonaparte épousa la fille des Césars, maria ses sœurs à des souverains qu'il avoit créés, et ses frères à des princesses dont il avoit protégé la race. Il n'appartint jamais à aucune assemblée législative; il ne fut jamais, comme Cromwell, un tribun populaire; moins coupable que lui envers la liberté, puisqu'il avoit pris moins d'engagements avec elle, il se crut libre d'écrire son nom avec son épée dans la généalogie des rois : les siècles à venir se sont chargés de fournir ses titres de noblesse.

RICHARD CROMWELL.

De 1658 à 1660.

Richard, devenu protecteur, étoit un homme commun; il ne sut que faire de la gloire et des crimes de son père. L'armée, depuis long-temps domptée par son chef, reprit l'empire. L'oncle de Richard, Desborough, son beau-frère Fleetwood, se mirent avec le général Lambert à la tête des officiers, et forcèrent le foible Protecteur de dissoudre le parlement qui seul le soutenoit.

Chaque jour amena un nouvel embarras, une nouvelle peine : Richard, qui s'oublioit et qu'on oublioit, qui détestoit le joug militaire et qui n'avoit pas la force de le rompre, qui n'étoit ni républicain ni royaliste, qui ne se soucioit de rien, qui laissoit les gardes lui dérober son dîner, et l'Angleterre aller toute seule, Richard abdiqua le protectorat (22 avril 1659).

De tous les soucis du trône, le plus grand pour lui fut de sortir de Whitehall, non qu'il tînt au palais, mais parce qu'il falloit faire un mouvement pour en sortir. Il n'emporta que deux grandes malles remplies des *adresses* et des *congratulations* qu'on lui avoit présentées pendant son petit règne : on lui disoit dans ces félicitations, à la gloire de tous les hommes puissants et à l'usage de tous les hommes serviles, que Dieu lui *avoit donné*, à lui Richard, *l'autorité pour le bonheur des trois royaumes*. Quelques amis lui demandèrent ce que ces malles renfermoient de si précieux : « Le bon-« heur du bon peuple anglois, » répondit-il en riant. Long-temps après, retiré à la campagne, il s'amusoit, après boire, à lire à ses voisins quelques pièces de ces archives de la bassesse humaine et des caprices de la fortune. Cette moquerie philosophique ne le rendoit pas un fils digne de son père, mais le consoloit. Son frère Henri, lord-lieutenant d'Irlande, projeta de remettre cette île entre les mains du roi; mais quoique plus ferme et plus habile que Richard, il céda au torrent qui emportoit sa famille, revint à Londres, et tomba presque aussi obscurément que Richard.

Le conseil des officiers, demeuré maître, rappela, sous la présidence du républicain Lenthal, le *rump* parlement, et dans le jargon des partis, les principes du *rump* se nommèrent *la vieille bonne cause*. Il ne se trouva qu'une quarantaine de députés à la première réunion, encore fallut-il aller chercher en prison deux de ces législateurs enfermés pour dettes. Cette momie estropiée, arrachée de son tombeau, crut un moment qu'elle étoit puissante, parce qu'elle se souvenoit d'avoir fait juger un roi. A peine ressuscitée, elle attaqua l'autorité militaire qui lui avoit rendu la vie; mais le *rump* étoit sans force, car il étoit placé entre les royalistes unis aux presbytériens qui vouloient le retour de la monarchie légitime, et les officiers indociles au joug de l'autorité civile.

Le général Lambert, ayant marché contre un parti royaliste, qui s'étoit levé trop tôt, le dispersa. Lâche régicide, courtisan disgracié de Cromwell, Lambert, qui s'étoit toujours flatté d'hériter d'une puissance trop pesante pour lui, osa tout après sa misérable victoire. Il fit présenter au *rump* une de ces humbles pétitions gonflées de menaces, dont la révolution avoit introduit l'usage. Le *rump* s'emporta, destitua Lambert et Desborough, et abolit le généralat. Lambert, selon l'usage de la *bonne vieille cause,* bloqua si étroitement Westminster avec ses satellites, qu'un seul membre du prétendu parlement, Pierre Wentworth, y put entrer. Sur ces entrefaites, Bradshaw, le fameux président de la commission qui jugea Charles, mourut. Monk, qui gouvernoit l'Écosse, et qui, sans s'en ouvrir à personne, méditoit le rétablissement de la monarchie, entra en Angleterre avec douze mille vieux soldats : il s'avança vers Londres.

Le comité des officiers s'adresse à lui ; le parlement, qui ne siégeoit plus, le sollicite. Monk se déclare républicain et l'ennemi de Stuart en venant le couronner. Il prend parti contre les officiers pour la cause constitutionnelle, installe le *rump* de nouveau ; mais en même temps il y fait rentrer les membres presbytériens, exclus par violence avant la mort de Charles Ier : de ce seul fait résultoit le triomphe certain des royalistes. Le long parlement, après avoir ordonné des élections générales, prononça sa dissolution, et mit fin lui-même à sa trop longue existence, dans laquelle se trouvoit déjà la lacune des années du protectorat. Le peuple brûla en réjouissance, sur les places publiques, des monceaux de croupions de divers animaux. Quelques vrais républicains, comme Vane et Ludlow, s'enfuirent ; d'autres étoient destitués, non par le fait de Monk, mais par les proscriptions dont ils s'étoient frappés les uns les autres. Le régiment d'Haslerig fut donné par Monk à lord Falconbridge, qui, quoique gendre de Cromwell, servit Charles II. Le colonel Hutchinson, dont la femme nous a laissé des Mémoires pleins d'intérêt, se retira en province. Lambert, à la restauration, s'avoua coupable, obtint grâce de la vie, et vécut trente ans relégué dans l'île de Guernesey, sous le double poids du régicide et du mépris.

Le nouveau parlement, divisé, selon l'ancienne forme, en deux chambres, s'assembla le 25 avril 1660 : les communes, sous la présidence d'Harbotele-Green-Stone, ancien membre exclu du long parlement pour avoir dénoncé l'ambition de Cromwell ; la chambre des pairs, sous la présidence de lord Manchester, qui jadis avoit fait la guerre à Charles Ier.

Un commissaire de Charles II, Grenville, s'étoit entendu avec Monk. De retour des Pays-Bas, Grenville apporta la déclaration royale de Charles : elle ne promettoit rien ; ce n'étoit pas une charte. Charles ne faisoit ni la part aux conquêtes du temps, ni les concessions nécessaires aux mœurs, aux idées, à la possession et aux droits acquis ; dès lors une seconde révolution devenoit inévitable, et le prince légataire du trône déshéritoit sa famille. On reprocha à Monk de n'avoir obtenu aucune garantie pour la monarchie constitutionnelle : à l'immortel honneur des royalistes, ce fut un royaliste de la chambre des communes qui réclama les libertés de la nation ; ce fut sir Mathew Hale, ce juge si intègre et si estimé, que Cromwell l'avoit employé malgré le dévouement connu de Hale à ses souverains légitimes. Monk répondit que si on délibéroit, il ne répondoit pas de la paix de l'Angleterre : « Que « craignez-vous ? dit-il, le roi n'a ni or pour vous « acheter, ni armée pour vous conquérir. »

On n'écouta plus aucune représentation ; on avoit soif de repos après de si longs troubles. Des commissaires du parlement allèrent déposer aux pieds du souverain, à Bréda, les vœux et les présents du peuple des trois royaumes. Charles II monta sur un vaisseau de la flotte angloise à La Haye, et débarqua à Douvres le 26 mai 1660 : il embrassa Monk, qui l'attendoit sur le rivage ; et, voyant une foule immense ivre de joie, il dit gracieusement : « Où « sont donc mes ennemis ? » Monk jouoit alors le plus grand rôle : quel petit personnage aujourd'hui que ce Monk, auprès de Cromwell, bien que sa figure en cire à la Curtius soit dans une armoire à Westminster !

Le fils de Charles Ier fit son entrée dans Londres le 29 mai, anniversaire de sa naissance, ce qui parut d'un bon augure. Il accomplissoit sa trentième année; il étoit jeune, spirituel, affable; il reparoissoit sur une terre où naguère il n'avoit trouvé d'abri que dans les branches d'un chêne; il étoit roi, il avoit été malheureux: on l'adora. Qui l'auroit cru? c'étoit le peuple de la *bonne vieille cause* qui poussoit des cris d'allégresse à cette descente des nains dans l'île des géants!

Les corps politiques commencent les révolutions, les corps politiques les terminent: une assemblée délibérante, souvent même illégale et sans droits réels, a plus de puissance pour rappeler un souverain au trône que ne l'auroit une armée. Sans un arrêt du parlement de la ligue, qui déclara la couronne de France incommunicable à tout autre prince qu'à un prince françois, Henri IV n'auroit jamais régné. Il y a dans la loi une force invincible, et c'est de la loi que les monarques doivent tirer leur vraie puissance.

CHARLES II.

De 1660 à 1685.

S'IL étoit possible de supposer que la corruption de mœurs répandue par Charles II en Angleterre fût un calcul de sa politique, il faudroit ranger ce prince au nombre des plus abominables monarques; mais il est probable qu'il ne suivit que le penchant de ses inclinations et la légèreté de son caractère. Assez souvent les hommes se font un plan de vertu, rarement un système de vice : la foiblesse emprunte un appui pour marcher ferme : elle n'a pas besoin de secours pour l'aider à tomber. Entre son père décapité et son frère qui devoit perdre la couronne, Charles ne se sentit jamais bien assuré au pouvoir. Il voulut du moins achever dans les plaisirs une vie commencée dans les souffrances.

Les fêtes de la restauration passées, les illuminations éteintes, vinrent les supplices. Charles s'étoit déchargé sur le parlement de toute responsabilité de cette nature, et celui-ci n'épargna pas les réactions et les vengeances. Cromwell fut exhumé; Richard son fils émigra au continent : à la vérité, il fuyoit moins devant son roi que devant ses créanciers. Il alla se faire insulter par le prince de Conti, qui, ne le connoissant pas, lui demanda qu'étoit devenu ce *sot et poltron de Richard?*

Se souvient-on aujourd'hui qu'il exista un Thomas *Cromwell*, comte d'Essex, et qui, favori d'Henri VIII, fut décapité par le bon plaisir du tyran son maître ? Olivier *Cromwell* tue son nom chez les hommes qui le précédèrent, et le fait vivre chez les hommes qui l'ont suivi et le suivront : une grande gloire obscurcit le passé et illumine l'avenir.

Une commission de trente-quatre membres s'assembla, le 9 octobre 1660, à Hichs's-hall, pour commencer le procès des régicides : vingt et un jurés composoient le grand jury. On remarque dans la liste des juges plusieurs fauteurs de la révolution, entre autres Monk qui, humble serviteur du régicide Cromwell, étoit devenu chevalier de la Jarretière et duc d'Albermarle. Lorsqu'au tirage de la grande loterie des révolutions, chacun ouvre son billet, il se fait une amère et ironique distribution des dons de la fortune : un homme se couvre d'honneurs et de cordons, un homme monte à l'échafaud ; tous deux ont fait la même chose, ont risqué le même enjeu. Pierre est plongé dans la richesse, c'étoit un ennemi ; Paul dans la misère, c'étoit un ami. Celui-ci est récompensé de sa trahison, celui-là puni de sa fidélité.

Le pauvre Harrison, traduit devant ses juges, leur dit : « Plusieurs d'entre vous, mes juges, furent « *actifs* avec moi dans les choses qui se sont passées « en Angleterre... Ce qui a été fait l'a été par l'ordre « du parlement, alors la suprême autorité. »

L'excuse étoit de bonne foi, mais mauvaise. Il suffiroit qu'un pouvoir *légal* nous commandât une action injuste, pour que nous fussions obligés de la commettre. La loi morale l'emporte en certains cas sur la loi politique; autrement on pourroit supposer une société constituée de sorte que le crime y fût le droit commun. Enfin le *rump* n'étoit pas le *vrai* parlement, le parlement *légal*.

Harrison étoit un homme simple d'esprit et de cœur, une espèce de fou fanatique de la *cinquième monarchie;* franc républicain, il s'étoit séparé de Cromwell, oppresseur de la liberté. Ce fut à propos d'Harrison qu'un juge appliqua au peuple anglois le bel apologue de l'enfant devenu muet, qui recouvre la parole en apercevant le meurtrier de son père [1]. Tout criminel qu'il étoit, Harrison étoit plus estimable que beaucoup d'autres hommes; mais il y a des fatalités dans la vie : tel, d'un caractère noble et pur, tombe dans une impardonnable erreur; chacun le repousse : tel, vil et corrompu par nature, n'a point eu l'occasion de faillir; chacun le recherche. L'un est condamné au tribunal des hommes; l'autre au tribunal de Dieu.

On découvrit au procès des juges de Charles Ier, que les deux bourreaux masqués étoient un nommé Walker et un nommé Hulet, tous deux militaires : Hulet étoit capitaine. *Garlland,* qui occupoit le fauteuil dans le *meeting* régicide, fut accusé par un témoin d'avoir craché à la figure du roi; Axtell, monstre de cruauté, qui tuoit, dit le procès, les Irlandois comme *la vermine,* Axtell, anabaptiste et

---

[1] J'ai cité ce passage du procès de Harrison dans le ch. 11 des *Réflexions politiques*, tom. xv.

agitateur, fut convaincu d'avoir obligé les soldats de crier *justice, exécution!* de les avoir pressés de tirer sur la tribune de lady Fairfax, de leur avoir fait brûler de la poudre au visage de l'auguste prisonnier. Tous ces hommes soutinrent que leur cause étoit *celle de Dieu.* Thomas Scott montra le plus de fermeté. Il avoit déclaré dans le parlement « qu'il
« ne se repentiroit jamais d'avoir jugé le roi, et qu'il
« vouloit que l'on gravât sur sa tombe : *Ci gît Tho-*
« *mas Scott, qui condamna le feu roi à mort.* » Il ne démentit point ce langage au milieu des plus cruels supplices. La sentence prononcée à tous étoit ainsi conçue :

« Vous serez traîné sur une claie au lieu de l'exé-
« cution; là pendu, et étant encore en vie, on cou-
« pera la corde. Vous serez mutilé (*your privy mem-*
« *ber to be cut off*); on vous arrachera les entrailles
« (et vous vivant), elles seront brûlées devant vos
« yeux. Votre tête sera coupée, vos membres divisés
« en quatre quartiers. Votre tête et vos membres
« seront mis à la disposition du roi, et Dieu ait merci
« de votre âme. »

De quatre-vingts régicides qui restoient en Angleterre au moment de la restauration, cinquante et un se présentèrent à la proclamation du roi, se reconnurent coupables, et jouirent de l'amnistie; vingt-neuf furent mis en jugement; dix soutinrent qu'ils n'étoient pas criminels, et volèrent martyrs au supplice. Le prédicant Hugh Peters partagea leur sort. John Jones à la potence déclara le roi innocent de sa mort; Charles II ne faisoit, selon la conscience de Jones, que remplir les devoirs d'un bon fils envers un père.

C'est ainsi que des exhumations et des exécutions ouvrirent un règne que des échafauds devoient clore. Vingt-deux années de débauche passèrent sous des fourches patibulaires ; dernières années de joie à la façon des Stuarts, et qui avoient l'air d'une orgie funèbre.

Dans les premiers jours de la restauration, on chercha comment on pourroit jamais être assez esclave pour expier le crime d'indépendance : c'étoit une émulation domestique qui débarrassoit le maître des actes de rigueur ; le clergé et le parlement se chargeoient de tout. Les communes passèrent un acte afin d'établir ou de rétablir la doctrine de l'obéissance passive. Le bill des convocations triennales fut aboli : une espèce de long parlement royal dura dix-sept années pour la corruption, l'impiété et la servitude, comme le long parlement républicain en avoit existé vingt pour le rigorisme, le fanatisme et la liberté. Tout prit le caractère d'une monarchie absolue dans une monarchie représentative : on copia la cour de Louis XIV sans en avoir la grandeur ; on cabala pour être ministre ; il y eut des influences de maîtresse à Windsor comme à Versailles ; les intérêts publics étoient traités comme des intérêts privés ; ce ne furent plus les révolutions, mais les intrigues qui élevèrent les échafauds.

La peste et un vaste incendie ne troublèrent point la vie voluptueuse de Charles. A l'instigation de la France et par les séductions d'Henriette, duchesse d'Orléans, il fit la guerre à la Hollande dans l'unique but de détourner au profit de ses plaisirs les subsides du parlement.

Les malheureux *cavaliers*, ces royalistes qui avoient tout sacrifié à la cause des Stuarts, oubliés maintenant, languissoient dans la misère; les *têtes rondes* jouissoient des biens et des honneurs qu'ils avoient acquis, en s'armant contre la famille légitime. Waller, conspirateur poltron sous le long parlement, poëte adulateur de l'usurpation heureuse, faisoit les délices de la légitimité restaurée, tandis que le fidèle et courageux Butler mouroit de faim. Charles savoit pourtant par cœur et se plaisoit à répéter les vers d'*Hudibras*. Cette satire pleine de verve contre les personnages de la révolution charmoit une cour où brilloient la débauche de Rochester et la grâce de Grammont : le ridicule étoit une espèce de vengeance tout-à-fait à l'usage des courtisans. Au surplus les républiques sont-elles plus reconnoissantes que les monarchies? Charles II a-t-il oublié ses amis plus que ne l'ont fait les autres rois? Il y a des infirmités qui appartiennent aux couronnes, quels que soient d'ailleurs les qualités et les défauts des hommes couronnés. « Entrez dans la basse-cour du château (de Henri IV), » dit l'ingénieuse duchesse de Rohan dans son apologie ironique, « vous oyrez des officiers crier : *Il y «a vingt-cinq et trente ans que je fais service au «roi sans pouvoir être payé de mes gages : en voilà «un qui lui faisoit la guerre il n'y a que trois jours, «qui vient de recevoir une telle gratificatisn.* Mon-

« tez les degrés, entrez jusque dans son anticham-
« bre, vous oyez les gentilshommes qui diront :
« *Quelle espérance y a-t-il à servir ce prince? j'ai
« mis ma vie tant de fois pour son service, j'ai été
« blessé, j'ai été prisonnier, j'y ai perdu mon fils,
« mon frère ou mon parent; au partir de là il ne me
« connoît plus, il me rabroue si je lui demande la
« moindre récompense...* Tout beau, messieurs, au-
« rez-vous tantôt tout dit? Écoutez-moi un peu à
« mon tour ; sachez que ce prince est doué de ver-
« tus surnaturelles ; il dit en bon langage : *Mes amis,
« offensez-moi, je vous aimerai; servez-moi, je vous
« haïrai...* O valeureux prince, et généreux cou-
« rage, qui ne se rend qu'aux généreux, qui ne se
« laisse forcer que par la seule force ! »

Quelques souvenirs, quelques ambitions privées, quelques rêveries particulières à des esprits faux qui s'imaginoient pouvoir faire revivre le passé, fermentèrent dans un coin, sous la protection de Jacques, alors duc d'York et catholique de religion. Ces ambitions, ces rêveries, ces souvenirs pris mal à propos pour une opinion possible ou applicable, donnèrent à la nation la crainte d'un règne opposé au culte établi et à la liberté des peuples. La correspondance diplomatique nous apprend le rôle odieux que joua Louis XIV alors, et la funeste influence qu'il exerça sur la destinée de Charles et de Jacques : en même temps qu'il encourageoit le souverain à l'arbitraire, il poussoit les sujets à l'indépendance, dans la petite vue de tout brouiller et de rendre l'Angleterre impuissante au dehors. Les ministres de Charles et les membres les plus remarquables de l'opposition du parlement étoient pensionnaires du grand roi.

L'église épiscopale se mêloit de toutes les transactions : proscrite durant les derniers troubles par des fanatiques, l'intérêt et la vengeance l'avoient rendue à son tour fanatique. Infecté de cet esprit de réaction, le parlement vouloit l'uniformité du culte, et persécutoit également catholiques et presbytériens, bien qu'un bon nombre des membres de ce parlement n'eût aucune croyance. Sous le règne de Charles Ier, la politique n'avoit été que l'instrument de la religion; sous le règne de Charles II, la religion ne fut que l'instrument de la politique. Les principes avoient changé de place, et par la manière dont ils s'étoient coordonnés, ils conduisoient plus directement à la liberté civile, tout en opprimant la liberté de conscience. Les indépendants avoient disparu : la cour étoit déiste ou athée.

En 1673, le parlement passa l'acte du test; précaution prise dans l'avenir contre le duc d'York, comme papiste. Effet miraculeux, et toutefois naturel, de la marche des siècles! ce fameux acte qui servit à précipiter les Stuarts et qui devint la sauvegarde d'une nouvelle dynastie s'abolit au moment même où je trace ces mots. L'abolition n'est pas encore pleine et entière, mais elle ne peut tarder à le devenir. Si la race des Stuarts n'étoit pas éteinte, elle ne trouveroit plus dans sa religion d'obstacle à remonter sur le trône : en trouveroitelle dans sa politique? Tout est là aujourd'hui pour les peuples et pour les rois.

Une prétendue conspiration découverte par l'infame Titus Oates compromit la reine dont le parlement alla jusqu'à demander l'exil, et envoya au gibet quelques Jésuites. Shaftesbury, flatteur de Cromwell et instrument de la restauration, homme d'un esprit, d'un caractère et d'un talent assez semblables à ceux du cardinal de Retz, Shaftesbury, père d'un fils célèbre, passoit d'une intrigue à l'autre. Un bill, ouvrage de son antipathie plus que de sa conviction, fut présenté à la chambre des communes pour exclure le duc d'York de la succession à la couronne; la chambre des pairs repoussa le bill. Les communes s'indignèrent; Charles casse le parlement, en convoque un autre à Oxford: celui-ci, plus séditieux que l'autre, représente le bill rejeté. Charles brise de nouveau le parlement, dépouille Londres et quelques villes municipales de leurs chartes, règne jusqu'à sa mort en maître, et, par les conseils de son frère, devient cruel et persécuteur.

De là les conspirations opposées et mal conçues de Monmouth, bâtard de Charles, des lords Shaftesbury, Essex, Grey, Russel, de Sidney, et d'Hampden, petit-fils du fameux parlementaire. Ces trois derniers sont célèbres : lord Russel est la seule victime de ces temps qui ait mérité l'estime complète de la postérité. Hampden fut misérable dans le procès; il eut de moins ce que son aïeul avait de trop. Quant au républicain Sidney, il recevoit de l'argent de Louis XIV : il s'étoit arrangé de manière à vivre à son aise par le despotisme, et à mourir noblement pour la liberté.

L'inquiétude croissante du règne futur, les prétentions de Marie, fille du duc d'York et femme du prince d'Orange, la profonde et froide ambition de ce gendre de Jacques, autour duquel les mécontents de tous les partis commençoient à se rallier, empoisonnèrent les derniers jours d'une cour frivole. Charles mourut subitement le 16 février 1685 d'une apoplexie, suite assez commune de la débauche, dans le passage de l'âge mûr à la vieillesse. Les plaisirs de ce prince lui rendirent un dernier service ; ils l'enlevèrent à une nouvelle révolution, ou plutôt au dernier acte de la révolution, puisque le Stuarts n'avoient pas voulu jouer eux-mêmes ce dernier acte, et prendre à leur profit ce que Guillaume sut recueillir. Les uns ont cru que Charles II avoit été empoisonné ; il est plus certain qu'il mourut catholique, si toutefois il étoit quelque chose en religion.

Ce fils de Charles Ier fut un de ces hommes légers, spirituels, insouciants, égoïstes, sans attachement de cœur, sans conviction d'esprit, qui se placent quelquefois entre deux périodes historiques pour finir l'une et commencer l'autre, pour amortir les ressentiments, sans être assez forts pour étouffer les principes ; un de ces princes dont le règne sert comme de passage ou de transition aux grands changements d'institutions, de mœurs et d'idées chez les peuples ; un de ces princes tout exprès créés pour remplir les espaces vides qui, dans l'ordre politique, séparent souvent la cause de l'effet.

L'intelligence humaine avoit marché en raison des progrès de la science sociale. La poésie brilla du plus vif éclat. C'est l'époque de Milton, de Waller, de Dryden, de Butler, de Cowley, d'Otway, de Davenant, les uns admirateurs, les autres dépréciateurs du génie de Cromwell, et tous plus ou moins soumis à Charles. « Nourrie dans les factions, « exercée par tous les fanatismes de la religion, de « la liberté et de la poésie, cette âme orageuse et « sublime (Milton), en perdant le spectacle du monde, « devoit un jour retrouver dans ses souvenirs le « modèle des passions de l'enfer, et produire du « fond de sa rêverie, que la réalité n'interrompoit « plus, deux créations également idéales, également « inattendues dans ce siècle farouche, la félicité du « ciel et l'innocence de la terre. » Nous empruntons cette peinture admirable à l'*Histoire de Cromwell* par M. Villemain.

Tillotson, Burnet, Shaftesbury, Hobbes, Locke et Newton avoient paru ou commençoient à paroître : les sciences, selon les temps, sont filles ou mères de la liberté.

JACQUES II.

De 1685 à 1688.

Quand les révolutions doivent s'accomplir, on voit naître ou se maintenir aux affaires les hommes qui, par leurs vertus ou leurs crimes, leur force ou leur foiblesse, conduisent ces révolutions à leur terme; on voit en même temps mourir ou s'éloigner les hommes qui pourroient arrêter la marche des événements. Charles Ier n'étoit que le troisième fils de Jacques Ier; si ses frères aînés avoient vécu, il ne seroit pas arrivé à la couronne: son père dévot le destinoit à l'église; il se seroit assis paisiblement sur le trône archiépiscopal de Cantorbéry, au lieu de monter à l'échafaud. Toute la série des événements eût été changée par l'influence personnelle des monarques qui auroient régné au lieu de Charles Ier et de ses deux fils; les Stuarts gouverneroient peut-être encore la Grande-Bretagne.

Jacques II, homme dur et foible, entêté et fanatique, n'avoit pas, lorsqu'il prit en main les rênes des trois royaumes, la moindre idée de la révolution accomplie dans les esprits; il étoit resté en arrière de ses contemporains de plus d'un siècle. Il voulut tenter en faveur de l'église romaine ce que son père n'avoit pas pu même exécuter pour l'épiscopat : il se croyoit le maître d'opérer un changement dans la religion de l'État aussi facilement qu'Henri VIII ; mais le peuple anglois n'étoit plus le peuple des Tudors, et quand Jacques eût distribué à ses sujets tous les biens du clergé anglican, il n'auroit pas fait un seul catholique. Son plus grand tort fut de jurer, en parvenant à la couronne, ce qu'il n'avoit pas l'intention de tenir : la foi gardée n'a pas toujours sauvé les empires ; la foi mentie les a souvent perdus.

Jacques eut tout d'abord le cœur enflé par la folle rébellion du duc de Monmouth, si facilement réprimée. Monmouth, battu à Segmore, découvert après le combat dans des broussailles, conduit à Londres, présenté à Jacques, ne put sauver sa vie par les humbles soumissions que Jacques exilé a complaisamment racontées, croyant excuser sa foiblesse en divulguant celle des autres. La certitude de la mort rendit à Monmouth le courage ; il se montra brave et léger comme Charles II son père ; il avoit toutes les grâces de la courtisane sa mère : il joua avec la hache dont il fallut cinq coups pour abattre sa belle tête. On a voulu faire de Monmouth le *Masque de fer :* c'est toujours du roman.

Jacques, naturellement cruel, trouva un bourreau : Jeffries avoit commencé ses œuvres vers la fin du règne de Charles II, dans le procès où Russel et Sidney perdirent la vie. Cet homme qui, à la suite de l'invasion de Monmouth, fit exécuter dans l'ouest de l'Angleterre plus de deux cent cinquante personnes, ne manquoit pas d'un certain esprit de justice : une vertu qu'on n'aperçoit pas dans un homme de bien se fait remarquer quand elle est placée au milieu des vices.

Emporté par son zèle religieux, le monarque n'écoutoit que les conseils de son confesseur, le Jésuite Peters, qu'il avoit entrepris de faire cardinal. Missionnaire dans sa propre cour, Jacques avoit converti son ministre Sunderland, qui n'étoit pas plus fidèle à son nouveau dieu qu'il ne l'étoit à son roi. Le nonce du pape fit une entrée publique à Windsor, en habits pontificaux : ces choses qui, dans l'esprit tolérant ou indifférent de ce siècle, seroient fort innocentes aujourd'hui, étoient alors criminelles aux yeux d'un peuple instruit à regarder la communion romaine comme ennemie des libertés publiques.

Le roi, ne pouvant parvenir directement à son but, voulut l'atteindre par une voie oblique; il se fit le protecteur des quakers, et demanda la liberté de conscience pour tous ses sujets : Cromwell avoit aussi recherché cette liberté, mais pour se défendre, et non pour attaquer, comme Jacques. Le roi intrigua sans succès, afin d'obtenir une majorité sur ce point dans le parlement. Ayant échoué, il publia de sa propre autorité une déclaration de liberté de conscience. Sept évêques refusèrent de la lire dans leurs églises : conduits à la Tour, puis acquittés par un jugement, leur captivité et leur élargissement devinrent un triomphe populaire. Jacques avoit formé un camp qu'il exerçoit à quelques milles de Londres; il ne trouva pas les soldats plus disposés à admettre la liberté de conscience que les évêques.

Ainsi ce fut par un acte juste et généreux en principe que Jacques acheva de mécontenter la nation. On trouve aisément la double raison de cette sorte d'iniquité des faits : d'un côté il y avoit fanatisme protestant; de l'autre on sentoit que la tolérance royale n'étoit pas sincère, et qu'elle ne demandoit une liberté particulière que pour détruire la liberté générale.

Il est difficile de s'expliquer la conduite du roi. Sous le règne même de son frère, il avoit vu proposer un bill d'incapacité à la possession de la couronne, incapacité fondée sur la profession de toute religion qui ne seroit pas la religion de l'État : ces dispositions hostiles pouvoient sans doute avoir irrité secrètement Jacques le catholique; mais aussi comment ne comprit-il pas que pour conserver la couronne chez un pareil peuple, il ne le falloit pas frapper à l'endroit sensible? Loin de là, au lieu de se modérer en parvenant au souverain pouvoir, Jacques abonda dans les mesures propres à le perdre:

La Hollande étoit depuis long-temps le foyer des intrigues des divers partis anglois : les émissaires de ces partis s'y rassembloient sous la protection de Marie, fille aînée de Jacques, femme du prince d'Orange, homme qui n'inspire aucune admiration, et qui pourtant a fait des choses admirables. Souvent averti par Louis XIV, Jacques ne vouloit rien croire : il lui fallut pourtant se rendre à l'évidence;

une dépêche du marquis d'Abbeville, ambassadeur de la Grande-Bretagne à La Haye, déroula à ses yeux tout le plan d'invasion. Abbeville tenoit ses renseignements du grand-pensionnaire Fagel; le comte d'Avaux avoit su beaucoup plus tôt toute l'affaire. Une flotte étoit équipée au Texel; elle devoit agir contre l'Angleterre, où le prince d'Orange se disoit appelé par la noblesse et le clergé.

Louis XIV, dont la politique avoit été désastreuse et misérable jusqu'au dénoûment, retrouva sa grandeur à la catastrophe; il fit des offres magnanimes, et les auroit tenues, mais il commit en même temps une faute irréparable : au lieu d'attaquer les Pays-Bas, ce qui eût arrêté le prince d'Orange, il porta la guerre ailleurs. La flotte mit à la voile; Guillaume débarqua avec treize mille hommes à Broxholme, dans Torbay.

A son grand étonnement, il n'y trouva personne : il attendit dix jours en vain. Que fit Jacques pendant ces dix jours ? rien. Il avoit une armée de vingt mille hommes, qui se fût battue d'abord, et il ne prit aucune résolution. Sunderland, son ministre, le vendoit; le prince Georges de Danemarck, son gendre, et Anne, sa fille favorite, l'abandonnoient de même que sa fille Marie et son autre gendre Guillaume. La solitude commençoit à croître autour du monarque qui s'étoit isolé de l'opinion nationale : il demanda des conseils au comte de Bedford, père de lord Russel, décapité sous le règne précédent à la poursuite de Jacques. « J'avois un fils, répondit « le vieillard, qui auroit pu vous secourir. »

Jacques ne montra de fermeté dans ce moment critique que pour sa religion : elle avoit dérobé à son profit le courage naturel du prince. Jacques rappela, il est vrai, les mesures favorables aux catholiques, et toutefois, bravant l'animadversion publique, il fit baptiser son fils dans la communion romaine : le pape fut déclaré parrain de ce jeune roi, qui ne devoit point porter la couronne. La conscience étoit la vertu de ce Jacques II, mais il ne l'appliquoit qu'à un seul objet : cette vive lumière devenoit pour lui des ténèbres lorsqu'elle frappoit autre chose qu'un autel.

Le prince d'Orange avançoit lentement vers Londres, où la seule présence de Jacques combattoit l'usurpateur. Peu à peu la défection se mit dans l'armée angloise. Le *Lilli-Bullero,* espèce d'hymne révolutionnaire, fut chanté parmi les déserteurs. « Qu'on leur donne des passe-ports en mon « nom, dit Jacques, pour aller trouver le prince « d'Orange ; je leur épargnerai la honte de me « trahir. »

Cependant le roi prenoit la plus fatale des résolutions, celle de quitter Londres. Il fit partir d'abord la reine et son jeune fils, qu'accompagnoit Lauzun, favori de la fortune, comme ses suppliants en étoient le jouet. Jacques lui-même s'embarqua sur la Tamise, y jeta le sceau de l'État ou plutôt sa couronne, que le flot ne lui rapporta jamais. Arrêté par hasard à Feversham, il revint à Londres, où le peuple le salua des plus vives acclamations : cette inconstance populaire pensa renverser l'œuvre de la patiente et coupable ambition du prince d'Orange. Ce duc d'York, si brave dans sa jeunesse sous les drapeaux de Turenne et de Condé, si vaillant et si habile amiral sur les flottes de son frère Charles II, ce duc d'York ne retrouvoit plus comme roi son ancien courage ; il ne s'agissoit cependant pour lui que de rester et de regarder en face son gendre et sa fille. Guillaume lui fit ordonner de se retirer au château de Ham : le monarque, au lieu de s'indigner contre cet ordre, sollicita humblement la permission de se rendre à Rochester. Le prince d'Orange devina aisément que son beau-père, en se rapprochant de la mer, avoit l'intention de s'échapper du royaume ; or c'étoit tout ce que désiroit l'usurpateur : il s'empressa d'accorder la permission : Jacques gagna furtivement le rivage, monta sur un vaisseau qui l'attendoit et que personne ne vouloit prendre.

L'austère catholique qui sacrifioit un royaume à sa foi étoit suivi de son fils naturel, le duc de Berwick, qu'il avoit eu d'Arabelle Churchill, sœur du duc de Marlborough. Marlborough devoit sa fortune à Jacques ; il déserta son bienfaiteur et son maître infortuné pour se donner à un coupable heureux. Berwick et Marlborough, l'un bâtard et l'autre traître, devoient devenir deux capitaines célèbres : Marlborough ébranla l'empire de Louis XIV ; Berwick assura l'Espagne au petit-fils de ce grand roi, et ne put rendre l'Angleterre à son père, Jacques II. Berwick eut la gloire de mourir d'un coup de canon à Philipsbourg pour la France

(12 juin 1734), et d'avoir mérité les éloges de Montesquieu.

Jacques aborda les champs de l'éternel exil, le 2 janvier 1689 (nouveau style), mois funeste. Il débarqua à Ambleteuse, en Picardie. Il n'avoit fallu que quatre ans au dernier fils de Charles Ier pour perdre un royaume.

Une assemblée nationale convoquée à Westminster, sous le nom de *Convention*, déclara, le 23 février 1689, que Jacques, second du nom, en quittant l'Angleterre, avoit abdiqué; que son fils, le prince de Galles, étoit un enfant supposé (impudent mensonge); que Marie, fille de Jacques, princesse d'Orange, étoit de droit l'héritière d'un trône délaissé : l'usurpation s'établit sur une fiction de légitimité.

Le prince d'Orange et sa femme Marie acceptèrent la succession royale non vacante à des conditions qui devinrent la constitution écrite de la Grande-Bretagne : tel fut le dernier acte et le dénoûment de la révolution de 1640; ainsi furent posées, après des siècles de discordes, les limites qui séparent aujourd'hui en Angleterre le juste pouvoir de la couronne, des libertés légales du peuple.

Au reste, ni Jacques ni les Anglois n'eurent aucune dignité dans cet événement mémorable : ils laissèrent tout faire à Guillaume avec une foible armée de treize mille hommes, où l'on comptoit douze ou quatorze cents soldats et officiers françois protestants : ceux-ci, chassés de France par la révocation de l'édit de Nantes, allèrent détrôner en Angleterre un prince catholique, allié de Louis XIV; ainsi s'enchaînent les choses humaines. Ce fut une garde hollandoise qui fit la police à Londres et qui releva les postes de Whitehall. Les historiens de la Grande-Bretagne appellent la révolution de 1688 la *glorieuse* révolution; ils se devroient contenter de l'appeler la révolution *utile* : les faits en laissent le profit, mais en refusent la gloire à l'Angleterre. Le plus léger degré de fermeté dans le roi Jacques auroit suffi pour arrêter le prince Guillaume; presque personne dans le premier moment ne se déclara en sa faveur.

Au surplus, cette révolution, qui auroit pu être retardée, n'en étoit pas moins inévitable, parce qu'elle étoit opérée dans l'esprit de la nation. Si Jacques parut frappé de vertige au moment décisif; si pendant son règne on ne le vit occupé qu'à se créer une place de sûreté en Angleterre, ou un moyen de fuite en France; s'il se laissa trahir de toutes parts; s'il ne profita ni des avis ni des offres de Louis XIV, c'est qu'il avoit la conscience que ses destins étoient accomplis. La liberté méconnue sous Jacques Ier, ensanglantée sous Charles Ier, déshonorée sous Charles II, attaquée sous Jacques II, avoit pourtant été conservée dans les formes constitutionnelles, et ces formes la transmirent à la nation qui continua de féconder le sol natal après l'expulsion des Stuarts.

Ces princes ne purent jamais pardonner au peuple anglois les maux qu'il leur avoit fait endurer;

le peuple anglois ne put jamais oublier que ces princes avoient essayé de lui ravir ses droits : il y avoit de part et d'autre trop de justes ressentiments et trop d'offenses. Toute confiance réciproque étant détruite, on se regarda en silence pendant quelques années. Les générations qui avoient souffert ensemble, également fatiguées, consentirent à achever leurs jours ensemble; mais les générations nouvelles, qui ne sentoient pas cette lassitude, qui, ne nourrissant plus d'inimitiés, n'avoient pas besoin d'entrer dans les compromis du malheur; ces générations revendiquèrent les fruits du sang et des larmes de leurs pères : il fallut dire adieu aux choses du passé. Il ne restoit dans les deux partis, à la révolution de 1688, que quelques témoins de la catastrophe de 1649 : Jacques lui-même, qui alloit mourir dans l'exil, et le vieux régicide Ludlow, qui revint de l'exil pour jouir du plaisir de voir chasser un roi dont il avoit condamné le père. Ludlow se trouva d'ailleurs tout aussi étranger dans Londres avec ses principes républicains, que Jacques avec ses maximes de pouvoir absolu.

Mais nous nous trompons dans ce récit : un autre personnage assista encore à l'avénement de Guillaume. Le nommé *Clark*, du comté d'Erford, avoit eu un procès avec ses filles. Après la mort de son fils unique, il vint plaider à Londres; il lui prit envie d'assister à une séance de la chambre haute. Un homme lui demanda s'il avoit jamais rien vu de semblable. « Non pas, répondit Clark, depuis

« que j'ai cessé de m'asseoir dans ce fauteuil. » Il montroit le trône : c'étoit Richard Cromwell.

Les Stuarts auroient-ils pu régner après la restauration ? Très facilement, en faisant ce que fit Guillaume en Angleterre, ce qu'a fait Louis XVIII en France, en donnant une charte, en acceptant de la révolution ce qu'elle avoit de bon, d'invincible, ce qui étoit accompli dans les esprits et dans le siècle, ce qui étoit terminé dans les mœurs, ce qu'on ne pouvoit essayer de détruire, sans remonter violemment les âges, sans imprimer à la société un mouvement rétrograde, sans bouleverser de nouveau la nation. Les révolutions qui arrivent chez les peuples dans le sens naturel, c'est-à-dire dans le sens de la marche progressive du temps, peuvent être terribles, mais elles sont durables; celles que l'on tente en sens contraire, c'est-à-dire en rebroussant le cours des choses, ne sont pas moins sanglantes ; mais, fléau d'un moment, elles ne fondent, elles ne créent rien; tout au plus elles peuvent exterminer.

Les Stuarts ont passé, les Bourbons resteront, parce qu'en nous rapportant leur gloire, ils ont adopté les libertés récentes, douloureusement enfantées par nos malheurs. Charles II débarqua à Douvres les mains vides; il n'avoit dans ses bagages que des vengeances et le pouvoir absolu : Louis XVIII s'est présenté à Calais, tenant d'une main l'ancienne loi, de l'autre la loi nouvelle avec l'oubli des injures et le pouvoir constitutionnel : il étoit à la fois Charles II et Guillaume III ; la légitimité déshéritoit l'usurpation. Le loyal Charles X, imitant son auguste frère, n'a voulu ni changer le culte national, ni détruire ce qu'il avoit juré de maintenir. Alors le drame de la révolution s'est terminé; la France entière s'est reposée avec joie, amour et reconnoissance sous la protection de ses anciens monarques. Tout a été renversé par la tempête autour du trône de saint Louis, et ce trône est demeuré debout : il s'élève au cœur de la France comme ces antiques et vénérables ouvrages de la patrie, comme ces vieux monuments des siècles qui dominent les édifices modernes, et au pied desquels vient se jouer la jeune postérité.

Retournons au roi Jacques : que devint-il? « Le « lendemain, jour que le roi d'Angleterre arrivoit, « le roi l'alla attendre à Saint-Germain dans l'ap- « partement de la reine. Sa Majesté y fut une demi- « heure ou trois quarts d'heure avant qu'il arrivât : « comme il étoit dans la garenne, on le vint dire à « Sa Majesté, et puis on vint avertir quand il arriva « dans le château. Pour lors Sa Majesté quitta la « reine d'Angleterre, et alla à la porte de la salle « des gardes au-devant de lui. Les deux rois s'em- « brassèrent fort tendrement, avec cette différence « que celui d'Angleterre, y conservant l'humilité « d'une personne malheureuse, se baissa presque « aux genoux du roi. Après cette première embras- « sade, au milieu de la salle des gardes, ils se « reprirent encore d'amitié, et puis, en se tenant « la main serrée, le roi le conduisit à la reine « qui étoit dans son lit. Le roi d'Angleterre n'em-

« brassa point sa femme, apparemment par respect.

« Quand la conversation eut duré un quart
« d'heure, le roi mena le roi d'Angleterre à l'ap-
« partement du prince de Galles. La figure du roi
« d'Angleterre n'avoit pas imposé aux courtisans :
« ses discours firent encore moins d'effet que sa
« figure. Il conta au roi dans la chambre du prince
« de Galles, où il y avoit quelques courtisans, le
« plus gros des choses qui lui étoient arrivées, et
« il les conta si mal, que les courtisans ne voulurent
« point se souvenir qu'il étoit Anglois, que par
« conséquent il parloit fort mal françois, outre
« qu'il bégayoit un peu, qu'il étoit fatigué, et qu'il
« n'est pas extraordinaire qu'un malheur aussi con-
« sidérable que celui où il étoit diminuât une élo-
« quence beaucoup plus parfaite que la sienne. »

Louis XIV donna une flotte au roi Jacques, et l'envoya en Irlande. Il perdit la bataille de la Boyne (juin 1690) et revint à Saint-Germain. Un parti assez nombreux vouloit le rappeler au trône; il négocioit et brouilloit tout par ses prétentions. Bossuet se montroit moins exigeant que lui; il soutenoit qu'un roi catholique pouvoit tolérer la prééminence de la religion protestante dans ses États; toutefois Bossuet laisse apercevoir, en avançant ce principe, une arrière-pensée peu digne de son génie et de sa vertu.

Jacques vit du cap de la Hogue la destruction de la seconde flotte qui le devoit porter une seconde fois dans les trois royaumes. « Ma mauvaise
« étoile, écrivoit-il à Louis XIV, a fait sentir son in-

« fluence sur les armes de Votre Majesté, toujours
« victorieuses jusqu'à ce qu'elles aient combattu
« pour moi; je vous supplie donc de ne plus prendre
« intérêt à un prince aussi malheureux. »

Louis XIV sentit la valeur de ces paroles, et son intérêt redoubla pour son auguste client : il arma encore en 1696 au soutien du parti jacobite. Jacques se refusa à tout complot d'assassinat sur Guillaume; il ne voulut point non plus monter au trône de Pologne que son hôte royal se chargeoit de lui faire obtenir. A l'époque du traité de Ryswick, Louis XIV, qui alloit être forcé de reconnoître Guillaume pour roi d'Angleterre, proposa à Guillaume de reconnoître à son tour le jeune fils de Jacques pour héritier de lui Guillaume. Le prince d'Orange, qui n'avoit point d'enfants, y consentoit; Jacques s'y refusa. « Je me résigne à l'usur-
« pation du prince d'Orange, dit-il, mais mon fils
« ne peut tenir la couronne que de moi; l'usurpa-
« tion ne sauroit lui donner un titre légitime. » Il y a dans tout cela de la grandeur, et une sorte de politique négative magnanime. Jacques détrôné et n'étant plus qu'un simple chrétien cessoit d'être un homme vulgaire. N'être frappé que des dévotions de ce prince avec les Jésuites, c'est prendre la moquerie pour l'histoire.

Jacques eut la consolation et la douleur de voir quelquefois dans sa retraite les sujets fidèles à sa mauvaise fortune. « Ils se formèrent en une com-
« pagnie de soldats au service de France, dit Dal-

« rymple; ils furent passés en revue par le roi
« (Jacques) à Saint-Germain-en-Laye. Le roi salua
« le corps par une inclination et le chapeau bas : il
« revint, s'inclina de nouveau et fondit en larmes.
« Ils se mirent à genoux, baissèrent la tête contre
« terre; puis se relevant tous à la fois, ils lui firent
« le salut militaire... Ils étoient toujours les pre-
« miers dans une bataille et les derniers dans la
« retraite. Ils manquèrent souvent des choses les
« plus nécessaires à la vie; cependant on ne les en-
« tendit jamais se plaindre, si ce n'est des souf-
« frances de celui qu'ils regardoient comme leur
« souverain. »

Il y a un fait assez peu connu : Marie Stuart avoit désiré que la compagnie écossoise au service de France fût commandée par un des fils des rois d'Écosse; on trouve en effet que Charles Ier et Jacques II furent tour à tour capitaines de cette compagnie. Les Jacobites, qui prirent plusieurs fois les armes ou pour Jacques ou pour le prétendant son fils, marquèrent d'un caractère touchant une vieille société expirante. Guillaume avoit chassé Jacques de l'Angleterre au refrain d'une chanson révolutionnaire : on croit que le fameux *God save the king*, dont l'air est d'origine françoise, est un hymne religieux entonné par les Jacobites en marchant au combat. La loyauté, la légitimité et la religion catholique de la vieille Angleterre, ont légué une chanson à la liberté, à l'usurpation et à la communion protestante de l'Angleterre nouvelle.

Afin de punir les montagnards écossois qui se soulevèrent dans la suite pour le fils de leur ancien maître, le gouvernement anglois ne vit pas de moyen plus sûr que de les obliger à quitter le vêtement et les usages de leurs pères : leur petit jupon et leur musette. En les dépouillant de leur ancien habit, on espéra leur enlever leur antique vertu.

Jacques passa le reste de son exil à écrire les Mémoires de sa vie : la piété lui tenoit lieu de puissance; retiré dans sa conscience, empire dont il ne pouvoit être chassé, ses souvenirs le faisoient vivre dans le passé, sa religion dans l'avenir. Il avoit écrit de sa propre main cette courte prière : « Je vous « remercie, ô mon Dieu! de m'avoir ôté trois « royaumes, si c'étoit pour me rendre meilleur. »

Il mourut en paix à Saint-Germain le 16 septembre 1701.

Le prince de Galles son fils, qui porta quelque temps le nom de Jacques III, et qui quitta ce monde le 2 janvier 1766 (toujours ce mois de janvier), eut deux fils : Charles-Édouard, le prétendant, et Henri-Benoît, cardinal d'York. Le prince Édouard avoit du héros, mais il n'étoit plus dans ce siècle des Richard Cœur-de-Lion, où un seul chevalier conquéroit un royaume. Le prétendant aborda en Écosse au mois d'août 1745 : un lambeau de taffetas apporté de France lui servit de drapeau; il rassembla sous ce drapeau dix mille montagnards, s'empara d'Édimbourg, passa sur le ventre de quatre mille Anglois à Preston, et s'avança jusqu'à quatorze lieues de Londres. S'il eût pris la résolution d'y marcher, on ne peut dire ce qui seroit arrivé.

Obligé de faire un mouvement rétrograde devant le duc de Cumberland, le prétendant gagna néanmoins la bataille de Falkirk, mais il essuya une défaite complète à Culloden. Errant dans les bois, couvert de haillons, exténué de fatigue, mourant de faim, le souverain de droit de trois royaumes vit se renouveler en lui les aventures de son oncle, Charles second : mais il n'y eut point de restauration pour Édouard, et il ne laissa à ses amis que des échafauds.

Revenu en France, il en fut chassé par le traité d'Aix-la-Chapelle (1748). Arrêté au spectacle, conduit à Vincennes presque enchaîné, il se retira d'abord à Bouillon, ensuite à Rome : Louis XIV ne régnoit plus. Le pape Grégoire-le-Grand renvoyoit comme missionnaires dans l'île des Bretons de jeunes esclaves bretons baptisés ; douze siècles après, la Grande-Bretagne renvoyoit à son tour aux souverains pontifes des rois bretons confesseurs de la foi.

L'illustre banni s'attacha à une princesse dont Alfieri a continué la généreuse renommée. Édouard éprouva ce qu'éprouvent les grands dans l'adversité : on l'abandonna. Il avoit pour lui son bon droit ; mais le malheur prescrit contre la légitimité. Les petits-fils de Louis XV devoient errer en Europe comme le prétendant ; ils devoient lire cet

ordre sur des poteaux en Allemagne : « Il est dé-
« fendu à tous mendiants, vagabonds et *émigrés* de
« s'arrêter ici plus de vingt-quatre heures. »

Édouard ne pardonna jamais au gouvernement
françois sa lâcheté. Vers la fin de sa vie il s'abandonna à la passion du vin, passion ignoble, mais
avec laquelle du moins il rendoit aux hommes
oubli pour oubli. Il mourut à Florence le 31 janvier 1788 (toujours ce mois de janvier), un peu
plus d'un an avant le commencement de la révolution françoise. Nous avons vu nous-même mourir
son frère, le cardinal d'York, le dernier des Stuarts,
dans la capitale du monde chrétien. Les deux frères
ont un mausolée commun : Rome leur devoit bien
une place dans la poussière de ses grandeurs éva-
nouies.

Quand la maison de Marie d'Écosse a failli, le
cercueil de l'exilé de 1688 a été retrouvé en France
presque au moment où l'on retrouvoit en Angleterre le cercueil de la victime de 1649. Si l'on eût
dit à Louis XIV : « En moins d'un siècle, votre dé-
« pouille mortelle aura disparu ; celle du prince
« votre royal hôte sera tout ce qui restera de vous
« dans le palais où vous l'avez reçu,... » qu'auroit
pensé Louis-le-Grand ?

Par la volonté de Dieu, les cendres d'un monarque étranger réclament vainement aujourd'hui
au milieu de nous les cendres des rois de la patrie.
La vieille abbaye de Dagobert a mal gardé ses trésors ; Jacques II, en se réveillant à Saint-Germain,

n'a aperçu à Saint-Denis que Louis XVI. La tombe du fils de Charles Ier s'élève au-dessus de nos ruines : triste témoin de deux révolutions, preuve extraordinaire de la contagieuse fatalité attachée à la race des Stuarts.

FIN DES QUATRE STUARTS.

VOYAGES.

« Autrefois, quand on avoit quitté ses foyers, comme « Ulysse, on étoit un objet de curiosité. Aujourd'hui, « excepté une demi-douzaine de personnages hors de « ligne par leur mérite individuel, qui peut intéresser « par le récit de ses courses? » Ainsi parle M. de Chateaubriand lui-même, nous donnant ainsi, sans le vouloir, l'explication de l'immense intérêt qui s'attache à la moindre ligne de ses souvenirs de voyage; car le voyage a été une partie de la vie du grand poète, la partie heureuse de sa vie : c'est dans ses voyages qu'il a trouvé *Atala*, *René*, *les Martyrs*, les plus belles, les plus naïves inspirations.

Nous avons vu, à propos de l'*Itinéraire de Paris à Jérusalem*, que M. de Chateaubriand appelle modestement *ses Notes de Voyages*, comment l'*Itinéraire* est un chef-d'œuvre, c'est-à-dire un livre complet, une composition grande et magnifique. Les chapitres épars, réunis sous le titre de *Voyages*, ne sont pas d'un moindre intérêt que l'*Itinéraire*. Sans doute ce n'est pas là un corps d'ouvrage un et indivisible, comme l'*Itinéraire*; mais en revanche, ce sont de rares et précieux fragments d'une biographie poétique qui sera un jour la plus glorieuse et la plus complète biographie qu'un grand poète et un grand homme d'État ait élevée en l'honneur de son pays. Ces *Voyages* de M. de Chateaubriand renferment le *Voyage en Amérique* et le *Voyage en Italie*, le voyage d'un homme d'État et le voyage d'un poète, l'homme qui sait prévoir et l'homme qui sait se souvenir; l'historien qui, dans un pays tout neuf encore, vous dit à l'avance l'histoire de ces villes qui s'élèvent, de ces forêts qui se défrichent, de ces fleuves que la vapeur commence à dompter, l'histoire de ces peuples dont la civilisation commence; vient ensuite l'historien du passé, ce grand coup d'œil qui découvre dans les ruines des générations qui ne sont plus, l'adorateur passionné de l'Italie chrétienne et profane, qui les confond l'une et l'autre dans la même admiration. Quelle différence, en effet, entre ces deux mondes, — l'Italie et l'Amérique! Rome et la Nouvelle-Orléans! tout ce qui tombe et tout ce qui s'élève! le positif et l'idéal! le grand seigneur et le peuple! l'art et la démocratie! Raphaël et les chemins de fer! Saint-Pierre de Rome et les machines à vapeur! Washington et Michel-Ange! tout le passé, tout l'avenir du monde en présence! et pourtant avec quelle facilité merveilleuse M. de Chateaubriand se met à comprendre, à vous expliquer toutes ces choses!

Quand M. de Chateaubriand passa en Amérique, il étoit parti comme un voyageur utile; il vouloit trouver je ne sais quel passage au nord-ouest de l'Amérique. Il en revint en voyageur inspiré. Il trouva mieux qu'un passage : il trouva *Atala*, *René* et *les Natchez*. Quand il partit, l'émigration étoit partout, et lui, il ne vouloit pas vivre de cette vie oisive de l'émigré, et manger de ce pain qu'on ne gagnoit que par de folles espérances. Son âme le poussoit au dehors. Il voulut visiter la jeune société de l'Amérique, fatigué qu'il étoit du vieux monde. Le premier homme qu'il vit en Amérique, ce fut Washington, ce grand homme *qui a laissé les États-Unis pour trophée de son champ de bataille*; puis bientôt il s'enfonça dans le désert, et alors commença pour lui cette vie de hasards poétiques que lui seul il est digne de raconter.

Il faut attendre les *Mémoires de M. de Chateaubriand* pour avoir la suite de ces admirables pages sur Washington. Le grand homme américain avoit frappé cette jeune imagination. La gloire de Washington portera ses fruits dans la gloire de M. de Chateaubriand. C'est, en effet, la seule plume qui soit digne de retracer cette grande histoire. Ce fut dans le comté de Westmoreland, d'une famille originaire du nord de l'Angleterre, que naquit George Washington, le 22 février 1732. A dix ans, il avoit perdu son père, et il fut son précepteur à lui-même. A dix-neuf ans, il commandoit une des milices de la Virginie; à dix-neuf ans, il étoit déjà chargé de missions importantes. Il se battit d'abord contre les François, rude apprentissage. Quand la France eut renoncé, en 1763, à toute possession dans l'Amérique septentrionale, la discorde éclata entre l'Angleterre et ses colonies. L'Amérique secoua le joug du parlement anglois. Washington prit part à tout ce mouvement, qui devoit engendrer l'une des plus grandes révolutions des temps modernes. Bientôt il fut nommé général en chef des troupes américaines. Aussitôt il se rend devant Boston. Quatorze mille hommes composoient l'armée de l'indépendance; mais cette armée manquoit d'armes et de munitions, et elle étoit dans le plus grand désordre. Le nouveau général eut bientôt trouvé des munitions, des armes, des ingénieurs. Il établit les carabiniers américains, cette troupe d'élite. De légers bâtiments allèrent acheter de la poudre aux Bermudes et jusque sur les côtes de Guinée, aux vaisseaux négriers. Washington porta les engagements d'un an à trois. Enfin, le 17 mars 1776, l'armée arméricaine chassa les Anglois de Boston, et *l'indépendance des États-Unis de l'Amérique du Nord* fut proclamée le 11 juillet.

Que de batailles longues et pénibles! que de défaites sanglantes! que de victoires utiles! que de périls sur terre et sur mer! que de dissensions intestines! Ici, des alliés qui se révoltent; là, des traîtres qui conspirent; plus tard, l'argent qui manque, des fidélités chancelantes, des courages qui hésitent; mais Washington donna à cette guerre de l'indépendance toute l'unité de son génie, et toute la volonté de son courage. Enfin, le 25 novembre 1783, New-York fut évacué par les Anglois : le 27, Washington prenoit congé de son armée victorieuse, et il rendoit ses comptes au congrès. Dans cet état de services, écrit en entier de sa main, chaque article étoit appuyé de pièces justificatives, excepté les dépenses secrètes, qui, au bout de vingt-huit ans de guerre, ne s'élevoient qu'à 1922 livres sterling. Le général fut reçu par le congrès, le 23 décembre, dans une séance solennelle. Il y remit sa commission, et se retira à sa maison des champs, sans demander aucune récompense; seulement le congrès lui donna le droit de recevoir et d'envoyer ses lettres par la poste sans qu'elles fussent taxées. Rentré dans la vie privée, il s'adonna à l'agriculture. Ses nobles efforts furent suivis de grands succès. Il s'occupa beaucoup de toutes les voies de communications, les routes, les chemins, les canaux, la navigation des rivières. Ce fut lui qui donna l'éveil à cette passion tout américaine qui a produit de si incroyables résultats de nos jours. Ainsi la liberté qu'il avoit conquise lui dut encore de salutaires enseignements. Mais cette liberté étoit encore bien précaire. L'union, qui avoit fait la force de l'Amérique dans la guerre, se relâchoit peu à peu pendant la paix. La fédération américaine étoit endettée au dedans, son pavillon étoit insulté par les Barbaresques au dehors, les Indiens pilloient impunément les frontières d'un État qui n'entretenoit que six cents hommes de troupes réglées : Washington, encore une fois, vint au secours de la patrie commune. Il fit sentir la nécessité d'une force centrale, et la nécessité d'accroître la puissance du congrès. A sa voix, une Convention, chargée de réviser les articles de la fédération, s'assembla à Philadelphie dans le mois de mai 1787. La nouvelle constitution y fut élaborée en silence. Elle augmentoit de beaucoup le pouvoir du congrès. Il fut composé d'un sénat nommé pour six ans, d'une chambre des représentants, et d'un président, élu par le sénat pour quatre ans, chargé du pouvoir exécutif, chef des armées de terre et de mer, et de la direction des relations avec les puissances étrangères. Washington fut élu président à l'unanimité, et installé en cette qualité le 20 avril 1789. Alors commença vraiment la puissance de l'Union américaine. Les Indiens révoltés se soumirent, les Espagnols accordèrent la liberté de la navigation dans la partie inférieure du Mississipi, qu'ils avoient contestée depuis dix ans, l'Angleterre accrédita un ministre auprès des États-Unis, traitant ainsi de puissance à puissance. Tels étoient les résultats de cette ferme volonté qui présidoit aux destinées de l'Amérique. Washington fut réélu président à l'unanimité en 1793. Le monde étoit à la guerre ; la révolution françoise avoit soulevé toutes les passions : Washington seul vouloit la paix pour son Amérique, et il la tint en paix aux dépens même de sa popularité. Enfin, quand il vit que la république des États-Unis avoit triomphé de tous les obstacles, quand il la vit comme il l'avoit rêvée, riche au dedans, redoutée au dehors, marchant d'un pas sûr à l'avenir, Washington se dit à lui-même que sa tâche étoit finie. Il sortit de sa seconde présidence comme il étoit entré à la première, et il ne consentit pas à être élu une troisième fois.

Il étoit donc retourné dans sa retraite au commencement de 1797, lorsqu'il fut arraché de nouveau à sa charrue et à ses travaux champêtres, l'année suivante, pour commander les troupes destinées à repousser l'invasion françoise dont le Directoire menaçoit les États-Unis. Washington ne croyoit guère à l'invasion ; cependant il s'occupa avec son ardeur habituelle à organiser cette armée qui lui étoit confiée, lorsque tout à coup, le 14 décembre 1799, il se sentit malade, et il se mit au lit ; il comprit tout de suite qu'il alloit mourir. Il dit adieu à ses amis, puis il se ferma lui-même les yeux, de sa propre main, et il expira sans douleur. Toute l'Amérique pleura son grand homme ; elle porta son deuil comme on porte le deuil de son père. Le congrès décréta qu'un monument de marbre lui seroit élevé. En France, Napoléon Bonaparte, qui venoit de s'élever au souverain pouvoir, prit aussi le deuil du libérateur de l'Amérique, comme s'il y avoit eu quelque chose de

commun entre Washington et Bonaparte! Bien plus, M. de Fontanes fit l'oraison funèbre de Washington, et entre autres choses il le loua surtout « d'avoir fui l'au-
« torité quand l'exercice en pouvoit être arbitraire, de
« n'avoir consenti à en porter le fardeau que lorsqu'elle
« fut resserrée dans des bornes légitimes, d'avoir refusé
« qu'elle lui fût continuée quand il vit l'Amérique heu-
« reuse n'avoir plus besoin de son dévouement; enfin
« d'avoir voulu jouir avec tranquillité, comme les autres
« citoyens, du bonheur qu'un grand peuple avoit reçu
« de lui! » Washington, dit encore M. de Fontanes, possédoit à un degré supérieur *le bon sens, cette qualité si rare.* Son esprit avoit plus de justesse que d'éclat, et il avoit plus acquis par la réflexion et l'expérience que par la lecture. Il parloit peu; mais lorsque les circonstances l'exigeoient, à une grande force de raisonnement, il savoit réunir une logique entrainante qui presque toujours ramenoit les esprits à son opinion. La fermeté, la persévérance, la modération, le désintéressement, forment les traits principaux de son caractère. Ces deux principales qualités, si remarquables dans la guerre de l'indépendance, ne brillèrent pas moins lorsque, revêtu de la présidence, il parvint à maintenir la neutralité, malgré l'enthousiasme du plus grand nombre de ses compatriotes pour la révolution françoise, et les intrigues audacieuses des agents du Directoire; lorsqu'il refusa de donner à la chambre des représentants communication des instructions qui avoient amené le traité avec l'Angleterre; mais dans tout ce qui n'intéressoit pas le bien public, il cédoit sans peine aux désirs de ses concitoyens. Il en donna la preuve en engageant l'associa-

tion des *Cincinnati* à modifier ses premiers statuts, dans lesquels des esprits ombrageux croyoient reconnoître les éléments d'une noblesse héréditaire. Il se montra également disposé à faire le sacrifice de ses intérêts, lorsqu'en 1780, il réprimanda le régisseur de ses terres d'avoir obtempéré aux réquisitions des généraux anglois, pour échapper au pillage; et cependant, dans d'autres circonstances, moins sévère pour les autres que pour lui-même, il toléra la vente des denrées et des bestiaux à l'armée angloise, parce que ce commerce répandoit dans le pays l'argent qui lui manquoit plus que toute autre chose. Exempt de toute ambition personnelle, supérieur aux susceptibilités de l'amour-propre, mettant avant tout ses devoirs et l'intérêt de son pays, il marcha d'un pas ferme dans le chemin qu'il s'étoit tracé, malgré les murmures et les plaintes du peuple, auxquels cependant il étoit loin d'être insensible. C'est surtout sous ce point de vue, et comme dit encore M. de Fontanes, *que le caractère de Washington est digne des plus beaux jours de l'antiquité, et que, dans son histoire, on croit retrouver une vie privée de quelques uns de ces hommes illustres dont Plutarque a si bien tracé le tableau.* Président de la convention qui donna aux États-Unis leur constitution, investi le premier de la présidence instituée par cette constitution, ce fut lui qui établit l'usage de cette autorité toute nouvelle, et qui en posa les limites. Chef du gouvernement pendant huit années consécutives, et dans des circonstances difficiles, il fut à la fois grand législateur, politique habile, administrateur infatigable et dévoué. Il fut toujours le premier en toutes choses, même dans la culture de ses terres et le maniement de ses affaires. Comme soldat, il a toutes ses batailles ; comme général, l'attaque de Boston, les batailles de Treuton et de Princetown, les batailles de New-Jersey et de la Pensylvanie, le mettent au niveau de toutes les gloires militaires. Songez donc qu'il avoit à combattre une armée angloise avec une armée nouvelle qui ne demandoit qu'à déserter ! Washington étoit d'une taille élevée ; sa figure étoit imposante ; il y avoit dans toute sa personne je ne sais quelle majesté qui l'eût fait respecter même quand il n'eût pas été Washington. Honnête homme, exact à accomplir tous ses devoirs, fidèle, laborieux, économe, tel étoit Washington. Il ne laissa pas d'enfant, et sa femme lui survécut seulement de quelques années. Tel fut cet homme, qui, *par une destinée peu commune à ceux qui changent les empires, mourut en paix, comme un simple particulier, dans la terre natale où il avoit le premier rang, et que ses mains venoient d'affranchir.*

Nous avons cru pouvoir nous arrêter devant cette grande figure de Washington, qui fut le premier étonnement de M. de Chateaubriand en Amérique ; c'étoit là, en effet, la seule halte qui nous fût permise dans ce voyage, où le jeune poète s'abandonna, dans toute la joie de son cœur, aux mille aspects nouveaux de cette nature vierge, aux mille caprices de cette âme si jeune. Le *Voyage en Amérique* est tout-à-fait un beau chapitre arraché aux *Mémoires* de M. de Chateaubriand, ce chef-d'œuvre si impatiemment attendu en Europe. Vous savez quel accident mit un terme à ce voyage, et comment notre poète fut rappelé dans cette Europe ensanglantée par les factions, qu'il oublioit au fond de l'Amérique : un vieux journal qu'il rencontra dans une ferme bâtie de troncs d'arbres, au bord d'un ruisseau ! Ce journal racontoit *la fuite du roi!* A cette lecture tronquée, notre gentilhomme sentit quelque chose qui lui parloit dans le cœur, et qui lui disoit : — *Il faut partir!* Il se dit à lui-même que son devoir l'appeloit aux côtés de cette royauté en péril, et qu'il ne lui étoit plus permis d'errer ainsi, à son plaisir, au bord des fleuves et dans les hautes savanes, pendant que le roi de France n'avoit pas même la permission d'aller en poste sur la route de Varennes. — *Fuite du roi!* Hélas! s'il eût attendu encore quelque temps, au lieu de ces mots : *Fuite du roi!* il auroit lu sur le débris de ce journal : *Mort du roi.*

Ainsi fut interrompu, pour la plus noble cause et pour le plus saint motif, le voyage en Amérique de M. de Chateaubriand. Quant au *Voyage en Italie*, à proprement dire, ce n'est pas un *Voyage*, c'est un admirable monceau de ruines. — « Je vous envoie ce *monceau de ruines*, » écrit le poète à son ami M. de Fontanes, comme Bossuet écrivoit à l'abbé de Rancé :—*Je vous envoie deux têtes de mort assez touchantes!* Quant au reste de ce *Voyage en Italie*, vous le trouverez écrit, comme personne ne sauroit l'écrire, au troisième, et au quatrième livre des *Martyrs*.

Mais quel est l'ouvrage de M. de Chateaubriand, même le plus court, qui ne soit un sujet de profondes études et de réflexions sans fin? Ce *Voyage en Italie*, ainsi brisé, qui oseroit le reconstruire? Comme aussi, qui oseroit faire une histoire avec ces précieuses indications historiques modestement intitulées : *les Quatre Stuarts?*

LES QUATRE STUARTS.

En effet, M. de Chateaubriand seroit un prophète, qu'il n'auroit pas écrit avec plus de prescience et de clarté l'histoire de la maison de Bourbon, qu'il ne l'a fait en écrivant l'histoire des Stuarts. A présent que ces deux histoires se sont accomplies, on se prend à être frappé plus que jamais, de cette façon solennelle d'expliquer l'évanouissement de tant de grandeurs. Changez les noms des Stuarts, et vous avez de l'histoire moderne. D'abord une royauté puissante et forte; puis bientôt des révoltes partielles, puis un peuple qui réclame ses droits, puis une haute et forte pensée qui ramène à l'unité une nation divisée, puis un Maître royal, un Roi, qui marche à l'échafaud : Cromwell ici, là Bonaparte; quels rapprochements!

Cromwell, comme Bonaparte, vouloit le pouvoir, et non pas la liberté. Cromwell et Bonaparte ont profité tous les deux de ce moment de fatigue et d'effroi dans les peuples en révolution, quand ils se retournent pour regarder quel chemin ils ont fait; alors les peuples ne demandent pas mieux que de se reposer un instant avant d'aller plus avant; trop heureux quand ils se reposent à l'ombre d'un grand homme!

Cromwell, comme Bonaparte, eut pour lui tous les partis, qui ne manquent jamais au vainqueur : le parti du roi défait, qui salue le pouvoir par habitude; le parti épiscopal, qui a besoin de l'appui du maître; le parti militaire, qui comprend qu'on a besoin de lui; enfin le parti de tous ceux qui ont quelque chose à conserver ou quelque chose à perdre. Il n'y eut que les premiers hommes de son parti et les républicains véritables qui ne se rangèrent pas autour du nouveau maître. Mais c'est déjà un grand bonheur pour un homme parvenu au faite d'être délivré du parti qui l'y a porté. D'abord il est dégagé de toute reconnoissance importune; ensuite les partis vaincus lui en savent gré.

Cromwell, bien sûr d'être le maître, se fit supplier par le peuple d'accepter le *Protectorat*. Bonaparte se fit supplier aussi par le peuple de se laisser faire *empereur*. Cromwell n'osa pas se faire supplier d'être roi. Une fois protecteur, il se composa un parlement; alors il fut le maître, et il se conduisit en véritable usurpateur qui a besoin d'être un grand homme : il protégea son royaume; il fut tolérant en religion et en politique. Il choisit pour son gouvernement les plus sages et les plus habiles, toute opinion à part. Son gouvernement fut actif et fort au dedans, énergique et glorieux au dehors. Dans les traités de la France et de l'Angleterre, Louis XIV, si fier plus tard, ne signoit qu'après Cromwell.

Tous les peuples de l'Europe, s'ils avoient su ce qu'étoit l'Angleterre sous le règne de cet homme couvert du sang d'un roi, auroient fait de grandes réflexions, la voyant si puissante et si forte; mais cette grande révolution d'Angleterre, faute d'un peu de liberté en France, s'est passée sans que la France en sût presque rien.

Ceux qui les premiers l'apprirent, Bossuet, Pascal,

ne surent que s'en épouvanter, en vrais chrétiens qu'ils étoient, soumis à la double autorité du roi et du pape. Bossuet, parlant de Cromwell, n'ose pas prononcer son nom, et Pascal ne peut que se réjouir du grain de sable *placé dans son urètre. Rome même alloit trembler sous lui; mais le voilà mort; sa famille abaissée, et le roi rétabli!*

Cromwell mourut à temps, comme tous les usurpateurs heureux. Quand il mourut, sa tâche étoit finie; il avoit donné aux *rois ces épouvantables enseignements* qui profitèrent plus aux peuples qu'aux rois.

Puis il alla se coucher dans une tombe royale, d'où il lui fallut bientôt sortir pour aller pendre à un gibet. Son fils Richard s'enfuit du palais viager de son père comme un voleur, emportant, pour tout souvenir de sa grandeur, les adresses et félicitations de la bonne ville de Londres. A l'heure qu'il est, on ne sait plus où sont les restes de la famille de Cromwell.

A l'heure qu'il est, le dernier mari de la veuve de Charles-Édouard, M. Fabre, un peintre obscur, vient de mourir à Marseille.

A l'heure qu'il est, le duc de Reichstadt est mort, laissant l'épée de Napoléon à un Musée, faute de pouvoir la laisser à un homme. Son cousin, un Bonaparte, s'est brisé la tête dans la Voie sacrée, à Rome, contre une ruine du temps d'Auguste; et l'autre jour, sur la rive d'Athènes, entre une ruine du temps de Périclès, on a tiré d'un baril d'esprit de vin le corps d'un autre Bonaparte! Vous avez appris la semaine passée que la veuve du duc de Berri assassiné, la mère de Henri V, ce prétendant de quatorze ans, traquée dans la Vendée, comme l'avoit été Charles II, se réfugia, non pas sous un chêne royal, mais sous le nom, roturier pour elle, du comte Lucchesi-Palli.

Que diroit Bossuet !

Notez bien que le protectorat de Cromwell, pas plus que les quatre années de république, pas plus que la mort de Stuart, ne nuisit à la liberté de l'Angleterre. L'Angleterre étoit libre de fait; elle profitoit du sang du roi, elle profitoit du despotisme de Cromwell, elle devoit profiter même des vices de Charles II, profiter de tous les accidents et de tous les hasards pour être libre. Du moment où ce fut la volonté de l'Angleterre d'être libre, elle fut libre. Ceux qui voudront désormais la gouverner seront forcés de la faire libre, s'ils veulent la gouverner long-temps. Voilà ce que les rois n'ont pas assez compris de nos jours. Autrefois, les rois avoient l'air de faire une grande faveur aux peuples qu'ils gouvernoient; aujourd'hui, ce sont les peuples qui font une immense grâce aux rois quand ils consentent à se laisser gouverner par eux.

Depuis la mort de Stuart en Angleterre, depuis la mort de Louis XVI en France, il est impossible que l'Angleterre ou la France aient jamais de mauvais rois; ce qui est très fâcheux pour les rois.

Voyez avec quelle facilité l'Angleterre se défait du fils d'Olivier ! Qu'est devenu Richard Cromwell? Londres n'a pas eu même la peine de se mettre en colère contre le fils du protecteur. Pas un pavé n'a été remué dans la ville. Le général Monk, l'ancien ami du lord protecteur, arrive à Londres, et il demande quelle est l'opinion de l'Angleterre? L'Angleterre répond qu'elle ne veut plus de protecteur; alors Monk lui donne un roi. L'Angleterre prend ce roi des mains de Monk, sans condition. Que lui importe de faire des conditions avec le roi Charles II? Il faudra bien que le nouveau roi gouverne selon le peuple qui lui fait l'honneur de l'accepter pour roi!

Alors Charles II monta sur un vaisseau de la flotte angloise à La Haye, et débarqua à Douvres le 26 mai 1660. Le peuple applaudit beaucoup le nouveau roi. La restauration se livra d'abord à beaucoup de réjouissances. Après les réjouissances vinrent les supplices. Charles II, qui ne se sentoit guère à l'aise sur le trône encore tout chaud d'Olivier Cromwell, voulut se satisfaire avant d'en finir avec la royauté. Il se livra donc à toutes sortes d'amours et de vengeances; il fit couler le sang, il prodigua les fleurs; les bourreaux et les poètes furent très occupés sous son règne. Charles II fut atroce avec les républicains, dont il n'avoit rien à craindre; il fut ingrat envers les cavaliers qui l'avoient servi; il n'oublia aucune de ses haines personnelles, mais il oublia de racheter les royalistes vaincus que Cromwell avoit donnés ou vendus après ses victoires. Cet homme-là acheva de désenchanter le dévouement anglois; ce qu'on n'a pas voulu voir jusqu'à présent, c'est que le dévouement aux rois est une opinion et non pas un sentiment; et voilà pourquoi il y a encore du dévouement aux rois.

Charles II mourut tout-puissant dans son lit et dans son palais. Il fut, comme son père, un François manqué, spirituel, insouciant, égoïste, et, qui pis est, ne sachant pas la valeur de ce grand mot : Le peuple! Il arriva au trône d'Angleterre, et il fut souffert, parce qu'il remplissoit une lacune et qu'on le laissoit là en attendant mieux.

Charles II laissa donc après lui son Richard Cromwell. Jacques II, le frère de Charles II, est en effet un monarque à qui le prince de Conti auroit fort bien pu adresser la question qu'il fit au fils *du protecteur*, sans le connoître : *Qu'est devenu ce sot et imbécile de Richard Cromwell?* Jacques II ressembloit beaucoup à Charles II; c'étoit un vrai Stuart pour l'entêtement, pour la foiblesse, pour l'ignorance de toutes choses, des faits et des hommes. Il eut, de plus que ses prédécesseurs, la grande foiblesse de croire à l'église catholique, apostolique et romaine; c'étoit une trahison envers l'Angleterre tout entière, qu'elle ne pouvoit pas pardonner. Jacques cependant se livroit aussi à ses vengeances particulières. Le duc de Monmouth, ce fils frivole du frivole Charles II, espèce de François, lui aussi; qui se trompa d'époque, et qui essaya de transporter la Fronde en Angleterre, fut traité comme un vaincu de la Ligue. Après toutes sortes de prières et de bassesses, le duc de Monmouth mourut en gentilhomme que le peuple regarde. Il donne tant de courage aux grands qu'il voit mourir, le peuple! C'est encore un avantage que l'aristocratie a sur le peuple, et le seul peut-être que le peuple ne songe pas à lui envier.

Malgré ces exemples sévères, malgré son juge Jeffries, le Laubardemont anglois, le modèle des accusateurs publics, Jacques II marchoit chaque jour à sa perte. Un jour il arriva que le peuple trouva qu'il avoit assez des Stuarts; il réfléchit qu'il n'avoit plus rien de bon à en attendre. Il avoit tout fait pour avoir le dernier mot de cette race malheureuse et rejetée. En effet, que pouvoit faire de plus la nation angloise pour la famille des Stuarts? Elle avoit fait tomber la tête de Charles Ier, elle avoit supporté jusqu'au bout, en toute humilité, les caprices de Charles II. Jacques II ne profitoit ni de la mort de Charles Ier, ni de la vie de Charles II. L'Angleterre ne voulut plus se donner ni tant de peine ni tant de fatigue pour son roi. L'Angleterre eut peur également de sa colère et de son obéissance passées. Elle chassa Jacques II : tout simplement; car le traiter comme Charles Ier, c'eût été lui faire trop d'honneur, et elle n'avoit plus assez de patience pour le traiter comme elle avoit traité Charles II : Jacques II partit donc avec aussi peu de cérémonie que Richard Cromwell, et l'Angleterre alla chercher, pour la gouverner, au milieu de la Hollande, le prince d'Orange, sous prétexte qu'il étoit le mari de la fille de Jacques II. L'avénement au trône du prince d'Orange est la première quasi-légitimité dont il soit question dans l'histoire moderne.

Jacques II, apprenant que son successeur arrivoit, s'enfuit de Londres d'abord; puis il quitta l'Angleterre, lui et son fils. Voilà ce que les Anglois appellent *la glorieuse* révolution! Révolution glorieuse, en effet, s'ils veulent parler d'une révolution qui n'a pas coûté de sang!

Avant de quitter l'Angleterre, Jacques II jeta le sceau de l'État dans la mer. L'imbécile ne savoit pas qu'il n'y eut, et cela dans le bon temps des tyrans, qu'un tyran qui retrouva son anneau jeté dans la mer.

Quant à Guillaume, vous pensez bien que trouvant là

un trône très important parmi les trônes du monde, il accepta toutes les conditions que lui offrit le peuple anglois. Depuis que la couronne est une espèce de bail entre le roi et le peuple, que le peuple peut résilier quand il lui plait, on peut croire aux serments des rois. Guillaume et Marie acceptèrent donc de grand cœur la révolution de 1640, et de ce jour la révolution accepta à son tour le roi qui s'étoit trouvé sous sa main si à propos. Depuis ce temps, la révolution de 1640 n'a plus été occupée qu'à prévoir, à arrêter, à entraver et à trembler devant notre révolution françoise de 1788, laquelle révolution, accomplie à son tour en 1830, n'est plus occupée qu'à prévoir, à arrêter, à entraver et à trembler devant les révolutions à venir. Mais comme la révolution d'Angleterre, la révolution françoise n'empêchera aucune révolution de marcher.

En ce temps-là, Louis XIV étoit roi de France et tout-puissant. Il vit revenir, sans trop s'en étonner, Jacques II chassé du trône de ses ancêtres; d'abord le roi de France donna au roi d'Angleterre de quoi perdre la bataille de la Boyne, puis il lui donna de quoi perdre la bataille de la Hogue. Louis XIV avoit des batailles à perdre en ce temps-là. Les rois de l'Europe ne sont pas assez puissants aujourd'hui pour perdre des batailles, même pour des causes étrangères. Dans ces sortes de causes, ils ne connoissent que les guerres de propagande. C'est encore un progrès dans les révolutions.

Jacques II, vaincu pour la dernière fois, revint encore à Louis XIV, qui n'eut plus d'autre ressource que de recevoir ce roi dépouillé avec tous les égards égoïstes qu'il croyoit devoir à la royauté. Vains égards ceux-là!

cérémonies futiles et qui n'en imposent à personne, aux courtisans moins qu'à tous les autres ! Le temps étoit déjà loin où les courtisans s'étonnoient *de la quantité de larmes que contenoient les yeux des rois !*

Jacques II, après avoir passé par la royale compassion de Louis XIV, se retira à Saint-Germain, que lui prêta la France. Riant exil ! si l'on peut dire riant exil. A Saint-Germain, le chrétien Jacques remplaça le roi Jacques II. Il faut que la religion catholique ait prévu tous les malheurs des rois chrétiens pour leur avoir ménagé de si grandes consolations dans l'infortune ! Jacques II mourut en répétant cette prière que répète Charles X chaque soir : « Merci, mon Dieu ! si vous m'avez ravi trois royaumes pour me rendre meilleur ! »

Mais Jacques II eut du moins cette consolation, c'est qu'il adressoit au ciel cette prière, trop chrétienne peut-être, dans un temps de foi où personne n'étoit trop chrétien.

Cette prière étoit belle et permise au dix-septième siècle. C'étoit alors une consolation respectable ; c'est un ridicule anachronisme aujourd'hui.

Jacques II laissa un fils, qui fut Jacques III, mais Jacques III à Saint-Germain.

Jacques III fut le père de Charles-Edouard, le jeune prétendant, et de Henri-Benoit, le cardinal d'York.

Nous allons donc poursuivre cet intéressant parallèle. Ce n'est peut-être pas une chose sans instruction et sans utilité, de savoir ce que deviennent les vieilles royautés quand elles sont tout-à-fait tombées du trône !

Ne fût-ce que pour avoir une réponse à faire à ceux

qui vous demandent ce que deviennent les vieilles lunes quand elles tombent du ciel.

Il ne faut pas vous accabler sous le luxe des rapprochements ; les rapprochements seroient trop faciles.

Voyez en effet comme Charles Ier ressemble à Louis XVI ; le long parlement à la Convention nationale; Cromwell à Bonaparte ; les deux fils de Charles Ier aux deux frères de Louis XVI ; Charles II, sans enfants, à Louis XVIII ; Jacques II à Charles X ; le prince de Galles, appelé *l'Enfant du miracle,* au duc de Bordeaux, l'enfant du miracle? Marie d'Este, sœur du prince de Modène, à Caroline de Naples. Et tant d'autres rapprochements !

Les deux peuples parcourent le même cercle et se livrent aux mêmes passions. En France comme en Angleterre, le drame historique commence comme finissent toutes les tragédies de théâtre, par la mort d'un prince ; puis arrive la république, puis l'émigration, puis l'usurpation militaire, puis encore une restauration de deux règnes, une interprétation imprudente et malheureuse du droit divin dans la constitution parlementaire ; puis enfin un changement de dynastie décrété par des chambres irrégulièrement convoquées, et tout cela qui se termine par une quasi-légitimité !

Et puis il y auroit un si triste parallèle à faire entre la cour de Saint-Germain et la cour d'Holy-Rood !

Un jour, à Saint-Germain, quatorze vieux gentilshommes écossois, tout mutilés, regardoient tristement le vieux château de leur roi détrôné, lorsqu'ils aperçurent un enfant de six à sept ans qui alloit monter en carrosse. Cet enfant étoit le prince de Galles, le fils de

Jacques. Il reconnut d'abord les serviteurs de son père. L'enfant courut au-devant de ces gentilshommes en leur tendant les bras. Alors, par un mouvement irrésistible de ce vieux et saint royalisme qui a été long-temps la religion des âmes les plus dures, ils se jetèrent à genoux devant l'enfant royal ; l'enfant les releva et leur parla comme eût fait un homme. Il leur donna sa bourse, il les embrassa tous les quatorze, et ils se retirèrent, pauvres et mutilés qu'ils étoient, pleins d'espoir et en criant : *Vive le Roi!*

Que si vous voulez encore faire un appel à vos souvenirs, rappelez-vous pour compléter cette histoire, l'arrivée de Charles-Edouard en Écosse, ses premiers triomphes, sa marche rapide à la tête de ses montagnards; Edimbourg ouvrant ses portes, sir John Cope donnant son nom au chemin de sa fuite, et les joyeuses chansons des Jacobites, qui chantoient cette fois « leur « petit Charlot, qui est entré dans la ville n'ayant qu'une « méchante toque bleue, et qui porte à présent un beau « chapeau surmonté d'une plume! En avant! en avant! « mon brave Charlot, et mets ton chapeau sur l'oreille, « Charlot, mon fils! »

Et ils marchoient ainsi devant eux, tout droit. Ils croyoient aller à Londres.

Cependant que faisoit Georges II? Georges II faisoit comme tous les princes qui portent la couronne d'un autre : il attendoit en tremblant la volonté du peuple qui lui avoit donné cette couronne. Les royautés parvenues ont cela de particulier, qu'elles n'osent avoir une volonté à elles; filles du hasard, elles attendent les ordres du hasard. Georges II commença donc par convoquer le parlement;

le parlement s'assembla et se réunit autour du roi. Le clergé anglican, heureux de reprendre son influence, s'assembla et déclama contre Charles-Edouard. Le duc de Cumberland, le fils de Georges, le héros de ce temps-là, héros pour une seule victoire remportée à propos, comme le duc de Wellington, est rappelé de la défaite qu'il avoit subie à Fontenoy. Charles-Edouard cependant marchoit toujours.

D'abord il prit la ville et le château de Carlisle, conquête utile qui lui donna des armes et quelques chevaux. De Carlisle il se porta à quelques jours de Preston, allant à pied, couchant sur la dure, soldat tout-à-fait avec les soldats, très aimé et plein d'espoir.

De Preston, l'armée s'avança jusqu'à Manchester, ville très populeuse et très riche, qui fut prise par un sergent, un tambour et une fille. Vous voyez que cette marche est toujours une fête et un triomphe.

De Manchester, l'armée se porta sur Derby, où elle entra le 4 décembre. La ville de Londres s'étonna peu à cette nouvelle. C'étoit déjà une ville égoïste et qui se sentoit assez forte pour ne pouvoir guère être troublée par des passions politiques, aussitôt qu'elle voudroit leur imposer silence. Le poète Gray, dans une lettre qu'il écrivoit à Horace Walpole, fait une peinture de Londres, en ce temps-là, qui s'applique d'une manière étrange au Paris de nos jours : « Nous sommes ici des gens qui ne nous « soucions pas plus du danger que s'il s'agissoit de la « bataille de Cannes. Quand on a appris que les Ecos- « sois étoient à Stamford, puis à Derby, j'ai entendu « des gens sensés parler de louer une chaise de poste « pour aller sur la grande route, afin de voir passer

« Charles-Edouard et les montagnards écossois. » Un autre contemporain raconte qu'à l'approche du prince Edouard, *il n'y eut à Londres une véritable terreur que parmi les boutiquiers.*

Avouons, en effet, que c'est bien là notre Paris. Je suppose qu'on lui dise : « Tout à l'heure, il arrive sur la route de Fontainebleau un prince jeune et beau, portant un uniforme étranger, précédé par deux cents musettes, entouré de poètes barbares qui chantent des chants de guerre et d'amour, et suivi par six mille montagnards de haute taille! » tenez-vous pour assurés qu'il n'y auroit bientôt plus un fiacre sur la place. Ce seroit à qui se porteroit le premier pour voir le prince et ses montagnards. La rue Saint-Denis fermeroit ses boutiques, il est vrai; mais plus d'un boutiquier fermeroit sa boutique uniquement pour aller prendre sa part du spectacle; les autres boutiques seroient fermées plutôt par crainte des ennemis du dedans que par crainte pour le beau prince et pour ses montagnards. Singulier progrès des peuples, qui leur fait envisager toute chose comme un spectacle! L'armée des alliés est aux portes de Paris, venant de Waterloo; Paris se met à la fenêtre et regarde passer l'armée. Tous les princes que vous voyez passer, Autriche, Russie, Prusse, Angleterre, n'ont revêtu leurs plus beaux uniformes, monté leurs plus fringants chevaux, que pour amuser la ville qui assiste à leur parade. Il n'y aura que le Cirque de Franconi qui sera peut-être triste ce jour-là. L'armée des alliés a mis Paris en droit de se connoître en évolutions militaires, en habits brodés, en généraux, en artillerie et en Calmoucks. Elle a fait grand tort ainsi aux écuyers, aux chevaux et aux uniformes de Franconi.

Quand les villes capitales en sont venues à ce degré de sécurité, tenez-vous pour assurés qu'elles sont fortes, qu'elles sont riches, qu'elles sont puissantes, qu'elles sont libres et qu'elles vivent par elles-mêmes, quel que soit leur drapeau, quelle que soit leur opinion, quelle que soit leur couleur.

Il n'y eut donc à Londres qu'un seul gentilhomme qui eut peur, le roi seul eut peur; c'étoit de fait le seul qui eût à craindre Charles-Edouard, le seul qui eût quelque chose à perdre. L'histoire raconte que le roi Georges, éperdu, fit tout préparer pour sa fuite. Entre autres préparatifs, Georges chargea les yatchs de tous les trésors de la couronne, afin de pouvoir, à la première nouvelle, emporter en Hollande les joyaux de la royauté. Le roi Georges, par ses précautions, non moins que par ses terreurs, s'est montré plus *boutiquier* que le dernier boutiquier de Londres. Emporter des diamants quand on perd une couronne, abandonner une royauté en fuyant sur un vaisseau chargé d'or, voilà ce qui n'arrive pas aux rois qui sont rois depuis long-temps. Ceux-là, au lieu de rien exporter, jettent leur sceau d'or à la mer, comme le roi Jacques, ou bien ils empruntent un peu d'argent, comme fit le roi Charles X, pour se rendre de Meudon à Cherbourg.

C'est le propre des rois qui se respectent de ne voir dans la royauté que la royauté elle-même. Pour ma part, je ne hais pas ce trait du dernier roi de Hollande. Le roi Léopold Ier, un de ces rois de hasard, qui seroient bien en peine de s'expliquer à eux-mêmes leur incroyable élévation, avoit cru bien faire en renvoyant à son prédécesseur quelques tableaux de prix qu'il avoit trouvés dans le palais et dans le musée de Bruxelles. Le roi de Hollande a sur-le-champ renvoyé ces tableaux à Bruxelles, fort étonné, disoit-il, qu'on se fût permis de les ôter de la place où il les avoit fait mettre, et où il espéroit bien les retrouver à son retour.

La fortune (c'est le mot dont on se sert quand on n'a pas d'autre raison à donner), la fortune ne vouloit pas que Charles-Edouard mît à cette épreuve l'avarice et la prudence du roi Georges. Les compagnons du Prétendant ne voulurent pas aller plus loin que Derby. Charles eut beau les prier avec des larmes, leur résolution fut inflexible. En conséquence, la Tweed fut repassée; et le peuple de Londres, se voyant privé de son spectacle, regrettant même ses terreurs, se retourna vers le roi Georges, qui fit rentrer son yatch tout chargé dans le port.

Charles-Edouard avoit bien jugé sa position. Il fut perdu du jour où il fit un pas en arrière; ces expéditions au-delà de toutes les règles veulent être faites au pas de course. Il faut plaire avant tout au peuple qui doit donner la palme, il faut faire peur à ses rivaux; il faut danser sans balancier sur cette corde tendue de la guerre civile. Il faut avoir pour soi cette masse flottante des indifférents et des politiques, *serfs de la circonstance*, comme les appelle Milton. Nous avons plus d'un exemple de ces revers inouïs qui remplacent des succès inouïs, témoin Masaniello.

Il est bien vrai que Charles-Edouard gagna encore la bataille de Falkirk; mais à quoi pouvoit lui servir une bataille gagnée en tournant le dos à Londres? C'est là

encore une charmante bataille, la bataille de Falkirk!
Le prince, oubliant sa retraite, parcourut son armée les
yeux étincelants de joie. De temps à autre il regardoit
l'armée angloise, en disant : *Ils sont à nous!* Il trouva à
la tête des Camerons de Glendessery la belle Jenny Cameron, *le joli colonel*, qu'il salua de son épée. Après
une foible résistance, l'armée angloise lâcha le pied, la
victoire resta à Charles-Edouard. C'étoit une victoire
comme celles qu'il pouvoit remporter; complète, mais
inutile; glorieuse, mais sans résultat. C'est là un très
grand désavantage de tous les prétendants à venir; ils ne
peuvent pas profiter de leurs victoires, ils doivent faire
grâce au premier qui jette ses armes, ils combattent à
fer émoulu; ils tirent à poudre pendant qu'on tire sur
eux à balles; et le soir de la bataille, quand ils ont fait
un prisonnier, ils n'ont rien de plus pressé que de partager leur souper avec lui, et de lui demander pardon.

Si nous faisions des notes sur un livre moins grave
nous pourrions placer ici l'histoire des amours de Charles-Edouard avec la belle Clémentine Walkenshaw. Ils s'étoient juré de partager leur fortune commune, lui sur
le trône avec elle, elle l'exil avec lui. Pauvre Clémentine, elle n'eut même pas sa part de cet exil royal!

Vous allez voir que, tout au rebours des royautés
qui demandent le trône, les royautés qui sont assises sur
le trône savent mettre à profit et ensanglanter leur victoire. La nouvelle de la bataille de Falkirk parvint à
Londres un jour de réception au palais de Saint-James.
L'abattement se peignoit sur tous les visages. On résolut
tout d'une voix d'appeler le duc de Cumberland au secours de la monarchie. Le duc Guillaume étoit tout-à-

fait un fils de roi non légitime. C'étoit un grand homme de la façon de sa famille; le soldat l'aimoit, parce qu'il étoit bon enfant et sans façon, bien plus qu'il n'étoit heureux à la guerre, car il avoit été toujours vaincu jusqu'alors. Le duc Guillaume fut bientôt à Edimbourg; d'Edimbourg, il se mit en route pour Stirling avec une armée de dix mille hommes. Cette armée mit le feu en partant à un vieux château, le berceau de Marie Stuart. Sur la route, le duc Guillaume recueillit plus d'un geste de mépris; entendit plus d'une parole offensante. Il n'y eut pas jusqu'à une femme écossaise à qui le duc se permit d'envoyer un baiser, qui ne lui exprimât son indignation d'une manière tout énergique. La jeune fille n'auroit pas été si cruelle pour Charles-Edouard!

Je n'ai pas besoin de vous faire l'histoire de la bataille de Culloden; ce fut une défaite complète, immense, sans remède, un vrai Waterloo. Charles-Edouard se battit avec un grand courage; le duc Guillaume égorgea tout ce qui lui tomba sous la main. Le Prétendant de droit de trois royaumes prit la fuite pour toujours devant celui qui étoit roi par le fait. Culloden fut le Waterloo de la légitimité angloise. Depuis ce jour, il n'a plus été question sérieusement des Stuarts.

Après la bataille, le duc de Cumberland, enivré du sang des Jacobites, se conduisit comme un vrai cannibale, et mérita de toutes les manières le surnom *de boucher*, qui lui fut donné par ses contemporains, et que lui conserve l'histoire. Autant Charles-Edouard s'étoit montré doux et humain pour les vaincus, autant le duc Guillaume se montra impitoyable et cruel. Le lendemain de Culloden, le duc parcouroit le champ de bataille, respirant l'odeur des cadavres, et faisant achever les blessés qui respiroient encore. C'en est fait, l'Ecosse va succomber sous cette dernière victoire de la maison de Hanovre. Le feu, le fer, le pillage, la délation, s'emparent de ces nobles montagnes. Les têtes les plus hautes et les plus nobles sont coupées et mises à prix. Entre autres fêtes, le duc donna à ses soldats le spectacle d'un auto-da-fé de quatorze dragons de Charles-Edouard, qui furent brûlés vifs par la main du bourreau.

Voilà comment se vengent les monarchies nouvelles!

Tant qu'elles tremblent, elles sont humbles et souples; une fois rassurées, elles se figurent faire acte suprême de royauté en répandant le sang, comme si le pardon n'étoit pas le droit le plus précieux et le plus rare de la royauté! Cette chasse *aux rebelles*, à laquelle se livrèrent le duc de Cumberland et ses soldats, est remplie de détails atroces. Les maisons étoient brûlées. Tout homme qui fuyoit étoit tué comme une bête fauve; on égorgeoit les bestiaux, et le malheureux propriétaire mouroit de faim à côté de ses bœufs égorgés. « On eût cherché vainement à la ronde la fumée d'un toit, l'on eût vainement écouté pour entendre un coq chanter! ».

Cependant les vainqueurs jouoient et chantoient dans leur camp. Ils se disputoient avec les dés les dépouilles des villes de l'Ecosse; ce n'étoient dans ce camp que chevaux, filles de joie, argenterie, bombances de tout genre, et blasphêmes sanglants contre les pauvres montagnards.

Et dans toute l'Ecosse muette et tremblante, il n'y eut qu'une voix, la voix du vieux Duncan Forbes, qui osât s'élever pour détester toutes ces horreurs. Sir Duncan étoit l'ennemi des Stuarts; il avoit consacré sa fortune et sa vie à l'électeur; mais, voyant tant de sang et de ruines amoncelées dans sa patrie, il osa parler des lois de l'Ecosse. « Les lois de l'Ecosse! répondit le fils de Georges II; de quelles lois parlez-vous? J'enverrai une brigade pour vous donner des lois! »

Ainsi parloit le fils aîné du roi constitutionnel de l'Angleterre!

Après les vengeances par le sabre et la flamme, vinrent les vengeances judiciaires. Les plus petits partisans d'Edouard mouroient obscurément au gibet ou dans les flammes; mais les chefs de l'insurrection étoient réservés à d'autres supplices. *La loi vint glaner après la moisson,* comme dit Samuel Johnson en parlant des supplices de 1745. Il n'y a pas de dynastie royale qui soit plus tachée de sang que la dynastie régnante d'Angleterre. Il est vrai que le Prétendant lui donna une si belle occasion d'en verser!

Les officiers de la garnison de Carlisle, à qui le duc de Cumberland avoit promis la vie sauve, furent mis à mort par séries successives. D'abord on en pendit dix-huit avec d'horribles détails qu'on ne retrouve que dans cette histoire. Les condamnés furent entassés tous les dix-huit dans un tombereau. Ils étoient catholiques, on leur refusa un confesseur. Le bourreau les conduisit au gibet; là, ils furent pendus, et ils étoient à peine suspendus depuis trois minutes, que les soldats de Guillaume leur ôtèrent tous leurs vêtements, qu'ils partagèrent avec le bourreau. En même temps, le bourreau descendit le colonel Townly sur l'échafaud, le colonel respiroit encore, le bourreau lui ouvrit le ventre, et il en retira les entrailles, qu'il jeta dans un brasier allumé près de la potence; ils furent ainsi mutilés, déchirés et brûlés tous les dix-huit. Un d'eux, le plus jeune, James Dawson, étudiant de Cambridge, laissoit après lui sa fiancée; elle tomba morte en voyant le cœur de son amant dans les mains du bourreau. Le jury se livra pendant deux mois à cette horrible boucherie. On pendoit, on mutiloit, on égorgeoit, on brûloit, on coupoit les têtes, puis on exposoit ces têtes aux portes de Carlisle et de Manchester.

Quant aux lords qui avoient suivi la fortune d'Edouard, ils furent jugés avec plus de cérémonie. La chambre haute, formée en cour de grande-sénéchaussée, fut chargée de fournir au glaive de la justice politique de plus nobles victimes, les lords Kilmarnok, Cromarty et Balmerino.

Les trois lords furent introduits le 28 juillet dans la salle de Westminster; là ils furent condamnés tout d'une voix pour s'être armés contre la glorieuse révolution de 1688. Voici comment étoit conçu cet arrêt:

« Le jugement de la loi est que vous, William,
« comte de Kilmarnok; vous, Georges, comte de Cro-
« marty, et vous, Arthur, comte de Balmerino, tous
« les trois, et chacun de vous, retourniez à la Tour, d'où
« vous venez, pour être de là conduits à la place d'exé-
« cution, où vous serez pendus par le cou, mais non jus-
« qu'à ce que mort s'ensuive, car vous devez être ou-
« verts vivants. Vos entrailles seront arrachées et brûlées
« à vos yeux; ensuite vos têtes séparées de vos corps, vos
« corps coupés en quatre parties et mis à la disposition
« du roi. Que Dieu tout-puissant ait pitié de vos âmes! »

Atroce! cruel! et ainsi fut fait sur ces trois nobles

victimes. Ils moururent tous les trois en criant : « Vive le roi Jacques! » Le roi Georges et son fils n'avoient pas su pardonner à un seul de ces nobles ennemis.

« A trois mois de là, ajoute l'historien, périt de la même « manière, et avec le même mépris de la mort et de ses « juges, Charles Ratcliffe, le plus jeune frère du comte de « Derby ; puis ce fut le tour du vieux lord Lovat. »

Celui-là, lord Lovat, est un homme à part dont la biographie est encore à faire. Héros singulier de guerre civile, sceptique qui est mort comme un homme plein foi, égoïste qui a poussé le dévouement jusqu'au martyre, homme d'une prudence singulière, qui, après avoir dissimulé tant que Charles-Edouard fut heureux, se déclara tout à coup son partisan après la bataille de Culloden, quand il n'y eut plus d'espoir. Du reste, quelle qu'ait été la vie du lord Lovat, sa mort est trop belle pour que Lovat n'ait pas sa place méritée à côté des lords Kilmarnok et Balmerino.

Il fut le dernier gentilhomme qui paya de sa tête les tentatives et les malheurs du Prétendant. Il avoit quatre-vingts ans. Il mourut comme un héros, en criant : *Vive le roi Jacques!*

Ainsi voilà une tentative de contre-révolution qui anéantit tout un royaume, le royaume d'Ecosse !

La désolation de l'Ecosse fut célébrée par ses poètes. On feroit un volume entier de ces élégies nationales ; voici, entre autres lamentations poétiques, une espèce d'élégie dialoguée ; les deux acteurs de ce petit drame sont un vieillard et une jeune fille, foibles créatures que le glaive du vainqueur a respectées et qui vivent au milieu des ruines :

« Où est allé ton père, petite Marie? dit le vieillard;
« où est donc notre lady, depuis ce matin? As-tu vu *les*
« *habits rouges?* as-tu entendu le cor sur la montagne?

— « Vieillard à barbe blanche, reprend la jeune fille,
« ne m'interroge pas. Oui, j'ai vu *les habits rouges*, le
« corbeau s'est enroué avec le sang qu'il a bu.

« Ecoute la voix du corbeau, vieillard; le sang des
« Frasers est trop chaud pour son gosier.

. . . .

« Oh! dis-moi, vieillard, quel sera le sort de ceux qui
« égorgent les braves des montagnes, qui forcent nos
« braves chefs à fuir dans le désert, qui chassent leur
« prince légitime comme le daim et le chevreuil? »

Le vieillard. — « Ma bonne petite fille, au-dessus
« de ce soleil étincelant, il y a quelqu'un qui voit tout.
« Un jour, il punira les tyrans de leurs crimes, et le nom
« des braves ne périra pas. »

Tels sont les accents de la muse jacobite depuis la bataille de Culloden.

A l'heure qu'il est, il y a encore dans le Nouveau-Monde des Ecossois qui répètent la ballade de la défaite:

Nous ne reverrons plus le Lochaber! c'est toujours la vieille complainte des Hébreux:

Illic stetimus, et flevimus quum recordaremur Sion!

Au reste, cette sanglante victoire a porté ses fruits; depuis 1748, la maison régnante d'Angleterre a vécu en paix à l'abri de la constitution. Grâce à leur titre de roi parlementaire, les trois Georges ont pu impunément être attaqués par un prince légitime et personnellement digne du trône, centupler les taxes tout en accroissant la dette, tomber en démence ou mériter le mépris général par leur conduite privée.

Ainsi parle l'histoire; elle nous dit bien ce que la dynastie régnante a gagné à la défaite de Charles-Edouard, elle ne dit pas ce que le pays y a perdu.

Depuis Culloden, l'Ecosse ne s'est pas relevée de sa défaite; les montagnards furent décimés; l'habit national fut défendu sous peine de déportation ; les juridictions héréditaires furent abolies ; le jacobitisme fut proscrit jusque dans les formes du culte. Tout prêtre ou laïque priant publiquement pour le roi, sans désigner nominativement le roi Georges, fut déclaré traître et condamné à la déportation. Depuis ce temps, l'histoire de l'Ecosse s'est confondue avec l'histoire de l'Angleterre. La révolution n'a pas été moins complète dans les montagnes; l'industrie, l'agriculture, les voyages aux pays lointains, ont singulièrement modifié le caractère du montagnard. La vieille Ecosse n'existe plus aujourd'hui que dans les romans de Walter Scott.

L'histoire de Charles-Edouard n'est plus qu'une suite de défaites et de malheurs.

C'est une intéressante et touchante histoire que la muse jacobite n'a pas oubliée.

« Hélas! où irai-je chercher mon père? Où irai-je
« cacher ma tête? Que les vagues se soulèvent, que
« l'orage gronde, il faut te quitter, ma terre natale!

« Le vallon où étoit la maison de mon père a passé à
« un autre; la maison de mon père est abattue sur la
« bruyère. Hélas! hélas! notre gloire n'est plus!

« Adieu! adieu! chère Calédonie! tu n'es plus la
« patrie des fils de Gaël; un étranger occupe ton trône

« antique ; la trahison l'a fait le plus fort. Adieu !
« adieu ! adieu ! »

La tempête, la faim, le froid, l'orage, les troupes armées, les traitres qui suivent le vaincu à la piste pour livrer sa tête au vainqueur, qui l'a mise à prix, tels furent les dangers auxquels le petit-fils de Jacques II échappa comme par miracle. A peine eut-il touché le sol françois, qui devoit être pour lui une terre de repos et d'asile, qu'il fut obligé de quitter cette seconde patrie, que Louis XIV avoit donnée à cette famille de rois exilés ; mais Louis XV, malgré ce titre pompeux, *victor et pacificator*, avoit peur de l'Angleterre. Charles-Édouard, le roi légitime de la Grande-Bretagne, le descendant d'une petite-fille de Henri IV, reçut l'ordre de quitter la France. On sait le reste, et par quelles violences il fut enlevé de ce noble pays, qui jusque alors avoit été l'asile des rois malheureux.

« Ce fut là, dit Voltaire, le dernier coup dont la
« destinée accabla une génération de rois pendant trois
« cents années. »

Un célèbre historien de l'Angleterre, David Hume, raconte ainsi, dans une lettre qu'il écrivit d'Édimbourg, le 13 février 1773, à son ami le docteur Pringle, le voyage que fit à Londres le royal proscrit, en 1753 :

« Il est certain, dit David Hume, que le Prétendant
« étoit à Londres en 1753. Je l'ai su de milord maré-
« chal (Georges Keith), qui m'a dit en avoir eu parfaite
« connoissance. Le prince prenoit si peu de précautions
« qu'il sortoit ouvertement le jour, avec son habit accou-
« tumé, en ôtant seulement son étoile. Cinq ans après,
« je contai cette histoire à lord Holdesaels, qui étoit

« secrétaire d'État en 1753, et j'ajoutai que je présu-
« mois que ce fait avoit échappé à sa connoissance. —
« Aucunement, me répondit-il ; et qui croyez-vous qui
« m'en ait parlé le premier ? Ce fut le roi Georges II lui-
« même ! Il me demanda ce qu'il y avoit à faire. J'hési-
« tois.... — Rien du tout, reprit le roi ; lorsqu'il sera las
« de l'Angleterre, il en sortira. » — Mais ce qui vous
« surprendra davantage, continue David Hume, c'est
« que milord maréchal, quelques jours après le couron-
« nement de Georges III (1761), me dit que le jeune
« Prétendant étoit venu à Londres pour voir cette céré-
« monie, et qu'en effet, il l'avoit vue. Milord tenoit ce
« fait étrange d'un homme qui, ayant reconnu le prince
« dans la foule, lui dit à l'oreille : « Votre altesse royale
« est la dernière personne vivante que je me serois attendu
« à voir ici. — C'est la curiosité, répondit le prince, qui
« m'y a conduit ; mais, foi de gentilhomme ! l'homme
« qui est l'objet de cette pompe est celui que j'aime le
« moins. »

Quand une légitimité en est venue à être si peu redoutable, on peut bien dire qu'elle n'a plus d'espoir.

Le frère de Charles-Édouard, qui fut d'abord le duc
d'York et qui mourut cardinal du même nom, prit le
titre de roi d'Angleterre à la mort de son frère ; et par
son testament, il ordonna que son titre de Henri IX fût
inscrit sur sa tombe. Voici encore une anecdote qui doit
bien donner à réfléchir aux légitimités détrônées : on
dit, en effet, qu'un des fils de Georges III, roi d'Angleterre, voyageant en Italie, désira être présenté à
S. M. le cardinal d'York, et qu'il n'hésita pas à donner son titre de roi à l'auguste vieillard et à se confor-

mer à l'étiquette observée chez les rois. Le cardinal d'York mourut en 1807, à l'âge de quatre-vingt-deux ans. Avec lui s'éteignit jusqu'au nom de cette famille, dont la grandeur fut encore supérieure à l'infortune, et qui avoit rempli le monde de sa puissance et de ses malheurs. Après la mort du cardinal d'York, tous ses papiers furent achetés par la famille régnante d'Angleterre, qui put ainsi savoir, à un nom près, quels étoient les sujets des trois royaumes restés fidèles à la cause des Stuarts.

Vous voyez qu'il est impossible de tomber de plus haut et plus avant dans l'oubli.

Cette histoire des *Quatre Stuarts*, de M. de Chateaubriand, est un des plus excellents morceaux historiques dont la langue françoise ait le droit d'être fière. On ne peut guère lui comparer qu'un chef-d'œuvre de Montesquieu : *Histoire de la Grandeur et de la Décadence des Romains*. — En effet, M. de Chateaubriand n'a-t-il pas écrit l'*Histoire de la Grandeur et de la Décadence des Stuarts?*

JULES JANIN.

TABLE.

VOYAGE EN ITALIE.

A M. JOUBERT. — Première lettre............ Page	3
Journal...................................	6
Deuxième lettre...........................	14
Troisième lettre...........................	18
Tivoli et la villa Adriana....................	20
Le Vatican................................	36
Musée Capitolin...........................	40
Galerie Doria.............................	42
Promenade dans Rome.....................	44
VOYAGE DE NAPLES...........................	47
Pouzzoles et la Solfatara....................	52
Le Vésuve................................	54
Patria ou Literne..........................	62
Baies.....................................	64
Herculanum, Portici, Pompeia...............	65
A M. DE FONTANES..........................	70

VOYAGE A CLERMONT.

CINQ JOURS A CLERMONT (Auvergne)...............	99

VOYAGE AU MONT-BLANC.

LE MONT-BLANC. — Paysages de montagnes.........	125
Notice sur les fouilles de Pompéi................	143
Lettre de M. Taylor à M. C. Nodier sur les villes de Pompéi et d'Herculanum.....................	151

TABLE.

LES QUATRE STUARTS.

Jacques Ier.. Page 155
Charles Ier.. 157
Henriette-Marie de France...................... 167
De l'ouverture du long parlement.............. 185
Cromwell... 201
Du commencement de la guerre civile a la captivité du Roi.. 206
Depuis la captivité du Roi jusqu'a l'établissement de la république.................................... 211
Relation véritable de la mort du roi de la Grande-Bretagne... 235
La République et le Protectorat................. 246
Le Protectorat..................................... 263
Richard Cromwell.................................. 289
Charles II... 295
Jacques II... 306

Sur les Voyages.................................... 325
Sur les Quatre Stuarts............................ 335

FIN DE LA TABLE.

www.ingramcontent.com/pod-product-compliance
Lightning Source LLC
Chambersburg PA
CBHW070853170426
43202CB00012B/2060